Mari

MW01709553

MALAISE DANS LE TRAVAIL

Harcèlement moral : démêler le vrai du faux

SYROS

DU MÊME AUTEUR

Le harcèlement moral, la violence perverse au quotidien, Syros, 1998, Pocket, 2000.

Catalogage Électre-Bibliographie

Hirigoyen, Marie-France.
Malaise dans le travail : harcèlement moral : démêler le vrai du faux. – Paris : Syros, 2001.
ISBN 2-84146-888-7

RAMEAU :	conflit interpersonnel violence en milieu de travail manipulation (psychologie)
DEWEY :	158.2 : Psychologie appliquée. Relations avec autrui
Public concerné :	Tout public.

9 *bis*, rue Abel-Hovelacque, 75013 Paris

INTRODUCTION

Puisque la violence réapparaît à chaque époque sous de nouvelles formes, il faut en permanence reprendre la lutte contre elle.

Stephen Zweig, *Conscience contre violence*

Ignoré en France jusqu'à la parution de mon livre précédent, le harcèlement moral au travail est devenu depuis deux ans une préoccupation sociale forte. Des personnes harcelées qui, jusque-là, souffraient en silence ont repris espoir ; elles osent maintenant s'exprimer et dénoncer les pratiques abusives dont elles sont l'objet. Des revendications nouvelles ont été à l'origine de plusieurs mouvements sociaux importants, car les salariés désormais n'acceptent plus les brimades et les comportements portant atteinte à leur dignité. Ils exigent qu'on les respecte.

Des professionnels (médecins du travail, juristes, syndicalistes, psychiatres, psychologues et psychosociologues) se sont mobilisés, et des associations se sont créées afin d'aider les victimes. Les parlementaires ont également pris ce problème au sérieux puisque la notion de harcèlement moral vient d'entrer dans le Code du travail.

L'intérêt actuel pour ce sujet ne s'est d'ailleurs pas limité à la France, puisque, avec parfois d'autres appellations, les gouvernements d'autres pays européens ont été sollicités pour prendre des mesures. Il y a fort à parier que, d'ici peu, des réglementations européennes viendront sanctionner le harcèlement moral au travail.

Cette prise de conscience est très positive. C'est pourquoi il me paraît important de rester très rigoureux sur le terme « harcèlement moral » pour éviter les amalgames. L'expression, en passant dans le langage courant, a fini par recouvrir d'autres souffrances qui ne relèvent peut-être pas, au sens clinique du terme, du harcèlement moral, mais qui expriment un malaise plus général des entreprises, qu'il est important d'analyser. Il faut replacer cette problématique au sein des autres formes de souffrance au travail et, en particulier, des atteintes à la dignité des travailleurs. Il faut également replacer la violence au travail dans un contexte plus général de violence dans notre société, que ce soit dans les banlieues, les écoles ou les familles, car toutes ces violences agissent entre elles.

En ce qui concerne le monde du travail, se pose de manière aiguë la question des témoins : pourquoi n'ont-ils pas vu, pourquoi n'ont-ils pas réagi ? Ce n'est qu'en analysant les contextes que nous pouvons comprendre une problématique où l'on passe en permanence de l'individuel au collectif. Stigmatiser les victimes et les psychiatriser est une façon d'évacuer un problème social complexe.

Dans cet ouvrage, mon propos est d'affiner mon analyse à la lumière de tout ce que j'ai pu apprendre depuis le livre précédent. J'ai eu l'opportunité de rencontrer un certain nombre de spécialistes et de professionnels, mais, surtout, j'ai reçu de nombreux témoignages de patients et de lecteurs. À tous ceux qui m'ont écrit et à qui il ne m'a pas été possible de répondre personnellement, j'ai adressé un questionnaire afin de mieux connaître leur situation. J'apporte dans ce livre les résultats de cette enquête.

Ce recueil d'informations nouvelles et le travail d'approfondissement qui s'est ensuivi m'ont permis d'explorer les « franges » du harcèlement moral et de dépasser ainsi la dialectique trop réductrice du bourreau et de la victime, en tenant compte du contexte. J'ai essayé également de démêler le vrai du faux, de distinguer ce qui est du harcèlement moral de ce qui n'en est pas, et de repérer les plaintes abusives. Ce n'est, en effet, qu'à partir d'une analyse plus fine que nous pourrons réagir à temps et aider les victimes, mais surtout anticiper et prévenir de nouveaux cas.

Si, dans un premier temps, il me paraissait important de nommer haut et fort ces situations et de faire reconnaître la souffrance des individus, maintenant que plus personne ne doute de la réalité du problème, il faut passer concrètement à l'action. Agir, c'est certes aider les victimes à se soigner et réparer le préjudice qui leur a été fait, mais c'est aussi prendre des mesures pour faire cesser ces comportements, et surtout modifier les contextes qui ont pu les favoriser. Ne traiter que l'aspect judiciaire signifierait qu'on laisse évoluer ces situations trop longtemps. Il faut, sans attendre un nombre trop important de victimes, obliger les entreprises et les pouvoirs publics à mettre en place des politiques de prévention.

Dans ce livre, je me propose donc, dans un premier temps, de redéfinir le harcèlement moral, de dire ce que c'est, ce que ce n'est pas, et de bien marquer les différences avec les autres formes de souffrance au travail. Je commenterai ensuite les résultats de mon enquête. Nous verrons, avec des résultats chiffrés, que ces comportements destructeurs ont des conséquences particulièrement graves sur la santé des salariés, qu'ils entraînent des arrêts de travail très longs et parfois une désinsertion professionnelle et qu'ils ont enfin un retentissement non négligeable sur la productivité des entreprises. J'analyserai plus en détail, dans un troisième temps, les origines du harcèlement moral, les contextes favorisant sa mise en place, et la spécificité de ce mode relationnel.

Enfin, dans un dernier chapitre, j'envisagerai des actions possibles. Même si une loi est nécessaire pour rappeler les interdits et responsabiliser chacun dans sa façon de se comporter avec autrui, elle ne pourra pas tout régler. Il faut donc agir en amont et obliger les entreprises et les pouvoirs publics à mettre en place des politiques de prévention efficaces. Tout en incitant chacun, dirigeant ou salarié, à une plus grande responsabilité de ses actes, je propose un plan de prévention applicable à toutes les entreprises ou administrations.

Merci à tous les lecteurs qui m'ont apporté leur témoignage afin que je poursuive mes recherches. Pour préserver l'anonymat de mes patients et de mes lecteurs, à chaque fois que j'ai pu, j'ai pris deux cas similaires dont j'ai entremêlé l'histoire, puis j'ai changé les prénoms et le contexte. En revanche, j'ai rapporté intégralement les cas qui me semblaient comporter un caractère plus général. J'ai également cité quelques lettres de lecteurs.

I

Le harcèlement moral dans le monde du travail

DÉFINITIONS

COMME JE LE SOULIGNAIS DANS L'INTRODUCTION, GÂRE à l'amalgame. On tend à parler de harcèlement lorsqu'on est bousculé par le temps, assimilant ainsi le terme au stress. On parle également de harcèlement à chaque fois que l'on se sent humilié par sa hiérarchie, même si l'agression est ponctuelle. Or, selon le dictionnaire *Robert*, harceler c'est : « soumettre sans répit à des petites attaques répétées ». C'est très clairement un acte qui ne prend son sens que dans la durée.

Si le concept de *harcèlement moral* a été si parlant pour autant de personnes dans mon précédent ouvrage, c'est probablement lié au choix du terme *moral*. Ce même concept qualifié de *psychologique* eût signifié qu'il s'agissait uniquement d'une étude pour spécialistes sur des mécanismes psychologiques. Le choix du terme *moral* implique une prise de position. Il s'agit effectivement de bien et de mal, de ce qui se fait et de ce qui ne se fait pas, de ce qu'on estime acceptable dans notre société et de ce qu'on refuse. Il n'est pas possible d'étudier ce phénomène sans prendre en compte la perspective éthique ou morale, car, ce qui domine du côté des victimes de harcèlement moral, c'est le sentiment d'avoir été maltraitées, méprisées, humiliées, rejetés. Du côté des agresseurs, face à la gravité de cette violence, on ne peut que se poser la question de leur intentionnalité. Y avait-il effectivement intention de nuire ?

S'il me paraît important de préciser la définition, c'est que, au-delà de la compréhension immédiate du terme, il faut, pour agir, préciser le champ d'action, soit en vue d'une pénalisation des faits, soit dans la mise en place d'une prévention efficace. Jusqu'à présent, les personnes qui se sont penchées sur ce sujet ont eu du mal à se mettre d'accord sur une définition suffisamment pertinente, car ce phénomène peut être abordé de différentes manières, suivant le point de vue où on se place, et concerne différents spécialistes (médecins, sociologues, juristes...) qui utilisent des langages et des modes de penser différents.

En tant que psychiatre, je me suis depuis longtemps intéressée aux conséquences de ce type d'agissements sur la santé et la personnalité des victimes. L'écho reçu par mon premier livre m'a permis de recueillir d'autres témoignages et j'ai pu approfondir mes connaissances sur ce sujet. Peu d'autres agressions entraînent des troubles psychosomatiques aussi graves à court terme et des conséquences à long terme aussi déstructurantes. Pour le moment, les médecins généralistes et les psychiatres savent mal reconnaître la spécificité de ce type de violences et des symptômes qui en découlent. Les médecins du travail, qui observent depuis longtemps ce type de situations, ne savent pas toujours comment protéger les victimes.

Les juristes, quant à eux, essaient de trouver une définition débarrassée autant que possible de toute subjectivité afin que ces agissements violents puissent être qualifiés pénalement. C'est ainsi que le groupe communiste, dans la proposition de loi qu'il a déposée le 14 décembre 1999 à l'Assemblée nationale, a choisi de se fonder sur l'intentionnalité de l'action en parlant de *« toute dégradation délibérée des conditions de travail »*. Pour le député Georges Hage, défenseur de cette proposition de loi, c'est la finalité du harcèlement qui porte atteinte à la morale. Dans le harcèlement moral, il s'agit, selon lui, d'atteindre l'autre, de le déstabiliser, de se jouer de sa psychologie, dans une intention proprement perverse. Pourtant nous verrons dans le chapitre consacré aux agresseurs qu'un harcèlement extrêmement destructeur peut se mettre en place sans qu'il y ait au départ d'intentionnalité malveillante. S'agit-il dans ce cas de harcèlement ?

La commission des affaires sociales de l'Assemblée nationale a pour le moment choisi une définition large pour introduire le harcèlement moral dans le Code du travail : *« Aucun salarié ne doit subir les agissements répétés de harcèlement moral d'un employeur, de son représentant ou de toute personne abusant de l'autorité que lui confèrent ses fonctions* [et qui ont] *pour objet ou pour effet de porter atteinte à sa dignité et de créer des conditions de travail humiliantes ou dégradantes. »*

Quant à moi, je préfère une définition tenant compte des conséquences de ce comportement sur les personnes. C'est ainsi que j'ai proposé la formulation suivante aux groupes de travail auxquels j'ai participé. Je justifierai ce choix tout au long de ces pages : *le harcèlement moral au travail se définit comme toute conduite abusive (geste, parole, comportement, attitude...) qui porte atteinte, par sa répétition ou sa systématisation, à la dignité ou à l'intégrité psychique ou physique d'une personne, mettant en péril l'emploi de celle-ci ou dégradant le climat de travail.*

Quelle que soit la définition retenue, le harcèlement moral est une violence à petites touches, qui ne se repère pas, mais qui est pourtant très destructrice. Chaque attaque prise séparément n'est pas vraiment grave, c'est l'effet cumulatif des microtraumatismes fréquents et répétés qui constitue l'agression. Ce phénomène, au départ, est proche du sentiment d'insécurité dans les quartiers, décrit sous le terme d'incivilités. Par la suite, toutes les personnes visées sont profondément déstabilisées.

Je ne reviendrai pas ici sur le processus de harcèlement moral que j'ai abondamment décrit dans le précédent livre. Toutefois, je consacrerai un chapitre à distinguer de manière précise les différentes sortes d'agissements hostiles pour mettre en évidence une gradation dans l'évolution du processus.

Le mode spécifique d'agression est variable suivant les milieux socioculturels et les secteurs professionnels. Dans les secteurs de production, la violence est plus directe, verbale ou physique. Plus on monte dans la hiérarchie et dans l'échelle socioculturelle, plus les agressions sont sophistiquées, perverses et difficiles à repérer. On le verra à partir de mon enquête.

1

CE QUI N'EST PAS DU HARCÈLEMENT

TOUTES LES PERSONNES QUI SE DISENT HARCELÉES NE LE SONT pas forcément. Aussi faut-il être vigilant. C'est à ce seul prix qu'une prévention vraiment efficace pourra être mise en place. Mon propos, dans ce chapitre, sera de distinguer le harcèlement moral du stress ou de la pression au travail, ou bien du conflit ouvert ou de la mésentente.

Le stress

Le harcèlement est à distinguer nettement du stress professionnel tel qu'on le comprend le plus souvent. Dans son livre *Mobbing*, Heinz Leymann nous rappelle que le stress est avant tout un état biologique et que les situations sociales et sociopsychologiques génèrent du stress. Effectivement, si on suit la définition de Hans Selye, inventeur du concept, le stress est constitué à la fois de l'agent stressant et de la réaction de l'organisme soumis à l'action de cet agent stressant. Mais, dans le langage courant, on entend par stress les surcharges et les mauvaises conditions de travail.

Or, le harcèlement moral est beaucoup plus que du stress, même s'il passe par une phase de stress :

– cette première phase apparaît lorsque l'isolement est modéré et que l'agression ne porte que sur les conditions de travail. Si une personne est débordée, qu'on lui assigne des tâches sans lui donner les moyens de les accomplir, il lui faut un certain temps pour juger s'il s'agit ou non d'un traitement qui lui est spécifiquement destiné. Les conséquences de cette agression sur sa santé seront peu différentes d'une surcharge de travail ou d'une mauvaise organisation puisque, même si son corps réagit fortement, elle n'aura pas conscience de ce qui lui arrive. Cette phase peut se prolonger si l'agression n'est pas très intense ou si la personne refuse d'ouvrir les yeux sur la spécificité de ce qu'elle subit ;

– la phase de harcèlement moral proprement dite apparaît lorsque la personne ciblée perçoit la malveillance dont elle est l'objet, c'est-à-dire lorsque le refus de communication est manifeste et humiliant, lorsque les critiques portant sur le travail deviennent méchantes, et que les attitudes et les paroles deviennent injurieuses. Les conséquences sur le psychisme sont beaucoup plus graves dès qu'on prend conscience qu'il y a « intention de nuire ». On a d'abord du mal à croire qu'une telle malveillance soit possible, puis apparaissent des interrogations anxieuses : « Qu'est-ce que j'ai fait pour qu'on me veuille autant de mal ? », et des tentatives effrénées pour changer le cours des choses. Cela entraîne une blessure qui n'a plus rien à voir avec le stress. Il s'agit d'une blessure d'amour-propre, une atteinte à la dignité, mais aussi une brutale désillusion liée à la perte soudaine de la confiance qu'on avait mise dans l'entreprise, dans la hiérarchie ou dans les collègues. Le traumatisme est d'autant plus grand que la personne avait beaucoup investi son travail.

Le stress ne devient destructeur que par excès, le harcèlement est destructeur par sa nature même.

Certes le stress professionnel, fait de pressions, d'envahissement par des tâches multiples et répétitives, peut user une personne et même la conduire jusqu'au *burn out*, c'est-à-dire à une « dépression d'épuisement » :

> Christiane, employée d'une administration depuis six ans, est mutée à la suite d'un concours administratif dans une autre direction. Le rythme de travail y est beaucoup plus intense que dans son ancien service et son chef de bureau lui met la pression pour qu'elle travaille plus vite. On lui donne toujours plus de dossiers à traiter, tout en l'obligeant à répondre par téléphone aux demandes d'informations des autres services. Elle doit faire face car son chef est très exigeant. Quand elle lui reproche de lui mettre la pression, il répond qu'à lui aussi ses supérieurs mettent la pression et qu'il faut bien que le travail se fasse.

Christiane perd pied. Elle est fatiguée et travaille de moins en moins bien. Elle finit par commettre une erreur grave dans un dossier important. Son chef la convoque pour en parler avec elle. Quand elle lui dit qu'elle est débordée et ne peut faire face, il suggère qu'elle n'est peut-être pas faite pour ce poste. Il lui propose d'envisager un poste plus tranquille car, dans son service, il est certain qu'elle aura toujours trop de travail.

Dans le cas de Christiane, on voit combien le stress qu'elle subit et que son patron reconnaît est différent du harcèlement moral où l'humiliation domine. J'ai conscience que, dans le langage courant, on parle parfois de harcèlement quand on est houspillé par quelqu'un, aussi la distinction entre *harcèlement professionnel* et *harcèlement moral* me paraît pertinente, pour bien marquer par le terme *moral* l'importance de l'humiliation et du manque de respect dans le second cas.

Dans l'exemple suivant nous verrons que, le stress faisant souvent le lit du harcèlement moral, il n'est pas rare de passer de l'un à l'autre. Dès que l'on passe au harcèlement moral, les conséquences sur la santé sont beaucoup plus graves :

Didier travaille depuis vingt ans dans le service juridique d'une grande banque américaine. Depuis la restructuration des services et la vague de licenciements qui a suivi, les conditions de travail se sont dégradées. Le stress est constant par la surcharge de travail liée au départ de certaines personnes, mais aussi par les modifications très fréquentes des procédures et des logiciels. On impose aux salariés des réunions tardives le soir, on les change fréquemment de bureau. Les anciens, soupçonnés de ne pas être assez battants, sont supervisés par des petits jeunes ambitieux et survoltés.

Didier est à la fois fatigué et nerveux. Il augmente sa consommation d'alcool et de cigarettes. Sa femme se plaint de sa mauvaise humeur à la maison. Malgré tout, il tient, bien décidé à résister.

Les choses se dégradent pour lui lorsqu'il se casse le poignet en faisant du sport et prend un congé maladie en pleine période de pointe. Sa supérieure hiérarchique devient alors franchement déplaisante. Dès son retour, sans même lui demander de ses nouvelles, elle se met à le houspiller, à critiquer systématiquement son travail et à faire des remarques sarcastiques dès qu'il fait des erreurs. Pour mieux le surveiller, elle installe le bureau de Didier près du sien, mais dans le couloir. Didier est tellement déstabilisé qu'il a du mal à se concentrer et travaille moins vite, ce qui aggrave l'agressivité de sa supérieure. Il est en permanence sur le qui-vive, dort mal, fait des rêves étranges pleins de disputes

> et de bagarres. Un soir, après une réunion houleuse, où une fois de plus sa supérieure l'humilie publiquement, Didier fait un malaise, et ses collègues sont obligés de le raccompagner chez lui.
>
> À partir de là, il lui est impossible de retourner à son travail. Le matin, dès qu'il se prépare, il est pris de nausées et est obligé de se recoucher.

Lorsqu'il était soumis à un rythme de travail épuisant, Didier était seulement fatigué, mais, lorsqu'une personne s'acharne contre lui et l'humilie publiquement, il tombe gravement malade. On voit qu'il ne s'agit pas du tout de la même échelle de gravité.

Bien sûr, le passage d'une phase à l'autre est difficile à repérer dans la réalité, mais mon expérience dans le suivi de ce type de victimes m'a permis d'observer que le tableau clinique présenté est différent. Chez les stressés, le repos est réparateur, et de meilleures conditions de travail permettront de repartir. Chez une personne victime de harcèlement, la honte et l'humiliation persistent très longtemps, même si ce tableau est à nuancer en fonction de la personnalité des individus. L'atteinte à la dignité est d'un registre subjectif qui ne peut être analysé qu'au cas par cas. En fonction de leur histoire familiale ou de leurs expériences antérieures, les personnes seront plus ou moins affectées par des remarques désobligeantes constantes. Passé un certain seuil d'agression, tout le monde est affecté.

Certes les conditions de travail deviennent de plus en plus dures : il faut faire toujours plus, faire mieux (tâches à faire dans l'urgence, revirements de stratégie), tout cela engendre du stress, cependant le but conscient du management par le stress n'est pas de détruire les salariés mais au contraire de les rendre plus performants. La finalité est l'accroissement de l'efficacité ou de la rapidité dans l'accomplissement d'une tâche. Si la gestion par le stress entraîne des conséquences désastreuses sur la santé, c'est par un dérapage, un mauvais dosage (même si, par des séminaires de gestion du stress, on essaie d'apprendre aux cadres à mieux supporter la pression !). Mais, dans le stress, contrairement au harcèlement moral, il n'y a pas d'intentionnalité malveillante.

Dans le harcèlement moral, au contraire, ce qui est visé, c'est l'individu lui-même dans une volonté plus ou moins consciente de lui nuire. Il ne s'agit pas d'améliorer une productivité ou d'optimiser des résultats mais de se débarrasser d'une personne parce que, d'une manière ou d'une autre, elle « gêne ». Cette violence n'est utile ni à l'organisation ni à la bonne marche de l'entreprise.

Les vertus du conflit

Il me paraît également essentiel de différencier le harcèlement moral d'un conflit. Alors que Heinz Leymann [1] considère que le *mobbing* résulte toujours d'un conflit professionnel mal résolu, je pense pour ma part que, s'il y a harcèlement moral, c'est que justement aucun conflit n'a réussi à se mettre en place. Dans un conflit, les reproches sont nommés (la guerre est ouverte en quelque sorte). Au contraire, derrière tout procédé de harcèlement, il y a du non-dit et du caché. Même si les situations de conflit sont coûteuses et douloureuses pour une entreprise, tout le monde s'accorde à reconnaître leur utilité. À l'origine, il y a une nécessité de changement ; un ancien système de fonctionnement doit être détruit pour en reconstruire un autre. Un conflit est source de renouvellement et de réorganisation en obligeant à se remettre en question et à fonctionner sous des formes nouvelles. Il permet de mobiliser les énergies et de rassembler les personnes, de modifier les alliances, de sortir de la complexité, et surtout d'apporter un peu d'animation et de nouveauté dans des contextes professionnels trop routiniers.

> Jessica est employée d'une administration. Ses difficultés commencent lorsqu'elle veut prendre un congé formation pour finir un BTS de secrétariat. Son chef lui demande de différer son projet dans l'intérêt du service. Elle part quand même, avec un avis défavorable de sa hiérarchie. À son retour, considérant qu'en partant Jessica a mis le désordre dans le service, son chef lui baisse autoritairement sa note. Elle proteste. Il tente de répliquer en lui expliquant ses motivations, mais elle ne veut rien entendre et demande par voie hiérarchique une révision de sa note. Elle n'obtient qu'une proposition de mutation. Le médiateur est alors saisi pour tenter de trouver une solution.

Il y a dans ce cas un conflit ouvert et chacun des protagonistes peut théoriquement défendre sa position, même si l'obligation du service peut donner raison au supérieur hiérarchique de Jessica.

Ce qui caractérise donc un conflit, c'est l'« escalade symétrique », c'est-à-dire une égalité théorique des protagonistes. En acceptant le conflit, on reconnaît l'existence de l'autre comme interlocuteur, on lui

1. Leymann H., *Mobbing*, Seuil, Paris, 1996.

reconnaît l'appartenance à un même système de référence. C'est le côté positif du conflit. Cependant, l'enjeu d'un conflit ne se réduit jamais à ce qu'on en dit. Il comporte sa part d'ombre en quête d'identité. On cherche souvent, à l'occasion d'un différend, à être accepté, reconnu par l'autre. On se définit toujours en s'affirmant et en s'opposant. Ce type de relations, dans un cadre professionnel, peut conduire à former des clans et des groupes rivaux. Des attitudes de compétition et de rivalité peuvent en découler. Chaque protagoniste ou chaque groupe essayant de garder le contrôle de la situation, il se joue un combat féroce : à l'hostilité répond de l'hostilité, à une trahison répond une autre trahison. Tous les coups sont permis de manière implicite. Pourtant, cela suppose des règles et aussi un pouvoir de régulation. Chacun a une place à tenir ; on peut parler dans ce cas d'un « consensus conflictuel ».

Tant que le conflit n'est pas résolu, il tend à s'amplifier avec la recherche de nouveaux alliés. On peut y mettre fin spontanément ou à la suite d'arbitrages ou de médiations, cela vaut toujours mieux que de laisser pourrir la situation. Les conflits qui tardent à se résoudre s'enkystent et se poursuivent de façon souterraine. Dans ce cas, il y a un risque de passage vers des procédés de harcèlement moral.

Malgré les possibilités de changement qu'ils apportent, les conflits ont une mauvaise réputation dans les entreprises. Ces dernières craignent l'agitation sociale qui pourrait nuire à leur image de marque, et préfèrent laisser s'installer une communication perverse avec les manipulations que cela engendre. Il leur faut donner l'impression que tout va bien. Elles évitent les vrais débats et les échanges directs, de peur qu'un désaccord trop évident apparaisse. Il est impossible de discuter sainement et de nommer ce qui ne va pas.

Les conflits s'étendent et dégénèrent sans résolution parce que nos systèmes éducatifs nous ont appris à en avoir peur. On veut à tout prix communiquer, même s'il s'agit d'un faux dialogue, pour éviter la violence ouverte que l'on craint de ne pas savoir juguler. On n'affirme pas ses positions, on échappe dans une pseudo-acceptation, quitte à faire passer son point de vue de manière insidieuse. La fameuse gestion du conflit pratiquée parfois dans les entreprises ne gère rien du tout, mais masque une situation (parfois explosive !) en procédant par évitements : « Il s'agit de dissoudre les conflits – on parle de résolution des conflits comme s'il s'agissait de les rendre solubles –, et la manière qui semble la plus appropriée s'appelle, à ce moment, le consensus mou ; seule la solution, ou la solubilité, compte [2]. » L'entreprise, ou plus exactement chaque membre de l'entreprise pris individuellement, craint de se trouver débordée et de ne pas savoir régler les différends.

D'une façon générale, dans le monde du travail, les dirigeants et les cadres ne prennent pas les difficultés relationnelles suffisamment au sérieux, sauf si elles peuvent occasionner un préjudice évident pour l'entreprise. Malgré les séminaires de gestion des conflits proposés aux cadres, les attitudes les plus usuelles restent la fuite et l'évitement. On laisse faire et on demande ensuite aux DRH de récupérer des situations qui se sont dégradées parce que la direction n'a pas traité les problèmes à temps.

Dans certaines grandes entreprises, de vrais conflits régulateurs ne peuvent tout simplement pas avoir lieu puisqu'il n'y a pas d'interlocuteur véritable. Les personnes qui pourraient agir ne sont pas dans les locaux mais « quelque part au siège » et ne savent pas ce qui se passe au quotidien sur les lieux de production. La rage, la frustration qui s'accumulent alors rejaillissent dans des petits conflits entre les personnes ou bien entraînent ces dernières à souffrir en silence et à tomber malades.

Certes, aujourd'hui, il y a moins de conflits sociaux, car on les étouffe dans l'œuf, mais il y a plus de souffrance individuelle : stress, fatigue, anxiété, dépression, harcèlement moral. Chacun souffre dans son coin sans pouvoir partager ses difficultés avec un groupe solidaire. Les salariés n'ont plus le sentiment d'appartenir à un collectif professionnel qui pourrait permettre une recherche collective de reconnaissance. Les conflictualités sociales qui sont porteuses de changement disparaissent progressivement au profit de microconflictualités ou d'agressions individuelles qui échappent aux techniques de régulation sociale. Dans ces situations de souffrance individuelle qui ne peuvent pas être réglées de façon uniquement collective, les syndicats ont beaucoup de difficultés à intervenir.

D'ailleurs, on ne parle même plus de conflits, ce qui implique deux interlocuteurs égaux, mais de crises : crise des cadres, crise des fonctionnaires, etc., ce qui sous-entend qu'un groupe professionnel pose problème. Des instances de gestion des crises sont alors mises en place, c'est-à-dire qu'on fait intervenir, non pas un médiateur, ce qui

2. SIX J.-F., *Dynamique de la médiation*, Desclée de Brouwer, Paris, 1995.

pourrait instaurer à nouveau du dialogue entre la direction et le groupe concerné, mais un expert pour « soigner » le groupe « malade ». Ce sont les mêmes procédés, en plus pervers, qui sont utilisés lorsqu'une personne est harcelée moralement : on ne fait pas intervenir un médiateur pour essayer de comprendre ce qui se passe, mais on choisit de stigmatiser la personne en lui conseillant d'aller consulter un médecin.

Dans le harcèlement moral, il ne s'agit plus d'une relation symétrique comme dans le conflit, mais d'une relation dominant-dominé, où celui qui mène le jeu cherche à soumettre l'autre et à lui faire perdre son identité. Quand cela se passe dans le cadre d'une relation de subordination, c'est un abus de pouvoir hiérarchique, et l'autorité légitime sur un subordonné devient une domination sur une personne.

Même lorsque le harcèlement se met en place entre collègues ou de façon ascendante, il est toujours précédé d'une domination psychologique de l'agresseur et d'une soumission forcée de la victime. L'autre est déprécié, *a priori*, en raison de ce qu'il est, de son appartenance sexuelle, de son manque de compétences, ou de sa position hiérarchique. Dans tous les cas, on ne le considère pas comme un interlocuteur valable, ce qui permet de détruire plus aisément son identité.

C'est une erreur de vouloir éviter à tout prix les conflits, car ils constituent les moments où nous pouvons changer et tenir compte de l'autre, c'est-à-dire nous enrichir. À l'opposé d'un conflit, le harcèlement moral est une façon de bloquer tout changement.

La maltraitance managériale

Ce que j'appelle maltraitance managériale, c'est le comportement tyrannique de certains dirigeants caractériels qui font subir une pression terrible à leurs salariés, ou qui les traitent avec violence, en les invectivant, en les insultant, sans aucunement les respecter.

> C'est ce qui s'est passé dans l'entreprise Bouyer à Montauban où le P-DG invectivait et insultait non seulement son personnel, mais aussi les fournisseurs et les clients. Personne ne l'ignorait, mais tous espéraient qu'il serait remercié par les actionnaires puisque l'entreprise était en difficulté. Il n'en a rien été : sans doute par indifférence, ils l'ont reconduit dans ses fonctions. Il a fallu une grève dure pour que les salariés réussissent à se faire entendre.

Alors que les procédés de harcèlement moral sont occultes, la violence de ces tyrans caractériels est repérable par tous, y compris par les délégués du personnel quand il y en a. En effet, même si quelques-uns, plus habiles ou plus manipulateurs s'arrangent pour y échapper, tous les salariés sont indifféremment maltraités.

Que ces dirigeants soient conscients ou pas de la brutalité de leurs agissements, leurs comportements sont indignes et inadmissibles. Seule une action collective peut en venir à bout. Il faut donc que les salariés réagissent le plus tôt possible et ensemble pour dénoncer ces comportements esclavagistes.

Néanmoins, la difficulté qu'il y a à séparer le harcèlement moral de la maltraitance managériale vient de ce que ces dirigeants tyranniques utilisent parfois également des procédés pervers, qui consistent, par exemple, à monter les gens les uns contre les autres.

> Dans ce grand magasin, un jeune financier est nommé sur le terrain pour diriger trente personnes qui ont toutes une certaine ancienneté et leurs habitudes de travail.
> D'emblée, il annonce qu'il ne fera pas de sentiment et s'enferme dans son bureau. Alors qu'il régnait jusqu'alors dans ce service une certaine convivialité, il interdit de s'attarder auprès de la machine à café, et chronomètre les pauses pipi. Lui-même ne dit ni bonjour ni bonsoir. Sans connaître plus le personnel que par ordinateur interposé, il vérifie en permanence ce que font les employés et critique systématiquement leur travail. Régulièrement, il convoque l'un d'entre eux et passe au crible le travail effectué les jours précédents. Alors qu'il demande à son personnel d'être disponible et de rester plus tard le soir si une tâche n'est pas terminée, au moindre retard, il envoie un courrier.
> Les erreurs ne sont pas discutées mais l'employé fautif est convoqué dans le bureau du chef de service qui l'accable de reproches en criant. Alors que l'un d'eux signale sa fatigue, il l'attaque sur son point faible : « Mettez-vous en mi-temps thérapeutique ! Je sais que, par le passé, ça vous est déjà arrivé, vous n'aurez qu'à dire que vous rechutez ! »
> Lorsqu'une employée pose des congés pendant les vacances scolaires : « En tant que célibataire, vous avez la vie assez belle comme ça ! Vous n'aviez qu'à faire des enfants ! »
> Après quelques mois de ce traitement, les employés craquent :
> – le plus jeune donne sa démission sans plus discuter ;
> – un autre se met en arrêt maladie prolongé pour dépression ;
> – un troisième, alors qu'on lui fait des reproches qui lui paraissent injustes, perd tout contrôle et essaie de frapper ce supérieur ;

– la plupart des employés sont tellement déstabilisés qu'ils sont sur le qui-vive en permanence et n'osent même plus parler entre eux.

Lorsqu'un chef de service « harcèle » chacun individuellement, comme dans cet exemple, en prenant soin de viser précisément la partie vulnérable de la personne, on peut dire que l'on passe de la maltraitance managériale au harcèlement moral. C'est également ce qui s'est produit dans l'entreprise Maryflo, cette entreprise de confection du Morbihan où le directeur tyrannique et pervers cassait chaque employée, en l'attaquant sur des détails très personnels avec des phrases blessantes et des injures.

Les agressions ponctuelles

Le harcèlement moral se caractérise avant tout par la répétition. Ce sont des attitudes, des paroles, des comportements, qui, pris séparément, peuvent paraître anodins mais que leur répétition et leur systématisation rendent destructeurs. Heinz Leymann [3] avait établi une liste de quarante-cinq agissements hostiles, et considérait que, pour que l'on parle de *mobbing*, il fallait qu'un ou plusieurs de ces agissements se répètent au moins une fois par semaine et sur une durée minimale de six mois. Fixer ainsi un seuil limite me paraît excessif, car la gravité d'un harcèlement ne dépend pas seulement de la durée mais aussi de la violence de l'agression. Certains agissements particulièrement humiliants peuvent détruire quelqu'un en moins de six mois !

D'une façon générale, le terme de harcèlement moral est inapproprié pour qualifier une attitude agressive ponctuelle d'un employeur, même si cette agression a eu des conséquences spécialement graves pour la victime.

Le 20 mars 2000, la cour d'appel de Versailles a reconnu qu'un coup de téléphone de remontrance était à l'origine de troubles psychiques graves pour une employée de la caisse régionale d'assurance maladie d'Île-de-France, et constituait par là même un accident de travail. Ces reproches auraient provoqué chez elle « un choc émotif réactionnel [...] ayant entraîné un syndrome anxiodépressif et nécessité un traitement antidé-

3. *Op. cit.*

presseur ». Si les troubles ressentis par cette personne proviennent uniquement des reproches téléphoniques, il s'agit certes d'une agression violente, mais ce n'est en aucun cas du harcèlement puisqu'il s'agit d'un acte unique.

Une agression verbale ponctuelle, à moins qu'elle ne soit précédée de multiples petites agressions, est un acte de violence, mais ce n'est pas du harcèlement moral, tandis que des reproches réitérés le sont, surtout s'ils sont accompagnés d'autres agissements pour disqualifier la personne. Les juges ne s'y trompent pas qui, pour décider s'il y a volonté de nuire dans la modification d'un contenu de poste, demandent à constater l'action sur une certaine période, tandis que, dans les agressions qui s'exercent directement à l'encontre de la victime, telles que les brimades ou les humiliations, il leur suffit de faire référence au caractère répété de l'attaque [4].

Une agression ponctuelle peut n'être que l'expression d'une réactivité et d'une impulsivité. Dans ce cas, selon les juristes, il n'y a pas « préméditation ». Le harcèlement, au contraire, surtout s'il est le fait d'un individu pervers narcissique, est une agression « à perpétuité ».

Il peut pourtant se faire qu'une agression apparemment unique mais particulièrement humiliante, comme c'est le cas dans certaines mises à la porte brutales (bureau fermé, affaires personnelles dans un carton sur le palier, attitudes d'évitement), puisse être considérée comme du harcèlement moral. Parfois, en analysant en détail ces situations, on s'aperçoit que de petits indices de rejet ou d'hostilité déniés par la victime avaient précédé l'éviction. Le salarié licencié prend conscience d'un coup de l'humiliation qu'on lui faisait subir, mais ces procédés étaient là bien avant qu'on le remercie. On peut alors parler de harcèlement moral puisqu'il s'agit effectivement d'une entreprise délibérée pour éliminer une personne, l'humilier et la rabaisser par pur sadisme.

Après six ans d'ancienneté dans le même service, et sans qu'aucun problème professionnel ni aucune difficulté apparente de relation aient été nommés, Jérôme, un matin, ne peut plus entrer dans son bureau, la clef ayant été changée. Sa secrétaire, gênée, lui annonce alors qu'elle a

4. Lapérou B., *La notion de harcèlement moral dans les relations de travail*, RJS6/00, Francis Lefebvre.

reçu des ordres de la direction pour ne pas le laisser entrer, et que ses affaires personnelles sont dans un carton dans l'entrée.
Jérôme n'avait rien vu venir. Il demande un entretien à son supérieur hiérarchique qui ne peut le recevoir avant la semaine suivante.
Après une phase de choc où il pense au suicide, Jérôme prend conscience qu'effectivement, depuis quelque temps, on ne lui confiait plus de dossiers importants et qu'il avait été tenu à l'écart de certaines décisions qui concernaient son service. Il décode alors les attitudes de rejet et les petites remarques déplaisantes qui pouvaient déjà laisser entendre que sa hiérarchie ne lui faisait plus confiance.

Dans ce cas, si la personne essaie de se défendre, le harcèlement moral devient plus patent :

« Après un an d'ancienneté, sans aucun problème ni professionnel ni relationnel à mon travail, mon patron m'a signifié brusquement que je devais partir pour incompétence professionnelle. Je n'avais reçu aucun avertissement auparavant. Comme je voulais faire valoir mes droits et menaçais d'aller aux prud'hommes, il m'a mené une vie d'enfer et a tout fait pour m'abattre psychologiquement. »

D'autres formes de violences

Je passerai brièvement sur d'autres formes de violences qui, quelle que soit leur destructivité, ne peuvent pas être considérées comme du harcèlement moral :

– la violence externe, qu'elle provienne d'incivilités, d'une agression à main armée ou d'une agression par un client n'est pas en soi du harcèlement moral. Pourtant, il arrive que le comportement de certains clients s'y apparente. Dans ce cas, étant donné que l'agression vient de l'extérieur, il est du devoir d'une entreprise de prendre des mesures pour protéger ses salariés ;

– la violence physique n'est pas du harcèlement en soi, même s'il arrive que des situations de harcèlement dégénèrent et que les personnes en viennent aux coups. Il est important dans ce cas de porter plainte. Selon le BIT, c'est dans le secteur des services que la violence physique est la plus élevée (6 % dans les administrations, et 5 % dans les commerces) ;

– la violence sexuelle, étant déjà qualifiée pénalement, n'entre pas dans le registre du harcèlement moral. Je fais une distinction théorique entre harcèlement moral et harcèlement sexuel, même si je me propose de montrer que des passages de l'un à l'autre sont fréquents. Selon le BIT, le harcèlement sexuel concerne 2 % des travailleurs. Les femmes sont les plus exposées, surtout les moins de 25 ans et celles qui ont un statut précaire.

Les mauvaises conditions de travail

Il est souvent fort difficile de distinguer le harcèlement moral des mauvaises conditions de travail. C'est dans ce cas que la notion d'intentionnalité prend toute son importance. Travailler dans un bureau étroit, avec un mauvais éclairage et un siège inadapté ne constitue pas un acte de harcèlement en soi, sauf si un seul salarié est traité spécifiquement ainsi, ou si cela est destiné à le décourager. Il en est de même pour la surcharge de travail, elle ne devient harcèlement que s'il y a dérapage et si le but, conscient ou inconscient, est de faire craquer le salarié.

Les mauvaises conditions de travail sont du domaine de l'inspection du travail qui doit aller juger sur place et sanctionner. La difficulté vient de ce que, dans le cas du harcèlement moral, cette dégradation se fait progressivement sans que le salarié sous emprise puisse juger à quel moment ses conditions de travail deviennent franchement anormales. Si tout un groupe de salariés d'une même entreprise voit ses conditions de travail se dégrader, une action collective est possible. En revanche, une personne seule dans une petite structure ne pourra compter que sur son ressenti subjectif pour oser se plaindre. Le plus souvent, le harcèlement moral est si subtil que la dégradation des conditions de travail d'une personne n'apparaît que de façon relative, par comparaison avec la situation des collègues.

Comment juger de l'intentionnalité malveillante dans certains cas où les conditions de travail sont de toute façon difficiles ? Prenons le cas des caissières de supermarché dont les horaires sont différents d'un jour à l'autre. Elles travaillent essentiellement aux heures de pointe, c'est-à-dire, le midi, le soir et le samedi. Si elles habitent loin, le morcellement de leurs horaires de travail ne leur permet pas de rentrer chez elles et de profiter d'une vie de famille. Même si elles ne sont payées que pour un nombre restreint d'heures, elles sont dehors toute la journée. Lorsque l'emploi est précaire, étant donné qu'il s'agit d'une notion subjective, tout dérapage d'organisation est vécu comme une injustice. Aménager un tant soit peu les horaires de l'une peut être interprété comme du favoritisme ; ne pas tenir compte du cas particulier d'une autre peut être ressenti comme du harcèlement moral.

On voit bien que plus les conditions de travail sont dures, plus il faut être attentif aux personnes.

Les contraintes professionnelles

Le harcèlement moral est un abus et ne doit pas être confondu avec les décisions légitimes concernant l'organisation du travail, telles que les mutations ou les changements de poste, lorsqu'ils sont conformes au contrat de travail. De même, les critiques constructives et les évaluations concernant le travail fourni, à condition qu'elles soient explicitées et ne soient pas utilisées dans un but de représailles, ne constituent pas du harcèlement. Il est certain que tout travail présente un degré de contrainte et de dépendance.

Dans les administrations, le système de notation est un sujet très sensible. Il est usuel, dans certains services, de donner au personnel la note maximum. Une baisse d'un demi-point prend alors une importance considérable. Un jeu très subtil peut se mettre en place dans lequel le subordonné se sent lésé, même s'il n'y a pas nécessairement eu de malveillance dans l'établissement de la note. Pourtant, il arrive aussi que l'abaissement d'une note soit le seul élément visible d'un harcèlement moral beaucoup plus subtil. Dans ce cas, comment en faire la preuve ?

Par ailleurs, de nombreux contrats de travail comportent des clauses d'objectifs à atteindre qui maintiennent une pression constante sur les salariés dans l'obligation de réussir quelles que soient les conséquences sur leur santé. Plusieurs jurisprudences ont reconnu que des objectifs à atteindre irréalisables, en maintenant le salarié dans un état de sujétion constante, constituent une forme de harcèlement qu'Alain Chirez avait qualifié de *clausuel* [5]. L'employeur est tenu de fournir au salarié les moyens normaux de remplir sa mission, et la tâche exigée doit correspondre aux compétences, au statut et au salaire du salarié.

5. Chirez A., Article paru dans *Libération emploi*,

Lorsqu'on aborde le problème des contraintes professionnelles, il faut avoir conscience que certaines personnes peu motivées par leur travail se sentent harcelées dès qu'on les houspille en essayant de les stimuler. Il est normal qu'une hiérarchie essaie de motiver ses subordonnés, mais elle ne doit pas confondre motivation et exploitation. Beaucoup de responsables ne savent pas ménager les susceptibilités individuelles et manient plus facilement le bâton que la carotte. Dans ce cas, les personnes se bloquent et ne peuvent plus avancer.

De nombreuses études ont été menées pour mieux connaître les critères de motivation des salariés. Il en ressort que la meilleure façon de motiver une personne est encore de lui donner un travail intéressant, à effectuer dans un climat agréable...

On m'objectera que la différence entre la pression légitime d'un supérieur hiérarchique pour faire travailler ses employés et un comportement abusif n'apparaît pas toujours de façon évidente. À cela je réponds que les cadres doivent apprendre à faire passer leurs messages de façon respectueuse et en tenant compte de la personnalité du salarié.

2

CE QU'EST LE HARCÈLEMENT MORAL

VOYONS CE QUI AMÈNE UNE PERSONNE À EN HARCELER UNE AUTRE, et par quels moyens elle peut réussir à la déstabiliser.

Comment en arrive-t-on à harceler quelqu'un ?

À l'origine des procédés de harcèlement, on ne trouve pas de faits patents explicatifs, mais plutôt un ensemble de sentiments inavouables.

Le refus de l'altérité

Le harcèlement moral commence souvent par le refus d'une différence. Cela se manifeste par un comportement à la limite de la discrimination – propos sexistes pour décourager une femme dans un service d'hommes, plaisanteries grossières à l'égard d'un homosexuel... Sans doute est-on passé de la discrimination au harcèlement moral, plus subtil et moins repérable, afin de ne pas risquer d'être sanctionné. Lorsque ce refus vient d'un groupe, c'est qu'il lui est difficile d'accepter quelqu'un qui pense ou agit différemment ou qui a l'esprit critique : « Ce qu'ils détestent chez celui qui pense autrement, ce n'est pas tant l'opinion différente qu'il prône que l'outrecuidance qu'il y a à vouloir juger par soi-même – ce qu'ils ne font bien sûr jamais eux-mêmes, et dont ils ont conscience dans leur for intérieur [1]. »

Beaucoup de victimes ne s'y trompent pas qui formulent ainsi ce qui leur arrive : « Je ne suis pas comme les autres ! » Elles ont conscience qu'elles n'ont pas le « style » ou l'état d'esprit des personnes qui les entourent.

Au-delà de la façon de travailler, il y a une façon d'être, de s'habiller, de parler, de réagir, qui va amener un groupe à reconnaître une personne comme « acceptable ». Cela rejoint souvent la notion d'éducation ou de classe sociale. Parfois, sentant le danger de la mise à l'écart, les victimes s'arrangent pour rogner leurs différences ou leur originalité et, comme des caméléons, finissent par se fondre dans le groupe.

Ce nivellement imposé par le groupe peut aller jusqu'à effacer des différences très subtiles que le groupe n'accepte pas entre les personnes, comme c'est le cas dans l'exemple qui suit :

> Après une carrière dans le secrétariat, et un certain nombre de difficultés de vie, Brigitte, 38 ans, passe un diplôme d'éducatrice. Lors de son premier poste dans un centre de loisirs pour adolescents, elle est d'emblée mise à l'écart par ses collègues, qui ont tous entre 20 et 25 ans et par son supérieur hiérarchique qui est un peu plus jeune qu'elle. Elle dérange car on ne sait pas où la classer. Par son expérience personnelle, son aisance avec les jeunes, et son sens de l'organisation, elle est très adaptée au poste, mais elle tranche sur les autres car elle n'est pas sportive et s'habille différemment. Brigitte décide de ne pas s'en formaliser, et se dit qu'ils finiront bien par l'accepter et qu'alors ils cesseront de lui chercher des noises.

C'est aussi une personne moins performante qui est mise de côté par le groupe parce qu'elle ralentit la cadence ou donne une mauvaise image du service. Mais c'est également le cas des personnes qui font du zèle, lorsqu'elles arrivent dans un groupe qui fonctionne bien sans trop d'effort.

Les entreprises elles-mêmes, comme nous le verrons dans un autre chapitre, ont des difficultés à supporter des salariés différents ou atypiques. Les procédés de harcèlement visent avant tout à casser ou à se débarrasser des individus qui ne sont pas conformes au système. À l'heure de la mondialisation, on cherche à fabriquer de l'identique,

1. SCHOPENHAUER A., *L'art d'avoir toujours raison*, Mille et une nuits, Paris, 1998.

des clones, des robots interculturels et interchangeables. Pour que le groupe soit homogène, on écrase celui qui n'est pas calibré, on annihile toute spécificité, qu'elle soit de caractère, de comportement, de sexe, de race... Formater les individus est une façon de les contrôler. Ils doivent être soumis pour améliorer les performances et la rentabilité.

Ce formatage est souvent relayé par les collègues, car les entreprises, comme tout groupe social, génèrent en leur sein des forces d'autocontrôle, chargées de mettre au pas les anticonformistes. Ces derniers doivent accepter, de gré ou de force, la logique du groupe. Le harcèlement moral est un des moyens d'imposer la logique du groupe.

L'envie, la jalousie, la rivalité

L'envie est un sentiment naturel qui surgit inévitablement dès que deux personnes sont susceptibles de se comparer l'une à l'autre ou d'être en position de rivalité. Elle peut faire des ravages considérables en rendant les individus destructeurs, mais c'est un concept ignoré des sciences sociales qui font comme si ce sentiment n'existait pas. Il est vrai que c'est un sentiment qu'on n'avoue pas facilement. Comment dire aux autres, et comment se dire à soi-même : « Je ne le supporte pas parce qu'il est plus intelligent, plus beau, plus riche, ou qu'il paraît plus aimé, que moi ! » ? Ne pouvant le dire, on l'agit et on essaie de casser l'autre afin de se rehausser. En médisant, on réduit l'écart entre soi et ce qu'on imagine des autres.

> Jeune diplômée de Sciences Po, Josiane entre dans une grande administration sous les ordres d'un collègue plus âgé et pratiquement autodidacte, qui doit en principe la former. Dès le début, il ne lui donne aucune information sur les dossiers et sur l'organisation interne du service. Elle est obligée de se débrouiller toute seule. Néanmoins, il critique systématiquement tout ce qu'elle fait, sans jamais lui indiquer ce qu'elle aurait dû faire.
>
> Quand elle pose des questions précises pour obtenir une information, il élude et parle d'autre chose, ou bien il se moque d'elle :
>
> « Ce n'est pas la peine d'avoir fait Sciences Po pour ne pas savoir ça ! »
>
> « Qu'est-ce qu'on vous a appris dans votre école ? »
>
> Auprès des autres, il se valorise avec le diplôme de sa subordonnée : « Elle sort de Sciences Po, mais elle ne sait rien. Je dois tout lui apprendre ! »
>
> Très vite, Josiane perd confiance en elle et a l'impression qu'elle ne sait plus rien. Elle lui donne raison et pense que ses études ne lui ont servi

à rien. Elle devient soumise et finit par lui demander son avis sur tout. Mais cela ne suffit pas à cet homme, il continue à faire des remarques désobligeantes à Josiane jusqu'à ce qu'elle tombe malade.

L'envie n'est pas proportionnelle à la valeur de la chose enviée mais se concentre très souvent sur des petits riens dérisoires. On envie celui qui a un bureau près de la fenêtre, ou celui qui a un plus beau fauteuil, mais on envie aussi celui qui est préféré du chef ou qui a un meilleur salaire à qualification égale.

Monique, 50 ans, est directrice régionale dans une grande entreprise. Lors d'une fusion, on lui impose un supérieur plus jeune venant de l'autre structure. Alors qu'elle est plutôt bourgeoise, que son mari a un poste élevé et que ses enfants réussissent, son supérieur est en crise conjugale pour la troisième fois et ses enfants sont en difficulté scolaire. Lors d'une réunion, le directeur général fait l'éloge de Monique devant tous les directeurs. Il la reconnaît créative, intelligente, fine gestionnaire. À partir de là, elle a l'impression de se faire massacrer quotidiennement par son supérieur hiérarchique : épluchage de ses notes de frais, propos vexatoires, mise en doute de son travail auprès des clients, refus de lui parler au téléphone. Pour elle, il ne fait aucun doute que son supérieur hiérarchique, inquiet d'arriver dans un nouveau poste qu'il ne connaît pas, a besoin de se débarrasser de celle qu'il jalouse et dont il craint la rivalité.

Les sentiments de jalousie peuvent apparaître entre collègues, vis-à-vis de la hiérarchie, ou entre supérieurs et subordonnés. Comment supporter, quand déjà on n'est pas sûr de soi, d'avoir un subordonné plus diplômé ou plus performant ? Cela peut provoquer des passages à l'acte à tous les niveaux de l'organisation.

Lors d'une restructuration particulièrement difficile à mener, ce directeur général se montre très habile au point d'être félicité à la fois par les actionnaires et les salariés. Il a le tort de devenir alors plus populaire que son président qui l'isole, ne lui fait plus passer les informations et le discrédite auprès de ses subordonnés. Étant désormais empêché de travailler, le directeur n'est pas surpris quand son président le convoque pour lui signifier qu'il ne fait plus partie du groupe. On met à sa place quelqu'un de plus terne, qui fera moins d'ombre au président.

La rivalité est un levier dont se servent assez cyniquement les entreprises pour se débarrasser de quelqu'un, on joue une personne contre une autre, afin que l'une d'elles choisisse de s'en aller. Parfois on joue clairement les jeunes contre les vieux, en valorisant les nouvelles équipes et en considérant les vieux comme dépassés. D'autres fois, le rejet se met en place de façon plus subtile :

> Quand des nouvelles directions arrivent avec des idées neuves, elles essaient de renouveler l'équipe. Elles partent du principe que les méthodes des anciens sont dépassées et qu'ils ne sauront pas s'adapter. Étant donné que licencier un salarié qui a beaucoup d'ancienneté coûte cher, dans un premier temps, on ne pense pas forcément consciemment à le pousser à partir, mais on l'observe à la loupe. On repère tout ce qui ne va pas en se disant qu'un jeune ferait mieux l'affaire. Il agace. La moindre erreur prend une importance exagérée. Ensuite, on se met à guetter la faute avec l'idée qu'on pourrait s'en servir pour le licencier. Petit à petit, on se met à le harceler moralement, puis à le pousser à la faute. L'intentionnalité se met ainsi en place progressivement.

Les rivalités de personnes sont rendues possibles par la disparition des équipes et des collectifs. Sous le prétexte d'une mise en concurrence stimulante et aussi dans le but de casser les alliances, le système de management actuel tend à monter les groupes les uns contre les autres. Par exemple, on valorise les diplômés, et on méprise les employés. Lorsque, au cours des études ou des formations, on inculque régulièrement aux étudiants des grandes écoles qu'ils sont les meilleurs, cela entraîne chez eux un sentiment de supériorité qui bloque toute communication. Parce qu'ils se sentent à part, ils peuvent être amenés à penser qu'ils ont tous les droits. Faisant partie de l'élite de la nation, ils ne peuvent communiquer qu'avec l'élite. Cela réduit considérablement les contacts ! Il n'y a plus de curiosité à échanger avec l'autre puisqu'on pense *a priori* qu'il ne va rien nous apporter. Pour qu'il y ait dialogue, il faut une relation entre deux personnes qui se considèrent comme d'importance égale sur le plan humain, même si elles sont de niveau hiérarchique différent. Seul le dialogue entre des personnes qui ont des points de vue différents fait progresser.

Il est des manipulations délibérées de certaines directions qui peuvent conduire à des déloyautés. C'est le cas par exemple dans certaines fusions où, tout en s'engageant à ne pas licencier, elles placent deux personnes en doublon sur un même poste. Même si rien n'est dit, chacun pense, à tort ou à raison, que le moins performant ou le moins conforme sera éliminé. Il n'est pas étonnant que, parfois, l'un ait la tentation d'éliminer l'autre.

La peur

La peur est un moteur essentiel au harcèlement moral, car, de manière générale, c'est par peur que l'on devient violent : on attaque avant d'être attaqué. On agresse l'autre pour se protéger d'un danger.

Avec la crainte du chômage qui persiste malgré la reprise économique, et avec la montée des pressions psychologiques liées aux nouvelles méthodes de management, la peur est devenue une composante importante du travail. Elle est tapie au fond de nombreux salariés, même s'ils n'osent pas en parler. C'est la peur de ne pas être à la hauteur, la peur de déplaire à son chef, de ne pas être apprécié de ses collègues, la peur du changement, c'est aussi la peur d'une sanction ou la peur de faire une erreur professionnelle qui pourrait amener à perdre son emploi.

Actuellement, cette peur est beaucoup plus indirecte que par le passé. On voit de moins en moins de patrons exiger ouvertement la soumission de leurs collaborateurs, mais, en prônant l'autonomie et l'esprit d'initiative des salariés, on essaie plutôt de les culpabiliser. On leur fait comprendre que leurs difficultés ne viennent que d'eux-mêmes et qu'ils sont responsables des ennuis qu'ils pourront avoir s'ils ne sont pas conformes au système. De la sorte, la peur contribue à l'uniformisation et à une forme sournoise de mise au pas.

> Vincent, directeur commercial, a sous ses ordres une vingtaine de commerciaux. Son patron trouve que Vincent n'est pas assez dur avec eux. Il exige la tête de deux d'entre eux. L'un a eu de mauvais résultats, l'autre a le tort d'être beaucoup trop libre et trop critique par rapport aux stratégies de l'entreprise.
> Vincent résiste quelque temps, mais, devant les pressions de son patron qui lui parle de sa responsabilité sur les résultats de l'entreprise, il finit par « sacrifier » les deux commerciaux gênants.

Dans certaines entreprises, la stratégie de gestion du personnel repose entièrement sur la peur. Les salariés sont constamment sur la défensive, et cela se répercute du plus haut au plus bas de la hiérarchie. Il est difficile d'en parler, car on a honte d'avoir peur comme un enfant. Les moins solides auront alors la tentation de faire subir la violence qu'on leur a infligée à leurs inférieurs hiérarchiques. On encourage ainsi les pires dérives.

Lorsque Marc entre en tant que cadre dans ce groupe de recherche, il est persuadé qu'il n'aura pas de problèmes puisque le poste correspond exactement à ce pour quoi il a été formé.
L'accueil des collègues est un peu froid et, très rapidement, il comprend qu'en cas de difficulté il lui faudra se débrouiller tout seul. Néanmoins, il n'a pas de problèmes jusqu'au jour où il doit remettre les conclusions d'un rapport où il a accumulé des erreurs. Marc se retrouve littéralement lynché publiquement par le directeur. Celui-ci insiste sur ses erreurs, ironise sur ses faiblesses, l'accable de sarcasmes. Bien entendu, personne ne défend Marc. Il a, au contraire, le sentiment que ses collègues sont ravis que ce soit lui plutôt qu'eux.
À partir de ce jour-là, Marc va travailler la peur au ventre. Tous les matins, il a la diarrhée. Dans la journée, il est énervé et sursaute à la moindre remarque. Il craint en permanence de ne pas arriver à remplir ses missions. La nuit, il fait des cauchemars. Le week-end, il va mieux, mais, le dimanche soir, il se sent tellement mal qu'il boit pour se calmer et c'est sa vie conjugale qui se détériore.
Quand un jeune collègue visiblement inexpérimenté arrive dans le service, Marc est ravi. Il se dit que les erreurs du nouveau masqueront les siennes. Non seulement il ne fait rien pour l'aider, mais il s'arrange pour ne pas lui passer les informations qui pourraient faciliter son apprentissage.

La peur que l'on a de l'autre amène aussi à se méfier de tout le monde. Il faut cacher ses faiblesses de crainte que l'autre en profite. Il faut attaquer avant d'être attaqué et, de toute façon, considérer l'autre comme un rival dangereux ou un ennemi potentiel. Comme en état de légitime défense, on cherche à se débarrasser de l'autre pour se sauver. Les pervers narcissiques, plus que d'autres, ont peur des autres. Pour eux, tous ceux qu'ils n'arrivent pas à séduire ou à soumettre sont potentiellement dangereux.

La peur fait qu'on diabolise l'autre, on lui prête des sentiments agressifs parce qu'on se croit dans une position instable et qu'on se sent menacé. C'est ainsi qu'on peut être amené à harceler une personne, pas tant pour ce qu'elle est que pour ce qu'on imagine qu'elle est.

Après plusieurs mois où elle a été isolée, empêchée de travailler correctement, publiquement bafouée et disqualifiée, et où elle s'est défendue comme elle pouvait en envoyant des lettres recommandées à chaque abus manifeste, Odile est convoquée pour un entretien préalable au licenciement. Elle est reçue par ce même supérieur qui la malmenait,

la menaçait et l'accablait de propos blessants. Il se montre tout à fait charmant et même séducteur :
« Vous m'avez fait le reproche de ne pas vous recevoir, vous devriez être contente, aujourd'hui je vous reçois !
– Oui, mais c'est pour me licencier !
– Ne vous méprenez pas, je sais que vous êtes une excellente professionnelle et j'aurai plaisir à retravailler avec vous ! »
Odile ne sais plus quoi penser, et en vient même à douter de son ressenti passé. Comment expliquer que ce supérieur ait pu être aussi violent à son égard et maintenant aussi charmant ?

Il est évident que cet homme a peur d'Odile et ne peut être aimable avec elle qu'après l'avoir désarmée. Il a conscience de ses qualités professionnelles et a peut-être craint qu'elle ne lui fasse de l'ombre. En tout cas, à partir du moment où elle a réagi à ses agressions par des lettres recommandées, il a craint pour sa position. Il est maintenant soulagé qu'elle parte, mais, au lieu de le reconnaître, il lui en fait porter la responsabilité :

« Vous comprenez, je ne pouvais pas continuer à recevoir une lettre recommandée tous les deux jours ! »

La peur engendre parfois de la lâcheté : on suit les pervers narcissiques dans leurs comportements irrespectueux de crainte d'être harcelé à son tour.

La peur peut naître sans qu'il y ait nécessairement pression de la hiérarchie, elle est souvent le fait de comportements infantiles : peur de se faire gronder, peur de se faire prendre pour un comportement répréhensible, peur qu'apparaisse au grand jour une malversation. Lorsqu'on craint qu'une faute ou une irrégularité soit découverte, on peut avoir la tentation de se débarrasser des témoins :

Didier a depuis plusieurs années une liaison avec son assistante. Ils ne se voient qu'au bureau pour des étreintes rapides dans des moments où il est sûr que personne ne viendra les déranger. Depuis le début, il lui a interdit les coups de téléphone, les lettres, les rencontres à l'extérieur, car il a très peur que ça se sache. Il décide de rompre lorsque sa femme manifeste une certaine suspicion. À partir de ce moment, il devient odieux avec elle : il l'accable de travail en espérant qu'ainsi elle n'aura pas l'occasion de parler avec des collègues, et que par conséquent elle n'aura pas la tentation de leur raconter son aventure amoureuse.

Il surveille les courriers et les e-mails qu'elle envoie, il guette ses conversations. Quand elle lui adresse la parole, il la rabroue, tant il craint qu'elle se mette à le tutoyer ou à parler d'une façon personnelle. Il fait tant et si bien qu'elle finit par exploser et lui faire une scène. Cela le confirme dans la certitude qu'il avait raison de se méfier d'elle et qu'elle mérite d'être traitée rudement.

L'inavouable

Un différend professionnel qui pourrait être nommé est rarement à l'origine du harcèlement moral, mais beaucoup plus souvent cela relève de l'inavouable, il faut toujours chercher une raison cachée au conflit.

Dans toute entreprise, à côté des règles explicites, il existe des règles implicites propres à l'organisation. Bafouer ces règles, c'est se mettre en marge du groupe. Une équipe peut cacher en toute bonne foi un dysfonctionnement ou un laxisme qui consiste à tolérer, par peur du conflit, les petites négligences de chacun. Tant que ce n'est pas dit, cela n'existe pas. Celui qui osera dire ce qui ne va pas, ou simplement ouvrira les yeux, sera mis au ban du groupe. Il y a là un consensus général, une sorte de règle occulte, qui doit être respecté si on veut montrer qu'on est intégré au groupe.

En arrivant dans ce service commercial, Yves a le tort de dire à ses collègues qu'il désapprouve leur comportement (petits vols de cadeaux destinés aux clients, « emprunts » de fournitures du service, etc.). Il se retrouve isolé, rudoyé et même injurié quotidiennement. Il décide d'en parler à sa hiérarchie. Ses supérieurs lui expliquent alors que ces petits détournements ne sont pas si graves, que, ce qui importe avant tout, c'est que le service fonctionne bien et qu'il n'y ait pas d'histoires.

Les entreprises acceptent l'informel, les petits arrangements pour améliorer leur efficacité. D'ailleurs, sans ces petits arrangements, elles ne peuvent pas fonctionner (on voit bien comment une grève du zèle vient paralyser tout un secteur !). Mais, lorsqu'on franchit une certaine limite, les petits arrangements deviennent délictueux.

Il est des directions qui achètent une certaine paix sociale, en refusant de nommer certaines dérives lorsque cela pourrait les mettre en conflit avec les syndicats. Elles laissent alors bafouer les prérogatives des cadres en les obligeant, par exemple, à fermer les yeux sur des comportements inadmissibles de certains salariés, sous la pression d'un syndicat qui brandit la menace d'un mouvement social. Même si ces cadres ne sont pas mis en cause personnellement, ils y perdent leur crédibilité de cadres.

> Dans cette entreprise, tous les ouvriers ont pris l'habitude de chaparder régulièrement sur leur poste de travail. Personne n'en parle mais tout le monde, y compris les syndicats et la direction, est au courant. Arrive Michel qui sort d'une longue période de chômage et est très heureux de pouvoir enfin travailler. Le plus ancien de l'atelier essaie de lui faire accepter la règle tacite. Michel refuse de prendre quoi que ce soit, car c'est contre ses principes. On lui suggère alors d'aller régulièrement fumer une cigarette ou de prendre un café afin que l'on puisse se servir sur son poste de travail. Michel refuse également, s'offusque et menace d'en parler à la direction. Le groupe se ligue alors contre lui. Plus personne ne lui adresse la parole, on ricane derrière son dos, on tient des propos menaçants en parlant de lui, on fait tomber des objets sur son passage...
>
> Michel finit par craquer et est mis en arrêt de travail. Après deux mois de dépression, avant de reprendre, il doit passer une visite de reprise auprès du médecin du travail. Celui-ci reçoit des pressions de la direction visant à faire mettre Michel en inaptitude.
>
> Que s'est-il passé ? Jusqu'à l'arrivée de Michel, il existait un consensus autour des petits chapardages des ouvriers. Tout le monde le savait, mais aucun cadre n'avait jusqu'alors osé réprimer ces faits, car, les syndicats étant complices, ils avaient craint de déclencher un conflit social, ce qui aurait été désastreux pour leur carrière. Sur l'air de : « Je te tiens, tu me tiens par la barbichette... », chacun « tenait » l'autre et le système perdurait ainsi.
>
> Pour la sécurité de Michel, le médecin du travail jugea préférable de le déclarer inapte au poste, afin qu'il soit éloigné du groupe. Les ouvriers peuvent désormais poursuivre tranquillement leurs chapardages.

Le contournement des règles, notes de frais abusives, vols de petit matériel de bureau, coups de téléphone à l'étranger, est une façon de profiter du laxisme de l'entreprise : « De toute façon, personne ne s'en apercevra ! », mais c'est aussi, pour certains salariés, une revanche, une compensation à ce qu'ils considèrent comme des mauvais traitements que leur entreprise leur inflige. C'est aussi parfois un simple écho aux contournements des règles par l'entreprise elle-même. On retrouve ce genre d'abus des deux côtés : petites tricheries sur les horaires, sur les notes de frais, du côté des salariés, atteintes à l'environnement, commissions occultes, au niveau des entreprises. Dans certaines d'entre elles, il est des secrets de polichinelle dont tout le monde doit tenir compte, mais dont il ne faut pas parler. Ce peut être la liaison du patron avec une de ses secrétaires ou le fait que le jeu des appels d'offres est pipé puisque l'on sait à l'avance qui l'emportera.

Lorsque les choses cachées concernent directement le fonctionnement de l'entreprise elle-même, plus la chose est grave, plus le verrouillage est intense. Tout le monde se tait, car chacun pense que tout ce qui peut nuire à la « maison » peut nuire indirectement à chaque salarié. Mais cela rejaillit en cascade à tous les niveaux.

> Marie-Reine travaille comme infirmière d'entreprise depuis une dizaine d'années. Comme il n'y a plus assez de travail pour un poste à plein temps depuis la restructuration, mais comme sa fonction exige une présence obligatoire, la direction lui demande de faire d'autres petites tâches pour compléter : remplacement au standard, tri du courrier, etc. Tant qu'elle accepte et ne dit rien, elle est à peu près tranquille.
>
> De par sa fonction aussi, c'est elle qui tient le registre des accidents de travail, mais les dirigeants essaient de tricher pour n'en faire apparaître aucun. La direction veut aussi qu'elle se taise et ne dise pas que tous les salariés sous contrat ne passent pas une visite médicale. Lorsqu'elle essaie de mettre en place un système de prévention de l'alcoolisme, non seulement on ne l'aide pas, mais on la disqualifie auprès des salariés concernés.
>
> Peu de temps après avoir enregistré un accident de travail, Marie-Reine retrouve ses boîtes à pharmacie en désordre avec, bien en évidence, des médicaments périmés. Tout d'abord, elle ne comprend pas et a même des doutes sur sa santé mentale : « Ma vieille, tu deviens complètement folle ! » Heureusement, le médecin du travail qui avait, peu de temps avant, inspecté sa pharmacie avec elle, la rassure. Elle la met aussi en garde : quelqu'un a sans doute voulu lui « construire » une faute professionnelle.
>
> Le directeur, à qui elle demande un entretien, ne l'écoute pas mais laisse parler abondamment le chef de service qui se plaint amèrement du manque de rigueur professionnelle de l'infirmière.
>
> Marie-Reine est découragée. On essaie de l'intimider pour l'empêcher de faire son travail, et il n'y a personne pour la soutenir. Même les délégués syndicaux ne veulent pas de vagues, car ils ont peur de perdre leur emploi. Elle ne se sent pas de taille à se battre, elle craque et est hospitalisée pour dépression.

Très souvent, les dirigeants induisent des comportements destructeurs mais ils ne couvrent pas le salarié fautif s'il se fait prendre. C'est ainsi que certaines directions définissent des objectifs en sachant très bien que les salariés seront amenés à commettre des fautes ou des erreurs pour les atteindre. On prend le risque de les voir déraper quand on leur donne des objectifs de performances, sans rien vouloir savoir des conditions nécessaires pour qu'ils y arrivent : « Débrouillez-vous comme vous voulez, je veux des résultats sinon vous ne ferez pas long feu chez nous. »

Dans ces abus, on se protège derrière le droit : tout ce qui n'est pas strictement interdit par la loi est possible, quelles que soient les conséquences sur les personnes. On se protège, d'autre part, par le silence : tout ce qui n'est pas nommé n'existe pas.

D'où l'importance, comme nous le verrons plus loin, de « nommer » ce qui ne va pas.

Comment blesser l'autre ?

L'isolement

Le harcèlement est une pathologie de la solitude. On vise en priorité les personnes isolées. Celles qui ont des alliés ou des amis en sont éloignées.

Les mères élevant seules leurs enfants, les travailleurs en situation précaire qui ont, plus que d'autres, la crainte de perdre leur emploi, mais qui ne sont pas dans un réseau de solidarité, sont des proies faciles.

Déjà, dans le cadre du programme d'action concernant les droits sociaux fondamentaux, le Parlement européen avait signalé que certains groupes spécifiques étaient plus particulièrement vulnérables au harcèlement sexuel : *ainsi les femmes divorcées et séparées, les nouvelles arrivées sur le marché du travail et celles dont les contrats d'emploi ne sont pas en règle, ou qui ont un statut précaire, les femmes employées à des tâches non traditionnelles, les femmes ayant un handicap, les lesbiennes et les femmes issues de minorités raciales courent un risque nettement plus grand. Les homosexuels et les hommes jeunes présentent également une certaine vulnérabilité face au harcèlement.*

Pour progresser sans encombre dans un grand groupe ou une grande administration, il faut savoir faire les bonnes alliances au bon moment. À une époque où on note un individualisme de plus en plus grand des salariés, avec un éclatement des collectifs de travail, on constate paradoxalement une importance accrue des réseaux. Cela signifie qu'il ne faut pas avoir d'ennuis avec sa hiérarchie et aussi ne pas faire de vagues ni se différencier du groupe.

L'équipe dans laquelle travaille Roland est dirigée par un chef meneur et décideur. Il est certes un peu autoritaire, mais il sait motiver ses troupes et tout le monde le suit avec enthousiasme. Cet homme qui a monté très vite les échelons de la hiérarchie et qui réussit trop bien suscite des jalousies. Prenant pour prétexte un projet un peu risqué qu'il voudrait mettre en place, certains membres du conseil d'administration se liguent pour l'éloigner et reprendre la direction de son service. Dès lors l'ancienne équipe de Roland perd toute cohésion. Les ordres ne viennent plus d'une seule personne mais d'un groupe d'administrateurs anonymes pour qui tout est une question de coût. Désormais chacun se cantonne à sa mission ; les initiatives personnelles disparaissent.

Roland, qui était auparavant très proche de son ancien patron, est alors isolé par ses collègues. Quand il râle contre l'administratif et le routinier, on lui prête mauvais caractère. Quand il envisage un projet, on le casse avant même qu'il l'ait présenté. Comme il résiste, il devient à son tour la personne à abattre.

Si la personne garde des amitiés au travail, on fait en sorte de l'isoler, de la mettre dans une sorte d'exil intérieur. C'est l'agresseur, surtout quand il s'agit d'un supérieur hiérarchique, qui fixe seul les règles de communication : on ne doit pas parler au salarié ciblé, on doit faire en sorte qu'il n'ait pas les informations, etc. Cela est aggravé dans les systèmes très hiérarchisés où il n'est pas question d'aller parler au directeur à l'échelon au-dessus.

L'agresseur isole la personne ciblée pour qu'elle ne puisse pas se plaindre à d'autres et éventuellement être soutenue. D'ailleurs, passé un certain temps de harcèlement, celle-ci n'ose plus aller vers les autres car elle craint d'être rejetée.

Anne-Marie travaille dans la même compagnie depuis vingt-cinq ans. Elle s'est toujours bien entendue avec ses collègues et s'est liée d'amitié avec le responsable d'un autre service.

Lorsque son supérieur hiérarchique change, le nouveau voit d'un mauvais œil l'intimité de sa subordonnée avec un autre chef. Mais Anne-Marie est intouchable tant qu'elle a un allié dans la place. Lorsque

cet homme part à la retraite, Anne-Marie devient la cible de son supérieur qui se venge, se met à l'humilier, à critiquer son travail, à se moquer de son physique et à l'isoler du reste du service.
Cela dure dix ans. Anne-Marie n'en parle à personne, car elle a honte et craint d'aggraver sa situation et de perdre son emploi.

Les pervers narcissiques entraînent les membres du groupe les plus dociles, les « moutons » contre la personne isolée. Le silence s'étend aux collègues même s'ils ne veulent pas prendre parti. Chez eux, il ne s'agit pas au départ d'un silence hostile mais d'un silence gêné. La victime réagit à ce silence-là comme s'il s'agissait d'un silence hostile. Le processus devient alors circulaire, car, par sa réaction, elle entraîne l'hostilité de témoins qui pouvaient être neutres au départ.

Le silence des autres peut être interprété de différentes manières : il se peut que le message hostile, ne leur étant pas destiné, ne soit pas perçu, il se peut aussi qu'il y ait de leur part déni de ce trop-plein de violence parce que c'est tout simplement inimaginable. Et, comme on l'a vu, par peur ou par cynisme, on peut préférer consciemment « ne pas s'en mêler ».

Les nouvelles méthodes de management compartimentent de plus en plus le travail de chaque individu. Dans ce contexte, il est plus aisé d'isoler la personne dont on souhaite se débarrasser. Cela se remarque d'autant moins que le processus de mise à l'écart est progressif : on empêche d'accéder à certaines données sur l'ordinateur, on ne passe plus certains appels téléphoniques. Le silence et le vide se font peu à peu autour de la personne ciblée. Les systèmes de solidarité ayant disparu, c'est désormais le règne du chacun pour soi.

Le travail, un prétexte à l'attaque personnelle

On se trouve quelquefois en face de situations kafkaïennes ; on est très exigeant sur les tâches à accomplir en même temps qu'on ôte à la personne les moyens de travailler, comble du paradoxe…

Alors qu'on exige de Marion qu'elle rende des rapports impeccables et qu'on l'a prévenue que tout travail imparfait sera sanctionné, on lui reprend son ordinateur pour lui en donner un autre avec un clavier anglais. Comme elle proteste qu'elle ne pourra plus mettre d'accents, on lui répond : « Débrouillez-vous ! »

Nous l'avons vu, c'est la personne elle-même que l'on veut attaquer ; le travail est uniquement un prétexte pour se débarrasser d'elle, soit en l'amenant à quitter physiquement les lieux, soit en la détruisant psychologiquement et en la soumettant, pour qu'elle cesse d'être gênante. Mais, comme une agression trop visiblement personnelle paraîtrait illégitime sur le lieu de travail, on attaque de façon souterraine. C'est sans doute pour cela qu'il y a le plus de harcèlement moral dans les professions où la tâche est difficile à définir, autorisant une certaine élasticité. Si l'objectif est précis, la personne visée pourra toujours répliquer qu'elle a fait correctement son travail. C'est ainsi que, dans les secteurs de production, il y a moins de harcèlement mais plus de violence directe, alors que, dans les services administratifs, la violence est plus sournoise.

Les premiers actes de harcèlement moral qui apparaissent concernent souvent des atteintes aux conditions de travail. Ces petits signes sont difficiles à distinguer des modifications inévitables d'un poste :

– s'il y a trop de travail, la direction peut le justifier par les contraintes du service ;

– quand on ne donne soudainement plus rien à faire à quelqu'un, alors que les autres sont débordés de travail, on peut toujours expliquer que chaque tâche est spécifique et n'est donc pas interchangeable.

Pour déstabiliser quelqu'un, il suffit de monter ses erreurs en épingle, de lui donner des objectifs impossibles à réaliser, ou de lui donner des tâches absurdes ou inutiles à faire.

Ne pas donner les moyens de travailler à une personne consciencieuse est une façon efficace, si cela est fait subtilement, de lui démontrer qu'elle est nulle et incompétente. Elle finit par le croire, puisque, effectivement, elle ne réussit plus à faire son travail correctement.

Le territoire de l'intime

En harcelant une personne, on ne cherche pas à critiquer son travail, bien fait ou mal fait, mais à la viser personnellement, dans une volonté consciente ou non de lui nuire. À ce titre, il s'agit toujours, même lorsque plusieurs personnes sont concernées, d'une agression individuelle.

Le but est de dominer à tout prix. Pour cela, on commence par casser l'autre en s'attaquant à ses points faibles, la personne n'a plus confiance en elle. On cherche à l'acculer en lui reprochant des choses intimes qu'elle ne pourra pas changer, et, plutôt que de lui faire des reproches précis : « Il y a telle et telle choses qui ne vont pas dans ton travail », on l'attaque de façon globale : « Tu es nul ! » Il ne s'agit pas de trouver une solution à un problème ou de régler un conflit, mais d'instaurer un rapport de forces. Le but est atteint lorsque la personne se soumet.

Dans *L'art d'avoir toujours raison* [2], Schopenhauer cite l'attaque personnelle comme ultime stratagème lorsqu'on est en difficulté dans une discussion : « Si l'on s'aperçoit que l'adversaire est supérieur et que l'on ne va pas gagner, il faut tenir des propos désobligeants, blessants, grossiers. Être désobligeant, cela consiste à quitter l'objet de la querelle (puisqu'on a perdu la partie) pour passer à l'adversaire, et à l'attaquer d'une manière ou d'une autre dans ce qu'il est. [...] On devient donc vexant, méchant, blessant, grossier. »

Le but du harcèlement est de déstabiliser l'autre afin de ne plus avoir en face de soi un interlocuteur capable de répondre. Pour cela, on instaure une inégalité ou on renforce celle déjà existante par le lien de subordination. On désarme l'adversaire avant le combat. Consciemment ou non, les agresseurs évitent les reproches purement professionnels pour viser l'intime, là où ça fait mal.

> Bénédicte travaille comme directrice de communication dans une entreprise de la nouvelle économie qui a multiplié par cinq le nombre de ses salariés en quelques mois. Au début, en plus de son travail, Bénédicte occupe tous les rôles. Lorsque l'entreprise prend de l'ampleur, son patron craint qu'elle ne prenne trop de place et commence à la brimer : « Je n'ai pas envie que vous preniez une position de petit chef comme votre militaire de père ! ». Depuis, dès qu'elle dit quelque chose, il se met au garde-à-vous et fait le salut militaire. Bénédicte s'en trouve très déstabilisée, car elle avait veillé à ne rien faire savoir de sa vie privée et de ses rapports conflictuels avec son père, qui est effectivement un tyran caractériel. À plusieurs reprises, elle tente de parler avec son patron afin de lui faire comprendre que son comportement la blesse, mais il continue. Depuis, Bénédicte se censure en permanence et est devenue inhibée dans ses rapports avec ses subordonnés.

Cet incident, s'il avait été isolé et suivi d'excuses, aurait pu n'être qu'une maladresse relationnelle de la part du patron de Bénédicte,

---

2. SHOPENHAUER A., *L'art d'avoir toujours raison, op. cit.*

mais, au contraire, celui-ci, ayant senti qu'il avait touché le point faible de son employée et voyant que ses remarques l'avaient déstabilisée, surenchérit et adopte ce comportement blessant au quotidien.

Quoi de plus intime que le sexuel !

Les attaques machistes ou sexistes à l'encontre des femmes se manifestent essentiellement par des attaques à leur féminité : insultes grossières nommant les organes génitaux féminins, description des actes que l'on pourrait faire subir à la femme, pseudo-compliments sexuels, attaques concernant les possibilités de séduction de la femme.

Les insultes proférées à l'égard des hommes victimes de harcèlement moral comportent très souvent des attaques à l'identité sexuelle et à la virilité : « tapette, pédé, gonzesse... », dès que l'homme ne participe pas aux plaisanteries obscènes du groupe ou qu'il manifeste une quelconque différence.

> Un exemple, qui a été récemment médiatisé, est celui subi par Agnès Kaspar, déléguée CFDT à la centrale EDF de Bugey (Ain)[3]. Experte nommée par la centrale, elle a reçu des menaces anonymes de viol, des insultes et des quolibets en public, puis un tract avec des mots orduriers. Enfin une caricature l'a montrée en minijupe, perchée sur des talons hauts, la main d'un directeur dessinée sur chaque fesse.
>
> Même si, à travers elle, on visait la CFDT, c'est elle qui a été attaquée en tant que femme et a dû subir les humiliations. Un homme aurait probablement été attaqué plus directement.

Contrairement à ce qui se passe dans la torture politique où c'est le groupe d'appartenance que l'on essaie d'atteindre à travers la personne[4], dans le harcèlement moral, c'est l'individu que l'on vise à travers le groupe ou le travail.

On voit bien, par cet exemple et bien d'autres, que, même lorsqu'il s'agit d'une stratégie délibérée de la part de l'entreprise pour réduire l'effectif à moindre coût, le salarié visé est choisi en fonction de ses caractéristiques personnelles plutôt que professionnelles.

---

3. *Le Monde*, jeudi 6 juillet 2000.
4. Sironi F.. *Bourreaux et victimes, psychologie de la torture*, Odile Jacob, Paris, 1999.

La perte de sens

Dans le harcèlement moral, comme nous le verrons dans le chapitre sur les conséquences sur la santé, ce qui est déstructurant, ce qui rend fou, c'est la perte de sens. Une personne est mise de côté, maltraitée ou humiliée par ses collègues ou par un supérieur sans qu'elle ait les moyens de comprendre pourquoi, sans qu'on lui dise ce qu'on lui reproche. Elle ne peut que faire des suppositions à partir des données qui sont en sa possession et se remettre en question sur ce qu'elle croit être le point de départ de sa disgrâce.

> Marie-Claire, 56 ans, célibataire, vingt ans d'un même emploi, travaille dans une petite entreprise commerciale familiale qui a pris progressivement beaucoup d'ampleur. Elle a été embauchée par le patron, pour faire la comptabilité. Sévère, pointilleuse, rigoureuse, elle est fière de dire qu'on n'a jamais de reproches à lui faire. Dotée d'un fort caractère, elle réussit à s'imposer et est une des seules employées à dire ce qu'elle pense au patron. Quand le fils de celui-ci vient travailler avec son père pour prendre sa succession, il lui arrive très souvent de demander l'avis de Marie-Claire : « Vous connaissez mieux le service que moi ! »
> À un retour de vacances, alors qu'elle demande qu'on embauche une personne de plus pour l'aider, on lui fait remarquer que sa comptabilité est en retard. Un certain nombre de reproches lui sont adressés qui lui paraissent injustifiés, mais sur lesquels on refuse d'entendre ses explications. On lui dit qu'on n'est pas content d'elle, mais on ne précise pas en quoi. Est-ce parce qu'on essaie néanmoins de la ménager ? Les reproches pleuvent pour des broutilles. Marie-Claire tombe malade. À son retour de congé maladie, elle reçoit une lettre de licenciement dans laquelle les patrons reconnaissent qu'ils n'ont aucune faute à lui reprocher. Malgré cela, Marie-Claire est déstabilisée et ne s'en remet pas. Elle cherche en vain des explications à ce licenciement puisqu'on n'a rien voulu lui dire :
> – est-ce parce que le jeune patron craint sa forte personnalité et veut avoir la mainmise sur tout son personnel ?
> – est-ce un coup d'éclat pour remettre d'aplomb les autres salariés pour qui elle représente un modèle inattaquable, intouchable. Un avertissement, en quelque sorte, pour les autres ?
> – est-ce une faute qu'on ne lui aurait pas nommée ?
> – est-ce une simple mesure d'économie pour mettre à sa place deux petits jeunes nettement moins payés ?
> C'est le fait de ne pas avoir compris qui empêche Marie-Claire d'accepter et de tourner la page. Depuis, elle ne dort plus, est angoissée tout le

temps et sa santé se dégrade : hypertension artérielle, diabète, cholestérol... Elle fume et boit trop. Malgré un traitement antidépresseur prescrit par son généraliste, elle ressasse sans arrêt des interrogations et ne peut s'investir dans rien d'autre. Ses recherches d'emploi sont infructueuses. Elle ne désire plus rien, ne croit plus à rien, n'a plus envie de faire l'effort de vivre.

La plupart du temps, les brimades sont de nature aléatoire, les modes varient selon les jours. Essayant de comprendre, la personne visée se perd dans un questionnement sans réponse. Viendrait-elle à demander l'avis de ses collègues sur sa situation, qu'elle ne serait pas plus avancée car, en général, les collègues se désolidarisent. Quand bien même viendrait-elle à corriger ce qui déplaît à son agresseur, le processus se poursuivrait jusqu'à son élimination. L'agresseur, qu'il soit individu ou système, est dans le déni de l'agression : « Il ne s'est rien passé, cette personne invente ses plaintes ! », ou bien il refuse d'en porter la responsabilité : « On la met de côté, mais c'est parce qu'elle est difficile (ou caractérielle, ou hystérique) ! » Même lorsqu'il est démasqué comme tel, l'agresseur trouve moyen de se justifier. On sort de toute logique de bon sens, il est impossible de comprendre les raisons de ces conduites, ce qui amène la victime à douter de sa santé mentale. On lui dit qu'elle est folle et, comme elle ne trouve pas d'explication à sa mise à l'écart, elle finit par le croire. C'est à proprement parler, une façon de rendre l'autre fou.

Flora est directrice du développement du seul secteur qui marche bien dans une entreprise privée qui fonctionne à perte. Sachant les difficultés du groupe, qui avait procédé à de sévères réductions d'effectifs, elle s'était proposé de racheter son secteur. Alors que les négociations sont en cours, elle apprend par la presse que l'entreprise a été vendue à un autre actionnaire, semi-public.

Flora s'en accommode, bien décidée à continuer à développer son secteur. Lors d'un rassemblement du groupe, où le président tient un discours menaçant sur ceux qui ne partagent pas les mêmes valeurs de profit, elle fait une brillante prestation devant la direction générale.

À partir de ce moment, l'ambiance devient détestable. Son courrier est décacheté. Elle retrouve du café renversé sur ses papiers. Elle voit passer des e-mails incendiaires la concernant, et surtout deux de ses collaborateurs deviennent agressifs envers elle : l'un lui ferme la porte au nez et lui marche sur les pieds sans s'excuser, et l'autre l'injurie gravement. Ses autres collaborateurs sont aussi maltraités qu'elle, s'en étonnent et

parlent de donner leur démission. Les femmes de ménage ont reçu ordre de ne plus nettoyer les bureaux de son secteur.
Elle demande à voir la direction qui lui dit qu'il n'y a pas de problème, que tout le monde est content d'elle.
Par la suite, lorsqu'elle rencontre le numéro deux de la direction, à propos du budget, après avoir fait l'éloge de ses résultats, il lui dit froidement : « Tu es trop libre, il faut que je te mate ! C'est comme ça quand il y a une fusion, il faut foncer ! Les deux poupées Barbie qui travaillent avec toi, il faut leur faire cracher du jus de cervelle, même si elles doivent coucher avec les clients ! »
Par la suite, elle reçoit un e-mail lui interdisant de distribuer les cartes de visite avec son titre de directrice du développement. On lui signale en même temps que son salaire sera définitivement gelé, ainsi que ses primes. Elle est effacée du planning. Son mari reçoit un coup de téléphone anonyme disant qu'elle est la maîtresse de son supérieur.
Flora est en état de choc. Elle ne fait pas d'esclandre, mais son corps se couvre de plaques rouges, sa tension chute, elle perd le sommeil et fait des malaises. Son généraliste la met en arrêt de travail.
Flora ne comprend pas. Le P-DG avait parlé de la nécessité de faire du profit. Son secteur est le seul qui marche bien, et, au lieu de lui en faire l'éloge et d'utiliser son savoir-faire, on casse son service et on essaie de la terroriser. Elle oublie qu'il s'agit d'une entreprise semi-publique où l'argent circule de façon occulte et où le profit ne doit pas être trop apparent. On n'est pas ici dans un registre « raisonnable » qui devrait régir les relations entre les personnes dans le monde du travail, mais dans un système où il y a des choses à cacher. Flora se demande en quoi son travail ou son comportement posent problème, mais personne ne se soucie d'elle. Elle n'est qu'un fusible qu'il faut faire sauter. Son vain questionnement l'épuise et la rend malade. Elle est comme une abeille se cognant à une vitre pour chercher la sortie. Elle prend conscience que ne pas avoir de réponses à ses questions peut la conduire à la folie.

Comment comprendre qu'une personne qui a énormément investi dans son travail se retrouve soudainement mise de côté, qu'on ne lui confie plus de travail, qu'on l'isole, qu'on l'humilie. Ce n'est pas parce qu'elle a cessé d'être compétente ou qu'elle a démérité d'une façon ou d'une autre, car cela pourrait être nommé et pourrait justifier un licenciement. Non, c'est beaucoup plus souvent parce qu'elle a eu la malchance de ne pas avoir les bonnes alliances sociopolitiques ou le bon réseau, ou bien qu'elle est différente, ou parce que ses qualités professionnelles la rendaient justement menaçante pour quelqu'un d'autre. Dans une logique saine, ce fonctionnement est absurde.

Il y a *perversion* du travail, au sens où on a perdu de vue la finalité du travail pour ne retenir que la lutte pour le pouvoir. Quel pouvoir ? Un pouvoir subjectif, un pouvoir immédiat, une réussite apparente, quelles que soient les conséquences à long terme.

> Lorsque l'entreprise de Jean est rachetée par un grand groupe de distribution, il apparaît rapidement que le nouveau DRH considère que les membres de l'ancienne équipe sont tous incompétents. Il leur mène la vie dure. Il exige un rapport tous les matins pour une réunion publique où il les pilonne de critiques acerbes et de remarques désobligeantes. Le reste du temps il ne leur parle pas et ne les regarde pas.
> En quelques mois, la plupart des collègues de Jean donnent leur démission ou se font licencier, si bien qu'il reste seul cadre ayant plus de deux ans d'ancienneté.
> Alors qu'il était responsable d'un service depuis plusieurs années, on lui propose un poste qui n'a rien à voir avec ses compétences et qui l'oblige à beaucoup de déplacements. Espérant malgré tout sauver son emploi, il accepte à contrecœur. On lui avait dit, comme prétexte à son changement d'attribution, qu'il fallait quelqu'un de plus jeune, de moins cher et de plus compétent pour le poste qu'il occupait, or il apprend que son successeur a exactement le même âge, le même profil de carrière et le même salaire que lui.
> Il ne comprend pas. À partir de là, il n'a plus confiance en quiconque dans l'entreprise, il est angoissé et démotivé et ne tarde pas à demander à partir.

En quoi est-ce pervers ?

L'intentionnalité

Lorsqu'on parle d'agression psychologique, il ne saurait être question d'évacuer la question de l'intentionnalité, car le caractère intentionnel d'un traumatisme en aggrave l'impact. Ce qui blesse, c'est la malveillance : « On me veut du mal ! »

Ce n'est pas la même chose de ne pas progresser dans sa carrière parce qu'on n'a pas d'ambition ou parce qu'on a fait d'autres choix que de ne pas progresser en raison du comportement agressif d'un collègue ou d'un supérieur.

L'expérience m'a montré qu'au niveau individuel les harceleurs cherchent toujours des excuses et invoquent l'erreur, la maladresse, la plaisanterie pour justifier leur comportement :

« Je n'avais pas vu que cela était un problème pour lui (ou elle) ! »

« J'ai obéi aux ordres ! »

« Je n'ai rien fait de grave, il (ou elle) était trop sensible ! »

Ces dénégations peuvent être un habile stratagème (pas vu, pas pris), ou parfois un processus inconscient. On peut, en effet, avoir conscience que l'on blesse l'autre, mais ne pas supporter la mauvaise image de soi que cela nous renvoie. Dans ce cas, la prise de conscience est immédiatement refoulée ou banalisée : « Ce n'est pas grave ! C'était pour rire ! Il (ou elle) est trop sensible ! »

Pour les victimes, il est fondamental que l'agresseur reconnaisse la violence de son acte, car on est davantage perturbé par un acte de violence dénié, qui aboutit à douter de ses perceptions que par un acte franchement et visiblement hostile auquel il est plus facile de répliquer.

Bien souvent, le salarié ne prend conscience de la malveillance dont il est l'objet que beaucoup trop tard, quand il est déjà parti :

Alors que, pendant toute la période où son patron le harcelait quotidiennement, Jérôme continuait à douter, à se culpabiliser et à chercher des explications à ce comportement violent, il ne put plus douter lorsque, ayant retrouvé de nouvelles fonctions chez un concurrent, son ancien patron téléphona à son nouvel employeur pour le diffamer : « Méfiez-vous de lui, il est violent et il a piqué dans la caisse ! » Jérôme, qui était en période d'essai, en a perdu son emploi.

La conscience qu'on a d'agresser l'autre ?

Lorsqu'on parle d'intentionnalité, il faudrait ajouter *consciente* (j'ai envie de lui faire mal) ou *inconsciente* (je ne veux pas lui faire du mal, mais, c'est plus fort que moi, je ne peux pas m'empêcher de le blesser ou de le mettre en difficulté). Dans ce dernier cas, il faudrait parler d'une compulsion malveillante. Plus exactement, pour éviter la dichotomie conscient/inconscient, il faudrait préciser quel niveau de conscience a l'agresseur de son acte. Où se situe le degré de conscience d'une personne, pour que l'on parle de harcèlement moral ? Il peut se faire qu'une entreprise porte en elle des germes de perversité qu'elle diffuse de façon souterraine sans que rien ne se passe de tangible ; pourtant, on ne parlera de harcèlement moral que lorsqu'une personne sera passée à l'acte, exprimant par là ce qui se jouait de façon occulte dans le climat général. Est-ce que la responsabilité de la personne en sera atténuée pour autant ?

Est-ce que le fait de pouvoir dire : « Je ne l'ai pas fait exprès ! » ou : « Ce n'est pas de ma faute ! » diminue la gravité des faits ? Faut-il voir uniquement les conséquences de l'acte, quelle qu'ait été l'intention de celui qui en a été l'auteur, ou bien peut-on penser qu'agir en toute connaissance de cause augmente la gravité de l'action ? Si on pense que l'intention crée le harcèlement, comme c'était le cas dans la proposition de loi communiste, comment prouver l'intention ?

On ne peut pas parler d'intentionnalité quand il s'agit de systèmes. L'intentionnalité vient des personnes qui dirigent ou qui profitent de ces systèmes pervers. De même, la mondialisation n'est pas coupable en soi, même si, chez des dirigeants mégalomanes, elle donne libre champ à leur tentation hégémonique, et si elle leur donne parfois des opportunités d'accroître leur puissance par n'importe quel moyen et de masquer leurs agissements destructeurs derrière des chiffres invérifiables.

On entend dire aussi que les restructurations sont à l'origine du harcèlement moral. Ce ne sont pas les restructurations en elles-mêmes qui créent le processus destructeur, mais il y aura toujours des personnes avides de pouvoir qui profiteront de tout mouvement ou de toute réorganisation pour se propulser en avant. Elles comptent sur la confusion ou l'agitation ambiante pour masquer leurs agissements pervers.

Est-ce qu'un salarié peut se retrancher derrière les ordres de sa hiérarchie pour justifier son comportement ?

Quand ils sont accusés de harcèlement moral, un certain nombre de cadres disent qu'ils n'ont fait que suivre les ordres de leur hiérarchie. En y regardant de près, il est rare que les hiérarchies donnent ce genre de consignes aussi clairement. Le plus souvent, le message est beaucoup plus ambigu : « Il faut qu'Untel parte. Débrouillez-vous comme vous voulez ! » Est-ce que cela oblige à utiliser des procédés pervers ? Ce n'est pas si évident. Derrière la consigne, il y a l'homme qui va l'appliquer et il peut le faire en respectant le salarié concerné, c'est-à-dire en lui faisant part des intentions de la direction à son égard et en cherchant avec lui la meilleure façon de négocier son départ. Chacun a son style de management. Rien n'oblige un cadre à rester un mouton docile. Par ailleurs, à l'heure de la reprise économique, on peut parfois se permettre un devoir de désobéissance et refuser d'appliquer des consignes indignes.

D'autres questions se posent à nous : par exemple, est-ce aussi grave de fermer les yeux sur des agissements pervers, de collaborer tacitement à l'exercice de cette violence que de donner des ordres pour faire craquer un salarié afin qu'il donne sa démission ? Même si la personne la plus perverse est vraisemblablement celle qui est à l'origine du harcèlement moral, cela ne doit pas déresponsabiliser les autres, ceux qui suivent, ceux qui laissent faire.

Nous devons apprendre à tenir compte de l'autre. Dans les procédés pervers, la violence commence par le déni de l'existence même de l'autre, qui n'est pas un interlocuteur et dont le ressenti nous importe peu.

Une maladresse relationnelle ?

On m'objecte très souvent que le harcèlement peut être simplement la conséquence d'une maladresse relationnelle d'individus qui ne savent pas communiquer ou qui ont été mal éduqués. Dans ce cas, ils peuvent reconnaître leurs erreurs, changer de comportement et présenter des excuses. S'ils le font, on ne peut pas parler de harcèlement. Selon Aristote [5], s'il ne voit pas toujours le mal qu'il fait, l'homme voit en revanche toujours clairement celui qu'il a fait. Il peut donc reconnaître la souffrance qu'il a infligée à l'autre, la regretter, s'en excuser et éventuellement essayer de la réparer. C'est un fait, essentiel pour la victime qui, bien souvent, ne demande rien d'autre que de la reconnaissance et des excuses.

Pourtant, dans tout comportement, quelle que soit l'intentionnalité, il y a une limite, un seuil, au-delà duquel on entre dans la pathologie. Cette limite peut être en partie objectivée, il y a ce qui se fait et ce qui ne se fait pas en société, mais il y a aussi une part subjective dans l'atteinte qui est ressentie par l'autre. Une personne peut être blessée même s'il n'y avait pas une volonté délibérée de faire du mal. Il y a une vulnérabilité de chacun, une réactivité particulière. Il est important de tenir compte de cette sensibilité ou de cette susceptibilité.

De la part des dirigeants, il n'y a pas toujours malveillance consciente dans le traitement qu'ils infligent à leurs salariés, mais parfois simplement un manque de considération qui devient malveillant par les conséquences que cela entraîne et qui auraient dû être anticipées. Avec raison, le salarié se sent maltraité : « On se fiche pas mal de ce que je ressens ! »

---

5. ARISTOTE, *Éthique à Nicomaque*, Pocket.

Aussi, même lorsqu'il n'y a pas intention de nuire, il est important que chacun sache tenir compte de l'autre et répondre de ses actes. Cela oblige à un minimum de devoir de précaution : il est plus grave de rudoyer quelqu'un qui est fragile psychologiquement et de l'amener à déprimer que de malmener quelqu'un qui a la force psychologique de répondre et de se défendre. Il nous faut apprendre à respecter l'autre et à tenir compte de sa culture, de ses différences et de ses fragilités éventuelles.

Manipuler pour acquérir du pouvoir

Qu'il vienne d'un individu ou qu'il vienne du système organisationnel, le harcèlement moral est un processus pervers, puisque l'homme peut y être manipulé au mépris de sa liberté aux seules fins que d'autres accroissent leur pouvoir et leur profit.

Cela justifie pour un individu pervers l'élimination de ceux qui peuvent être un obstacle à sa progression.

Dans les entreprises, les enjeux de pouvoir et de rivalité sont devenus la norme. On n'écoute plus l'autre en s'intéressant à ce qu'il a à dire, mais en se demandant comment on peut le faire chuter. Cela entraîne bien sûr une méfiance généralisée et des fonctionnements identiques en retour et aussi un blocage de toute créativité. Toute prise de position différente est cassée par l'ironie et le sarcasme des collègues et les blocages de la hiérarchie.

La manipulation apparaît beaucoup plus clairement lorsque le harcèlement est une stratégie délibérée afin de licencier à moindre coût, ou lorsqu'on fait intervenir un *cost killer*. Il s'agit, pour l'employeur de se débarrasser à bon compte de quelqu'un qui gêne ou qu'il ne supporte plus, mais à qui, dans les faits, il n'a rien à reprocher. On veut qu'il parte mais on ne peut pas dire pourquoi il doit partir car, parfois, on ne le sait pas soi-même.

3

LES DÉTOURNEMENTS DU MOT

DEPUIS QUE LE TERME HARCÈLEMENT EST PASSÉ DANS LE langage courant, il a souvent été utilisé de façon abusive, et parfois même de façon perverse, c'est-à-dire en le détournant de son sens premier. Il nous semble tout à fait fondamental de mettre en garde contre ces fâcheuses dérives.

Les positions victimaires

Il faut tenir compte du fait que certaines personnes peuvent se complaire dans une position de victime. Dans ce cas, elles ne cherchent pas à trouver une issue à leur situation difficile, car cela leur confère une identité et une occasion de se plaindre. Cette position victimaire a donné un sens à leur mal de vivre et, pour maintenir ce mode d'existence, il leur faudra poursuivre sans fin leur agresseur afin d'obtenir une réparation qui s'avérera toujours insuffisante. Je vois parfois arriver dans mon cabinet des victimes triomphantes qui ne viennent pas me voir pour se remettre en question et trouver une issue à ce qui leur arrive, mais pour obtenir de moi un certificat médical qui pourrait leur permettre de se venger d'une situation qu'elles estiment injuste. Certains règlent ainsi des comptes personnels ou trouvent là une occasion d'obtenir des avantages matériels. Parfois la position de victime dans laquelle se complaît la personne vient d'un autre traumatisme qui était resté en suspens. Par exemple, une personne maltraitée dans son enfance peut chercher inconsciemment le conflit avec toute personne en position d'autorité, ce qui l'amène à rejouer, à l'âge adulte, la même situation de souffrance. Pour sortir de cette répétition, il est nécessaire, si elle va en thérapie, d'établir des liens entre les deux situations, afin que la personne puisse voir comment le fait de rester victime n'est qu'une recherche d'issue au premier traumatisme.

Il y a beaucoup à gagner à se poser en victime. Cela permet de se soustraire à ses responsabilités lorsqu'on est en difficulté ou qu'on a commis des erreurs, cela amène à se faire plaindre. Quels que soient les éléments de réalité, tout est de la faute de l'autre : « Ce n'est pas de ma faute, c'est la faute d'Untel qui a monté une cabale contre moi ! » Cela évite de se poser des questions ou de se culpabiliser, et permet parfois d'obtenir de la commisération et peut-être même l'impunité. Cette façon de reporter la faute sur l'autre tend à se banaliser. Regardons ce qui se passe lorsqu'une manipulation politique est dénoncée : avant même d'avoir tous les éléments en main, le personnage impliqué et son parti commencent par dénoncer une cabale et une tentative d'intimidation. Plus tard, si des preuves apparaissent, la personne mise en cause finit par avouer, mais en limitant sa responsabilité (« Ce n'est pas grave, il n'y avait pas d'enrichissement personnel ! » ou bien : « Certes j'ai fait ça, mais les autres font bien pire ! », etc.). La règle première est d'éviter d'assumer sa part d'erreur et de continuer à bénéficier du pouvoir et de l'argent.

Il n'y a pas loin entre cette position victimaire et la fausse allégation de harcèlement moral.

Le harceleur harcelé

Il est des situations où, lorsque plusieurs salariés ont été victimes du comportement abusif d'un même supérieur et qu'ils ont réussi à se faire entendre auprès des médias et des syndicats, l'individu tenu pour responsable se retrouve désigné publiquement comme « harceleur » avant même que les faits aient pu être vérifiés. Les autorités hiérarchiques de cette personne se retrouvent ainsi acculées à devoir agir sans aucune sérénité, parfois même pour protéger le présumé harceleur.

Ce retournement de l'agression est alors renforcé par la médiatisation. On ne peut que recommander aux journalistes la prudence avant de désigner quelqu'un à la vindicte publique. Étant donné qu'il s'agit toujours de situations complexes où un certain nombre d'éléments restent cachés, il est difficile de les décrire sans les déformer et les caricaturer.

> Gérard est nommé chef de service dans une grande administration en remplacement d'un collègue qui a été souvent absent pour raisons médicales. Les consignes de sa hiérarchie sont claires : il doit remettre de l'ordre dans un service qui est parti à vau-l'eau.
> Gérard est un homme anxieux qui cache mal sa timidité derrière une apparence un peu sèche. À son arrivée, il fait savoir que, désormais, les choses vont changer et qu'il n'admettra pas les tire-au-flanc. Il rencontre en retour l'hostilité des agents et, en particulier, de Rosy. Il faut dire que celle-ci a l'habitude d'arriver tard à son travail et de passer beaucoup de temps près de la machine à café, pour discuter avec ses collègues.
> Après une vaine tentative de dialogue avec les agents, Gérard se braque contre Rosy, qu'il tient pour responsable du laxisme du service. Il se met à surveiller ses horaires, à chronométrer ses pauses et à lui faire des notes de service à la moindre erreur. Évidemment, cela ne change rien au rythme de travail de Rosy. Elle passe encore plus de temps près de la machine à café pour se plaindre de tout ce que le chef lui fait subir. Les collègues compatissent, d'autant que Gérard n'est pas un chef facile. Comme Rosy est copine avec tout le monde, son cas devient vite « la » cause à défendre. Un collègue syndicaliste prend les choses en main : « Ne t'inquiète pas, on va t'aider ! »
> Peu de temps après, des tracts circulent demandant le départ du « harceleur ». Lorsque la hiérarchie le reçoit, la cause de Gérard est entendue. Avant même de connaître les faits, on ordonne sa mutation.

Il en est tout autrement lorsque les faits sont connus de tous et que la hiérarchie tarde, malgré cela, à intervenir. Dans ce cas, les médias jouent un rôle salvateur pour les salariés concernés et préventif pour les autres, en dénonçant le « management barbare » de certaines entreprises. C'est leur image de marque qui est atteinte, et, pour rétablir leur réputation, elles seront contraintes de veiller à ce que cette situation cesse rapidement et à ce qu'elle ne se reproduise pas.

Les fausses allégations de harcèlement moral

Il faut veiller à ce que les quelques cas de fausses allégations de harcèlement moral qui apparaissent maintenant ne viennent pas jeter le discrédit sur la réalité de ce que subissent les vraies victimes.

La paranoïa

Le risque majeur de fausse allégation de harcèlement moral vient en premier des paranoïaques qui trouvent là un support crédible à leur sentiment de persécution. Dans la plupart des cas, le diagnostic est évident. Une personne se plaint de façon très théâtrale d'une autre personne qui lui aurait causé un préjudice, puis le sentiment de persécution s'étend à l'entourage de l'agresseur présumé, et enfin à tous ceux qui émettent des doutes sur la réalité du harcèlement. En même temps, le paranoïaque adresse à différents responsables des courriers immodérés accusant son persécuteur, avec des mots violents soulignés ou écrits en très gros caractères. Dans leur présentation, au départ, les paranoïaques sont des personnes plutôt discrètes qui ne s'animent que lorsqu'elles parlent des persécutions qu'elles subissent. Si on émet des réserves sur certains de leurs propos, ces personnes peuvent devenir violentes. Avec raison, chacun craint de se retrouver confronté à l'une d'entre elles.

> Arlette, 49 ans, travaille depuis dix ans comme rédactrice dans une grande administration. Elle fait son travail correctement mais reste assez isolée de ses collègues. Après un arrêt maladie, elle envoie à sa direction un courrier disant que son chef de service a des comportements déplacés. Il touche ostensiblement sa braguette quand il lui parle et s'appuie sur elle quand il veut lui expliquer quelque chose sur l'ordinateur. Elle demande un changement de service car elle refuse désormais de travailler avec lui.
>
> Dans un premier temps, la direction fait une enquête discrète mais ne retrouve aucun élément pouvant aller dans le sens de ce courrier. Arlette envoie alors d'autres courriers à la direction et à la médecine du travail. Elle fait savoir que le comportement de son supérieur la perturbe et qu'elle n'est pas en état de travailler si on ne sanctionne pas ce monsieur. Le médecin du travail qui la reçoit constate qu'elle est particulièrement véhémente et se plaint de tout et de tout le monde. Il a un doute sur l'équilibre psychologique d'Arlette. Il s'interroge alors sur l'origine de ses troubles. Est-ce qu'ils ne pourraient pas être dus au traumatisme

d'une agression ? Il demande alors l'avis d'un psychiatre qui fait le diagnostic d'un syndrome de persécution déjà ancien, évoluant dans le cadre d'une psychose paranoïaque.

Dans une paranoïa évidente comme celle-ci, le diagnostic est aisé, mais il devient plus problématique lorsque la personne est plus discrète et moins quérulente. Le discours est alors plus subtil et s'adapte à l'interlocuteur de façon à devenir crédible. À la différence des vraies victimes, une personne ayant un caractère paranoïaque ne cherchera pas à faire évoluer la situation vers un accord mais, au contraire, cherchera à maintenir sa plainte contre son harceleur-victime désignée, qui, si personne n'intervient, pourra le rester à vie. Étant donné que ce sont des pathologies qui prennent habituellement de l'ampleur avec le temps, le diagnostic en devient de plus en plus évident et finit par être repéré. Il n'en reste pas moins que cela constitue un préjudice certain pour la ou les personnes visées.

La paranoïa est du domaine de la médecine et de la psychiatrie. Il revient aux médecins du travail d'en faire le diagnostic et, dans le doute, ils peuvent demander l'avis d'un expert psychiatre afin de repérer la structure caractérielle de la personne.

Il me semble important de redire qu'il faut se garder de toute généralisation. Certes, il est des victimes qui ont des pathologies paranoïaques, cela ne veut aucunement dire que *toutes* les victimes sont paranoïaques. La réticence qu'il y a à écouter les salariés harcelés vient souvent de la crainte d'avoir affaire à de fausses victimes, en particulier des paranoïaques procéduriers. On se méfie de ceux-ci à juste titre car, avec un paranoïaque, on ne peut pas argumenter, les différends ne peuvent donc jamais se régler à l'amiable. Rencontrer un paranoïaque, c'est s'assurer d'entrer dans un processus sans fin de procédures.

Alors que tous deux se disent persécutés par quelqu'un d'autre, le diagnostic entre un paranoïaque et une vraie victime de harcèlement moral se fait par la tonalité générale de la plainte. Les vraies victimes de harcèlement moral sont dans le doute, s'interrogent sur leurs propres agissements, et cherchent des solutions pour mettre fin à leur tourment. C'est d'ailleurs pour cette raison qu'elles laissent la situation s'enliser et qu'elles ne réagissent pas suffisamment tôt. Elles veulent avant tout trouver une issue qui rétablisse leur dignité. Les paranoïaques au contraire ne doutent pas. Ils affirment et accusent.

Le retournement de la perversité

Les fausses allégations de harcèlement moral sont aussi la spécialité des individus pervers qui essaient ainsi, de façon masquée, de disqualifier quelqu'un d'autre, tout en s'attirant la sympathie du groupe et en l'amenant à pleurer sur son sort.

En tant que psychiatre, il m'arrive de recevoir des personnes visiblement procédurières qui, à tort ou à raison, se sentant persécutées par une ou plusieurs personnes, viennent chercher auprès de moi des méthodes pour mieux nuire à leur supposé harceleur et à son entourage. Elles n'ont nullement l'intention de se remettre en question. Ce qui les intéresse, c'est seulement de se venger et de détruire l'autre. Ces personnes repartent furieuses lorsque je leur dis que je ne peux rien faire pour elles, et parfois elles me menacent de représailles.

> Renaud entre comme manutentionnaire dans une petite PME. Le patron apprécie son caractère teigneux et agressif fort utile pour acquérir des marchés et il le pousse en avant. Six ans plus tard, Renaud devient responsable du (petit) service commercial. Il continue ainsi à progresser jusqu'au moment où il bute sur un problème technique et ne se sent plus à la hauteur du poste qu'il occupe. Au lieu de demander de l'aide, il masque ses difficultés et en reporte la responsabilité sur les autres. Le jour où son patron lui fait une remarque désobligeante sur ses retards, Renaud décide de ne plus lui adresser la parole autrement que pour lui faire la morale. L'atmosphère devient évidemment tellement tendue que le patron lui propose de négocier son départ. À partir de ce moment, Renaud met en place des stratégies pour faire « tomber » celui qu'il considère désormais comme son ennemi. Pour cela il n'hésite pas à envoyer une lettre anonyme au fisc et monte un dossier à partir de documents qu'il a photocopiés. Sa visite à mon cabinet n'a pas d'autre but que d'obtenir de moi un mode d'emploi pour se venger de son patron.

D'une façon générale les « fausses victimes perverses » sont nettement plus visibles et même spectaculaires que les vraies personnes harcelées moralement, car elles n'hésitent pas à faire appel aux médias. Elles ne cherchent aucunement un arrangement, car elles sont intéressées avant tout par les avantages pécuniaires qu'elles espèrent retirer de leur situation.

La victimisation outrancière finit par nuire à la cause qu'elle veut défendre. À trop parler de harcèlement moral à tout bout de champ et à tort et à travers, le concept risque de perdre de sa crédibilité.

4

LES DIFFÉRENTES APPROCHES DU PHÉNOMÈNE

LE HARCÈLEMENT MORAL EXISTE PARTOUT AVEC DES COLORATIONS DIFFÉRENTES selon les cultures et les contextes. Même si le phénomène n'est pas nouveau, les études scientifiques qui l'abordent sont relativement récentes. Un bref rappel historique de ces différentes approches est nécessaire pour montrer en quoi la notion de harcèlement moral diffère d'un certain nombre de ces études et en particulier du *mobbing*.

Le *mobbing*

Dans les années quatre-vingt, Heinz Leymann, psychologue d'origine allemande, installé en Suède, introduit le concept de *mobbing* pour décrire des formes sévères de harcèlement dans les organisations.

Ce terme, qui semble avoir été utilisé pour la première fois par l'ethnologue Konrad Lorenz à propos des comportements agressifs de groupes d'animaux qui veulent chasser un intrus, a été repris dans les années soixante par un médecin suédois, Peter-Paul Heinemann pour décrire le comportement hostile de certains enfants à l'égard d'autres enfants, dans les écoles. En 1972, il publie le premier livre sur le *mobbing* qui traite de la violence de groupe chez les enfants.

Le terme *mobbing* vient du verbe anglais *to mob*, que les dictionnaires *(Harrap's)* traduisent par houspiller, attaquer, malmener, assiéger. Quant au substantif *mob*, il signifie la foule, la meute. Il ne faut pas négliger que, en anglais, *Mob*, avec une majuscule, signifie la mafia. L'origine du terme montre bien qu'il s'agit d'un phénomène de groupe et, par son sens annexe, il donne à penser que les méthodes n'en sont pas toujours très claires. Récemment, en Angleterre, on a parlé de *mob*, lorsque, à la suite d'une liste de noms parue dans un journal, des groupes de mères en colère ont harcelé des personnes soupçonnées d'être pédophiles ou complices de pédophiles. Elles ont pris d'assaut leur domicile, ont écrit des injures sur les murs de leurs maisons, leur ont jeté des pierres afin de les obliger à quitter le quartier. Il a fallu qu'une personne se suicide, que d'autres stigmatisées à tort portent plainte pour que la police fasse cesser ces manifestations hostiles.

Pour Heinz Leymann, le *mobbing* consiste en des agissements hostiles fréquents et répétés sur le lieu de travail, visant systématiquement la même personne. Selon lui, le *mobbing* provient d'un conflit qui dégénère. Il l'analyse comme une forme particulièrement grave de stress psychosocial.

Ce concept se diffusera dans les années quatre-vingt-dix parmi les chercheurs qui travaillent sur le stress professionnel, essentiellement dans les pays scandinaves, puis dans les pays de langue allemande. En 1993, Heinz Leymann publie, à partir de ses recherches, un ouvrage de vulgarisation : *Mobbing, la persécution au travail.* Ce livre sera traduit en une dizaine de langues, mais, en France [1], il attirera essentiellement l'attention des spécialistes.

Heinz Leymann a continué à faire des enquêtes statistiques en Suède et participé à la formation de chercheurs dans les pays de langue allemande. En 1990, il établit que 3,5 % de salariés suédois sont victimes de harcèlement. À la même époque, il estime que 15 % des suicides sont dus à du *mobbing*. Les recherches de Heinz Leymann aboutissent à la prise en compte des blessures à caractère psychologique dans une loi sur les conditions de travail, qui est complétée par un décret spécifique sur la victimisation au travail en 1994. La définition suivante en est donnée : « *Par* mobbing, *on entend les actions répé-*

1. LEYMANN H., *Mobbing, la persécution au travail*, 1996, Seuil, pour la traduction française, Paris, 1986.

tées et répréhensibles ou nettement négatives qui sont dirigées contre des employés d'une manière offensante et qui peuvent conduire à leur mise à l'écart de la communauté sur le lieu de travail. » Même si ce texte prévoit que les victimes doivent recevoir de l'aide et des soins, force est de constater que le système médical n'est pas adapté, aussi Heinz Leymann, en créant une clinique spécialisée, met au point un programme spécifique pour la réhabilitation des victimes, jusqu'à ce que, sous la pression du système de santé suédois, il soit obligé de fermer cette clinique. Heinz Leymann travaille sans relâche à la recherche sur le *mobbing* jusqu'à sa mort en janvier 1999.

Dans les pays nordiques (Suède, Danemark, Finlande), en Suisse et en Allemagne, le terme *mobbing* continue à prévaloir, et les enquêtes se poursuivent.

En Allemagne, le chef de file de la recherche sur le *mobbing* est le professeur Dieter Zapf, à l'université de Francfort. En Italie, le professeur Ege dirige le centre de recherche sur le stress psychosocial et le *mobbing*.

Tel qu'il est utilisé actuellement, le terme *mobbing* correspond d'abord à des persécutions collectives et à la violence liée à l'organisation. Cela peut aller jusqu'à des dérapages incluant la violence physique.

Le *bullying*

Parallèlement, le concept de *bullying* est connu depuis longtemps en Angleterre. En anglais, *to bully* signifie brutaliser, rudoyer ; et un *bully* est quelqu'un de brutal et de tyrannique, qui s'attaque aux faibles.

Encore plus nettement que pour le terme *mobbing*, le terme *bullying*, au départ, ne concerne pas le monde du travail. On parle de *bullying* essentiellement pour décrire les humiliations, les brimades ou les menaces que certains enfants ou groupes d'enfants font subir à d'autres enfants. Puis le terme s'étend aux agressions rencontrées dans l'armée, dans les activités sportives, dans la vie familiale, en particulier à l'égard des personnes âgées, et bien sûr également dans le monde du travail.

Sur le site web de la BBC, des personnages célèbres ont été invités à raconter leur expérience du *bullying*. Voici ce que raconte l'industriel Sir John Harvey Jones :

> « Enfant, j'étais la cible idéale pour mes camarades. Je m'intéressais aux fleurs et aux animaux et j'étais très calme et recherchais la douceur, ce qui n'est pas d'une grande aide face à une bande de petites brutes. Je ne cessais de penser au suicide, ce qui donne la mesure de ma souffrance et de mon désespoir.
> Cela m'a donné une aversion définitive pour ce type d'humiliations. Maintenant, je considère de ma responsabilité de chef d'entreprise de ne pas accepter ces comportements. »

En 1992, pour faire suite à une série de documentaires à la BBC, une journaliste, Andrea Adams, publie un livre expliquant la réalité du *bullying* et les pistes qu'elle propose pour y remédier [2]. Cela conduit des organismes nationaux tels que le Scottish Council for Research in Education à entreprendre des recherches et à diffuser des plaquettes d'information sur ce sujet. Par la suite est créé le National Child Protection Helpline, équivalent anglais de notre Allô Enfance Maltraitée pour écouter les enfants victimes. Maintenant, l'armée et les forces de police anglaises prévoient des recours pour les victimes de *bullying* en leur sein. La prise en compte de la gravité du *bullying* ne vient pas de l'acte lui-même, mais de l'effet de cet acte sur la victime, car, par la peur qu'ils occasionnent, ces comportements peuvent avoir des répercussions dramatiques sur le devenir psychologique des jeunes.

C'est en 1984 que ce terme est introduit en psychologie du travail par Lazarus [3] qui, parmi d'autres éléments de stress, reconnaît le stress social, dans lequel il inclut le *bullying*.

En Angleterre et dans certains pays de langue anglaise, on continue à utiliser le terme *bullying*. Au Québec, où l'on évite les mots à connotation anglo-saxonne, on parle de harcèlement psychologique.

Dans un rapport du Bureau international du travail sur la violence au travail [4], Vittorio Di Martino parle de *bullying* pour décrire les intimidations et les brimades subies sur le lieu de travail. Dans ce rapport, il est dit que *la notion de violence au travail est en train d'évoluer en ce sens que l'on accorde désormais autant d'importance au comportement psychologique qu'au comportement physique et que l'on reconnaît pleinement la portée des actes de violence mineurs.*

---

2. ADAMS A., *Bullying at Work*, Virago Press, Londres, 1992.
3. LAZARUS R.S., FOLKMAN S., *Stress, Appraisal, and Coping*, Springer, New York, 1984.
4. CHAPPELL D., DI MARTINO V., *La violence au travail*, Bureau international du travail, Genève, 1988.

Le terme *bullying* m'apparaît d'acception plus large que le terme *mobbing*. Il va des moqueries et de la mise à l'écart jusqu'à des conduites d'abus à connotation sexuelle ou d'agressions physiques. Il s'agit plus de brimades ou de violence individuelle que de violence organisationnelle. Dans une étude comparative entre le *mobbing* et le *bullying*, Dieter Zapf[5] considère que le *bullying* provient majoritairement de supérieurs hiérarchiques, alors que le *mobbing* est beaucoup plus un phénomène de groupe.

Le *harassment*

Aux États-Unis, le terme *mobbing* n'a été introduit qu'en 1990 par un article de Heinz Leymann dans la revue américaine *Violence and Victims*[6], mais le phénomène avait néanmoins été étudié dès 1976 par un psychiatre américain, Carroll Brodsky, dans un livre intitulé *The Harassed Worker*[7]. Pour lui, le harcèlement consiste en des attaques répétées et opiniâtres d'une personne sur une autre, pour la tourmenter, la miner, la frustrer, la provoquer. Il en pointe les effets destructeurs sur la santé et, à juste titre, il remarque qu'il ne s'agit sans doute que de la partie immergée de l'iceberg.

Les *whistleblowers*

Littéralement un *whistleblower* est celui qui tire la sonnette d'alarme ou qui vend la mèche. C'est en ce sens qu'il devient victime de représailles. Il prend sur lui d'alerter l'opinion publique sur les malversations, les actes de corruption ou les violations de la loi des grands services publics où il travaille, ou sur leurs actions présentant un danger substantiel et spécifique concernant la santé publique ou la sécurité. À ce jour, ce sont les secteurs de la santé ou de l'armement qui ont été le plus visés.

---

5. Zapf D., « Organisational, work group related and personal causes of mobbing/bullying at work », *International Journal of Manpower*, vol. 20, 1999.

6. Leymann H., « Mobbing and psychological terror at workplaces », *Violence and Victims*, 5, 1990.

7. Brodsky Carroll M., *The Harassed Worker*, D. C. Heath And Company, Lexington, Ma., 1976.

En pratique, ceux qui dénoncent les dysfonctionnements d'un système subissent bien évidemment des représailles de la part de ce système. Il s'agit d'une forme spécifique de harcèlement moral, destinée à faire taire celui qui ne joue pas le jeu. Singulièrement, on n'a jamais parlé à leur égard ni de *mobbing* ni de *bullying*, pourtant, ce qu'ils subissent correspond en tout point à ce que nous disons du harcèlement moral.

> Mme Gualtieri, 39 ans, qui a travaillé pendant six ans au ministère des Affaires étrangères à Ottawa, Canada, poursuit actuellement ses supérieurs et son ministre pour harcèlement moral.
> Lors d'une mission, elle pointe à sa hiérarchie la mauvaise gestion et le gaspillage du parc immobilier du bureau des affaires extérieures. Même si, déjà en 1992, le vérificateur général du gouvernement avait relevé ce dysfonctionnement, les supérieurs de Mme Gualtieri ne veulent rien reconnaître. Bien au contraire, commence pour elle un processus d'isolement et de harcèlement qui dure huit ans, et la pousse à prendre des congés sans solde sur recommandation médicale. Toutes les démarches de Mme Gualtieri pour se faire entendre sont, à ce jour, restées vaines. En 1998, elle fonde le FAIR (The Federal Accountability Integrity and Resolution Institute), un regroupement de fonctionnaires qui, comme elle, ont parlé et en subissent les conséquences [8].

Des organismes similaires existent dans d'autres pays, notamment le GAP, *Goverment Accountability Project*, aux États-Unis, car les *whistleblowers* se sont organisés et ont créé des groupes de soutien pour se donner mutuellement des conseils mais surtout pour obtenir des protections juridiques [9]. Dans la plupart des pays de culture anglo-saxonne (Angleterre, États-Unis, Canada, Australie, Nouvelle-Zélande, Afrique du Sud, Hong Kong), des mesures ont effectivement été prises pour protéger les dénonciateurs. En Angleterre, le phénomène est ancien puisqu'il remonte au Moyen Âge. Les forces de police étant insuffisantes, des particuliers pouvaient intenter une action contre ceux qui violaient la loi. Aux États-Unis, les lois sur le *whistleblowing* existent depuis longtemps et furent modifiées à plusieurs reprises, mais, en 1986, le Congrès vote le *Federal False Claim Act,* créant ainsi une puissante force antifraude.

8. http ://guide2000.iquebec.com/guide2000/galtieri.html
9. Des pages de présentation de ces associations peuvent être consultées sur Internet.

L'*ijime*

Au Japon, le harcèlement moral est un phénomène très ancien. Comme les autres termes dont nous avons parlé, le terme *ijime* (harcèlement en japonais) est utilisé pour décrire les brimades et humiliations subies par des enfants à l'école, mais aussi pour décrire, dans les entreprises nippones, les pressions d'un groupe afin de former les jeunes recrues ou de mater les éléments perturbateurs. Les Japonais n'aimant guère l'individualisme, l'objet de l'*ijime* consiste à intégrer les individus dans le groupe et à les rendre conformes. Un dicton japonais le résume clairement : « Le clou qui dépasse rencontrera le marteau. »

Le système éducatif nippon, avec des évaluations permanentes pour déterminer les meilleurs éléments, afin de les orienter vers les meilleures filières, développe chez les écoliers un sens de la rivalité qui déborde largement du cadre scolaire. Les enseignants ont considéré longtemps le phénomène de l'*ijime* comme un rite d'initiation nécessaire à la structuration psychique des adolescents [10]. La plupart des adolescents persécuteurs avaient été eux-mêmes victimes de brimades de la part de leurs aînés et ne faisaient donc que répercuter et amplifier sur un camarade plus faible les brimades qu'ils avaient subies. Ce système, avec la pression psychologique considérable qu'il entraînait chez les enfants, a permis à l'*ijime* de prendre une telle ampleur qu'il est devenu dans les années quatre-vingt-quatre-vingt-dix un véritable problème de société. Un certain nombre d'enfants se sont suicidés, d'autres ont cessé d'aller à l'école, jusqu'à ce que des mesures soient prises pour enrayer ce fléau. En 1995, selon le ministère de l'Éducation, le « refus d'aller à l'école », en dehors des absences pour maladie réelle avait atteint 82 000 élèves. L'*ijime*, ce n'est pas simplement la violence exercée par des élèves sur d'autres élèves, c'est aussi la violence à laquelle certains enseignants n'hésitent pas à recourir à l'égard de leurs élèves. Vers 1980, les lycéens ont commencé à se révolter contre leurs enseignants. Actuellement, depuis qu'elle a été mise en accusation par les médias, l'administration scolaire est beaucoup plus vigilante.

Cette description des conditions scolaires au Japon n'est pas sans rapport avec le monde du travail car l'*ijime* est avant tout un outil de contrôle social. Selon Keiko Yamanaka [11], « le phénomène de l'*ijime* est

---

10. BARRAL E., *Otaku. Les enfants du virtuel*, Denoël, Paris, 1999.
11. YAMANAKA K., *Le Japon au double visage*, Denoël, Paris, 1997.

apparu vers 1972, au moment où l'industrie japonaise se développait à vive allure. L'industrie avait besoin de jeunes travailleurs adaptés à un monde du travail standardisé : pas d'individualisme, pas de personnalités marquées et surtout pas de critiques ». Les milieux industriels et financiers exigèrent du gouvernement, au nom de la prospérité du pays, une réorganisation du système éducatif afin de faire face à la croissance économique. Deux générations d'après guerre ont été ainsi « calibrées » avec des épreuves d'endurance en temps limité et d'autocensure permanente pour rester en conformité avec les multiples règlements imposés.

Dans les années quatre-vingt-dix, lorsque la récession s'est installée, le monde du travail a changé son fusil d'épaule et a réclamé des hommes prêts à se couler dans le nouveau moule et capables d'idées originales. Il a fallu changer les méthodes de management. Maintenant, il n'est plus question d'emploi à vie mais de réduction d'effectifs et de management au mérite et à la performance. On ne se contente plus de mettre à l'écart les salariés trop vieux ou inutiles [12], les *madogiwazoku* (littéralement « la tribu de ceux qui sont près de la fenêtre »), mais on cherche à les faire partir par des pressions ou des brimades psychologiques. On passe ainsi de l'*ijime*, dont l'objet est avant tout de structurer la communauté de travail, à un harcèlement moral plus brutal qui n'a pas encore trouvé en japonais d'équivalence de terme. Pourtant, le phénomène, sous l'appellation de *moral harassment*, prend de l'ampleur et est maintenant dénoncé par les médias.

Récemment, l'histoire de ce cadre travaillant chez Sega que sa direction voulait faire partir, et qui s'est retrouvé dans un bureau sans fenêtre, sans téléphone et sans contact avec l'extérieur, a été médiatisée et a fait scandale.

On voit qu'avec des terminologies différentes et sous des formes variables selon les cultures le harcèlement constitue, dans de nombreux pays, un véritable phénomène de société. Dans les travaux de recherche en langue anglaise, même s'ils ne sont pas identiques, les termes *mobbing* et *bullying* sont souvent utilisés indifféremment, pourtant nous avons vu qu'ils ne sont pas strictement identiques. Pour simplifier, je dirai que :

12. TEMMAN et BOUGON, *Entreprise et carrières*, 27 juin 2000.

– le terme *mobbing* correspond plus à des persécutions collectives ou à la violence liée à l'organisation, y compris les dérapages qui vont jusqu'à la violence physique ;

– le terme *bullying* est plus large que le terme *mobbing*. Il va des moqueries et de la mise à l'écart, jusqu'à des conduites d'abus à connotations sexuelles ou d'agressions physiques. Il s'agit plus de brimades individuelles que de violence organisationnelle ;

– le *harcèlement moral* concerne des agressions plus subtiles, et donc plus difficiles à repérer et à prouver, quelle que soit sa provenance. Même si elles sont proches, la violence physique et la discrimination en sont, en principe, exclues puisqu'il s'agit de violences déjà prises en compte dans la législation française. Nous reviendrons plus en détail, tout au long du chapitre suivant, sur ce qui fait la spécificité du harcèlement moral.

Nous voyons l'importance qu'il y a à utiliser le terme exact. Les différentes terminologies renvoient à des différences culturelles et organisationnelles dans les pays, mais, suivant la définition retenue, les chiffres des études, en particulier en ce qui concerne le nombre de personnes victimes, peuvent varier et perdre toute signification.

Malgré ces imprécisions de terminologie, le Bureau international du travail (BIT) a réalisé, en 1996, une enquête comparant la violence au travail dans les pays de l'Union européenne[13]. On y précise que « la notion de violence au travail est en train d'évoluer, en ce sens que l'on accorde désormais autant d'importance au comportement psychologique qu'au comportement physique et que l'on reconnaît pleinement la portée des actes de violence mineurs ». Les résultats montrent que :

– 4 % des travailleurs ont fait l'objet de violences physiques ;

– 2 % de harcèlement sexuel ;

– 8 % de mesures d'intimidation.

L'étude plus détaillée par pays montre de très grandes différences entre les États membres, mais il faut tenir compte de ce que, dans certains pays, brimades et humiliations sur le lieu de travail sont tellement monnaie courante qu'on ne les considère même pas comme une violence anormale. Plus les victimes sont conscientes du caractère

---

13. Chappell D. et Di Martino V,. *La violence au travail*, Bureau international du travail, Genève, 2000.

inacceptable du harcèlement sexuel, des brimades, ou du harcèlement moral, plus elles sont enclines à signaler ces comportements. Dans d'autres pays, tels que l'Allemagne ou les pays nordiques, la vigilance sur les conditions de travail est plus ancienne et donc la prise de conscience de la violence y est plus précoce. Dans ces pays, le taux de syndicalisation est élevé, et l'approche des problèmes est collective. C'est ce que Raymond-Pierre Bodin, de la fondation de Dublin, appelle les pays « matures »[14].

Dans l'enquête du BIT, le terme anglais *bullying* a été traduit par *brimades* et des chiffres de près de 10 % sont cités, mais il est à noter que les critères en sont subjectifs, et qu'il n'est pas tenu compte de la notion de répétition dans le temps, ce qui explique la différence de 3,5 % avec les chiffres donnés par Heinz Leymann pour le *mobbing*.

Une autre enquête réalisée par la Fondation européenne pour l'amélioration des conditions de vie et de travail, au printemps 2000, dans les quinze pays membres, donne un chiffre de 9 % de travailleurs qui auraient fait l'objet d'intimidations sur leur lieu de travail.

14. Communication faite au colloque *Harcèlement et citoyenneté au travail*, le 30 novembre 2000.

II

Les résultats de l'enquête

DES CENTAINES DE LETTRES ET DE MESSAGES SONT ARRIVÉS à mon cabinet venant de personnes qui décrivaient leur situation et qui proposaient leur témoignage. Il ne m'était matériellement pas possible de répondre à chacun, mais je ne voulais pas non plus que leur démarche soit vaine, aussi ai-je adressé un questionnaire [1] à tous ceux qui m'ont écrit pour décrire le harcèlement dont ils s'estimaient victimes et à ceux qui sont venus me consulter pour ce même motif. Mon propos était de mieux connaître la réalité de leur vécu, afin de mieux penser la prévention dans ce domaine.

Sur 350 questionnaires envoyés, nous avons obtenu 193 réponses exploitables, soit un taux de 55 %, ce qui est exceptionnel pour une enquête par mailing. Il faut dire que la plupart de ces personnes, dans leur courrier ou lors de leurs consultations, signalaient spontanément qu'elles souhaitaient que leur témoignage ait une utilité pour les autres. Parmi les personnes qui n'ont pas renvoyé le questionnaire, un certain nombre m'ont écrit pour me signaler que les questions leur semblaient inadaptées à leur cas, par exemple, parce que le harcèlement qu'elles avaient subi ne s'était pas produit au travail. Dans un cas de harcèlement ascendant, mon correspondant estimait également que le questionnaire n'était pas adapté. Quelques-uns ont tenu à

1. Le questionnaire est disponible sur le site Internet harcelementmoral.com.

justifier leur non-réponse par le fait qu'ils ne voulaient plus revenir sur le harcèlement qu'ils avaient subi car ils avaient tourné la page.

J'ai reçu personnellement un certain nombre de ces victimes, dont une cinquantaine régulièrement en psychothérapie. À chaque fois, j'ai été frappée par la modération de ces personnes lorsqu'elles décrivent les violences subies. Elles n'ont pas de haine. Elles décrivent seulement des faits et surtout cherchent à comprendre ce qu'elles auraient pu changer dans leur comportement pour trouver une solution.

Il m'apparaît qu'il existe probablement une sous-estimation de la gravité des violences subies dans le cas du harcèlement moral individuel et une surestimation dans les cas de conflits collectifs, lorsque les personnes sont encouragées par le groupe ou les syndicats à réagir, ou que leur témoignage est relayé par les médias. En effet, il est plus difficile pour les personnes violentées à titre individuel de s'exprimer, car elles ont honte de ce qu'elles ont subi et continuent à se sentir coupables. De ce fait, elles sont certainement moins enclines à apporter leur témoignage que des personnes qui, grâce à l'appui du groupe, ont pu prendre conscience qu'elles étaient injustement attaquées, et qui se sentent plus sûres de leur bon droit.

Sur 193 personnes qui se disaient harcelées, combien l'étaient réellement ? Je vais essayer de répondre à cette question. Les études chiffrées, réalisées dans les pays qui se sont intéressés au sujet, sont assez disparates, car elles sont majorées ou minorées en fonction de la définition choisie par l'auteur. Nous n'éviterons pas cet écueil. Ce qui importe, c'est que le phénomène soit suffisamment pris au sérieux pour que les personnes influentes (dirigeants, syndicats, hommes politiques) soient obligées de réagir.

Mon enquête présente une limite méthodologique liée à son mode de recrutement, puisque je n'ai étudié que des cas de personnes qui se considéraient harcelées. Je n'ai donc que le point de vue des victimes. Je sais que les choses sont infiniment plus subtiles, car j'ai eu l'occasion d'aller analyser sur place, dans certaines entreprises, les interactions entre harceleurs et harcelés. Aucune enquête fondée sur un questionnaire, du fait de ses limites, ne peut tenir compte de la part de violence « réciproque » ou circulaire qui existe entre agresseur et agressé : quel est celui qui agit et celui qui réagit ? Est-ce que celui qui agresse le premier n'avait pas été auparavant provoqué par l'autre ? À partir des entretiens individuels que j'ai pu mener, j'essaierai de faire une analyse plus fine comportant le point de vue des agresseurs.

D'autres enquêtes, comme celles réalisées par Heinz Leymann en Suède, ou par Josette Chiaroni dans la région PACA[2], ou encore l'enquête réalisée par Béatrice Seiler et l'association Mots pour Maux au travail de Strasbourg[3], portent sur une population générale de salariés et apportent donc d'autres éléments, dont des chiffres sur la prévalence, c'est-à-dire sur la fréquence de survenue du harcèlement moral dans la population générale.

Quant à moi, je ne développerai ici que des points qui me paraissent remarquables et susceptibles d'aider à mieux comprendre le harcèlement moral.

2. CHIARONI J., CHIARONI P., « Données épidémiologiques des situations de *mobbing* d'après une enquête effectuée auprès des médecins du travail en région PACA un profil type du salarié harcelé ? » *Archives des maladies professionnelles* (à paraître).

3. SEILER-VAN DAAL B., *Évaluation du harcèlement moral (enquête dans une population de 1 210 salariés et exploitation dans le but de construire un outil de dépistage)*, thèse pour le diplôme de docteur en médecine, présentée à Strasbourg, année 2000.

5

QUELQUES CARACTÉRISTIQUES DES VICTIMES DU HARCÈLEMENT MORAL

La sanction de l'âge

L'ENQUÊTE DONNE LES RÉSULTATS SUIVANTS EN CE QUI CONCERNE LES tranches d'âge :

– aucun cas avant 25 ans ;
– 8 % entre 26 et 35 ans ;
– 29 % entre 36 et 45 ans ;
– 43 % entre 46 et 55 ans (dont 21 % entre 46 et 50 ans et 24 % entre 51 et 55 ans) ;
– 19 % après 56 ans.

Cela nous donne une moyenne d'âge de 48 ans, ce qui confirme la prédominance du harcèlement moral chez les plus de 50 ans, jugés moins performants ou pas assez adaptables.

Si aucun cas n'apparaît avant 25 ans, on peut penser que cela tient à un biais de l'étude, car les jeunes répondent moins facilement à un questionnaire par mailing. Mais, d'une façon générale, il semblerait que les jeunes subissent plus d'abus de pouvoir directs, au vu et au su de tous, que de harcèlement à proprement parler. Les jeunes apprentis, en particulier dans les métiers de bouche, sont confrontés à une tâche difficile pour laquelle ils sont peu formés et ils ne bénéficient pas toujours du soutien et de l'aide de leurs collègues plus anciens. Une enquête réalisée sous l'égide de l'Observatoire régional de la santé (ORS) de Poitou-Charentes [1] montre que :

– 6 % des apprentis se disent insultés ;
– 19 % déclarent faire l'objet de vexations ;
– 25 % déclarent qu'on leur parle durement.

Si aucun cas de harcèlement n'a ouvertement été révélé lors de cette enquête, en revanche six cas d'apprentis battus ont pu être recensés parmi les 386 jeunes questionnés.

L'étude faite à Strasbourg montre que, selon les critères de l'association Mots pour Maux au travail, les jeunes étaient plus harcelés que les autres groupes d'âge (16,7 %), mais ils ne se sentaient pas plus harcelés que les autres. Cela prouve bien que le harcèlement moral est une notion *subjective*. Un observateur extérieur ne peut pas juger du ressenti d'une personne.

Dans l'enquête faite auprès des médecins du travail en région PACA, la moyenne d'âge est également élevée puisqu'elle est de 41,73 ans [2].

Il existe, en France, une véritable ségrégation en fonction de l'âge. Malgré la reprise économique, les entreprises ont toujours la tentation de remplacer les salariés les plus âgés, aux salaires élevés, par des jeunes moins payés. Il faut dire que la reprise se fait surtout dans les métiers liés aux nouvelles technologies, qui supposent des compétences et de la flexibilité difficiles à obtenir de personnes de plus de 50 ans, selon certains préjugés tenaces. Certes, les compétences s'érodent plus vite que par le passé, mais, sous prétexte de rentabilité, les entreprises rechignent à offrir des formations aux salariés les plus âgés, qui se retrouvent ainsi exclus. À l'heure où les techniques évoluent de jour en jour, il est facile de reprocher à quelqu'un de ne pas savoir utiliser un nouveau logiciel. Même dans les métiers où l'expérience prévaut, on préfère se débarrasser des personnes de plus de 50 ans, pour mettre à la place des petits jeunes qu'on imagine plus battants et dont on sait avec certitude qu'ils seront moins cher. Même si c'est un lamentable gâchis de compétences et d'énergies, l'expérience des anciens ne compte plus.

---

1. Saillard C. et Sautejeau V., *Conditions de travail et santé des apprentis de moins de 18 ans de la Vienne*, Rapport n° 66, ORS, juillet 2000, cité dans *Santé et travail*, n° 33, octobre 2000.
2. *Ibid.*

Nadine, 52 ans, travaille depuis l'âge de 18 ans. Sans aucune formation au départ, elle progresse en suivant des formations le soir jusqu'à devenir cadre commerciale. Entrée dans cette société dès sa création, elle en connaît tous les rouages, et est connue de tous. Les choses se dégradent lorsque son entreprise procède à une fusion avec un jeune groupe. Les membres de l'autre équipe ont tous la trentaine. Lorsque son précédent supérieur hiérarchique choisit de partir, Nadine se retrouve à la fois la plus ancienne et la plus vieille. On lui donne comme nouveau chef un jeune homme ambitieux, tout juste sorti d'une école de commerce. Faisant fi de l'expérience professionnelle de Nadine, il lui demande de se justifier de tout et il vérifie ses horaires. Très peu de temps après sa prise de fonctions, il lui adresse une lettre de reproches sur ses activités pendant l'année où il n'était pas encore en poste. Tout en la surchargeant d'un travail d'exécution, il lui retire toutes ses responsabilités pour s'approprier les tâches les plus gratifiantes. Petit à petit, il l'isole en l'empêchant d'aller en déplacement dans les filiales ou d'assister aux réunions. À plusieurs reprises, il bloque ses dossiers afin de la mettre en position difficile vis-à-vis de la direction.
Lorsque Nadine se décide à se plaindre auprès de la direction, elle a le sentiment de n'être pas du tout entendue. On lui dit que la jeune équipe a des méthodes modernes et on suggère qu'elle n'est peut-être plus adaptée au poste. Comme elle insiste, on lui propose un bilan de compétences, ce qu'elle prend pour une agression.
Nadine est alors dans un état dépressif sévère et est mise en arrêt maladie. Elle a l'impression que tout le mal qu'elle s'était donné pour progresser n'a servi à rien, qu'elle a perdu son temps. Quand elle reprend, le médecin du travail, pour la protéger, la déclare apte à condition d'être dans un autre service. La direction refuse et oblige le médecin du travail à changer son certificat. On considère que Nadine est malade et que ce serait plus simple si elle restait en arrêt de travail chez elle. À sa reprise, on l'affecte dans le même service, et c'est pour apprendre que son poste est supprimé.
Même si Nadine a touché des indemnités de licenciement, elle est blessée, car elle s'est sentie rejetée abusivement.

Une personne qui a fait carrière dans une entreprise reflète le passé de la maison, son histoire, mais aussi ses erreurs ou tâtonnements. Un nouveau manager ou un dirigeant à qui ses actionnaires réclament du changement préférera se débarrasser des anciens afin de donner un « coup de neuf » superficiel.

Beaucoup d'entreprises jouent les jeunes contre les vieux en valorisant les jeunes avec un discours implicite disqualifiant les plus vieux.

Les anciens sont dépeints aux jeunes embauchés sous un jour péjoratif car « l'expérience des salariés âgés est perçue par les directions comme un socle de résistance aux objectifs de mobilité et de flexibilité [3] ». Les jeunes représentent alors une menace pour les salariés plus âgés qui vivent l'arrivée des premiers comme une injustice et une violence, et se démotivent.

Il ne faut pas négliger non plus l'effet pervers de la contribution Delalande qui, en obligeant les employeurs à verser une contribution à l'État, en cas de licenciement d'une personne de plus de 50 ans, peut les inciter à décourager leurs employés les plus âgés pour qu'ils partent tout seuls.

Le harcèlement moral est-il sexué ?

Mon étude montre une nette différence de la répartition des sexes : 70 % de femmes pour 30 % d'hommes.

Ces chiffres concordent avec ceux de l'enquête du Dr Chiaroni (73 % de femmes), réalisée avec le concours des médecins du travail de la région PACA [4].

Cela diffère des résultats fournis par Béatrice Seiler et l'association Mots pour Maux au travail, à Strasbourg, qui attestent 43,5 % de femmes concernées pour 56,5 % d'hommes [5], et par Heinz Leymann, en Suède [6], selon lequel 55 % de femmes sont concernées pour 45 % d'hommes, ce qui ne constitue pas un écart significatif du point de vue statistique. L'étude de S. Einarsen et A. Skogstad, effectuée en 1996 en Norvège [7], donne également des chiffres statistiquement non significatifs : 55,6 % de femmes pour 43,9 % d'hommes.

Mais, il faut rapporter ces pourcentages au contexte socioculturel. Les pays scandinaves et l'Allemagne manifestent une réelle préoccupation pour l'égalité des chances entre les deux sexes. Dans les pays latins, règne encore une atmosphère machiste. En Italie, en Espagne

3. Davezies P., « Jeunes au travail. Les nouveaux cobayes », *Santé et travail*, n° 33, octobre 2000.

4. Chiaroni J., *op. cit.*

5. Seiler-van Daal B., *op. cit.*

6. Leymann H., *Mobbing*, Seuil, Paris, 1996 pour la traduction française (déjà cité).

7. Einarsen S. et Skogstad A., « Bullying at work epidemiological findings in public and private organizations », *European Journal of work and organizational psychology*, vol. 5, n° 2, 1996.

et en Amérique latine, beaucoup d'hommes considèrent qu'une femme qui travaille fait un chômeur chez les hommes[8].

Non seulement les femmes sont davantage victimes, mais on les harcèle différemment des hommes : les connotations machistes ou sexistes sont souvent présentes. Le harcèlement sexuel n'est qu'un pas de plus dans le harcèlement moral. Dans les deux cas, il s'agit d'humilier l'autre et de le considérer comme un objet à sa disposition. Pour humilier, on vise l'intime. Quoi de plus intime que le sexe ? Pour qu'une agression se poursuive, il faut qu'elle soit difficile à repérer. Quoi de plus difficile à nommer qu'une atmosphère sexiste ou hostile ? D'ailleurs, sur le plan juridique, par le biais des jurisprudences, le harcèlement sexuel recouvre certes le chantage à l'emploi, mais aussi le climat de travail « sexiste, hostile, offensant ».

La France dispose depuis 1992 d'une législation en matière de harcèlement sexuel dont la mise en œuvre a donné lieu à une jurisprudence déjà significative. L'article L. 122-46 du Code du travail précise :

« Aucun salarié ne peut être sanctionné ni licencié pour avoir subi ou refusé de subir les agissements de harcèlement d'un employeur, de son représentant ou de toute personne qui, abusant de l'autorité que lui confèrent ses fonctions, a donné des ordres, proféré des menaces, imposé des contraintes ou exercé des pressions de toute nature sur ce salarié dans le but d'obtenir des faveurs de nature sexuelle à son profit ou au profit d'un tiers.

Aucun salarié ne peut être sanctionné ni licencié pour avoir témoigné des agissements définis à l'alinéa précédent ou pour les avoir relatés. »

On peut regretter que le législateur n'ait pas pris en compte le harcèlement entre collègues et les climats de travail offensants ou dégradants.

La première étude en France sur le harcèlement sexuel des femmes sur le lieu de travail a été réalisée de 1985 à 1990, à la demande conjointe du ministère du Travail et du service des droits des femmes[9]. On y voyait que le harcèlement sexuel prédominait dans le secteur privé et, surtout, dans les toutes petites entreprises. L'étude montrait également que la victime était le plus souvent une femme, et que le

---

8. On pourrait aussi considérer qu'un autre biais de mon étude est lié au fait que les femmes expriment plus facilement leur ressenti que les hommes surtout quand l'interlocuteur est un psychiatre.

9. CROMER S., *Le harcèlement sexuel en France. La levée d'un tabou*, La Documentation française, Paris, 1995.

harceleur était le plus souvent un homme, son supérieur hiérarchique. Avant l'adoption de l'actuelle législation sur le harcèlement sexuel, la poursuite des harceleurs était particulièrement délicate sur le plan juridique, même si des condamnations avaient été prononcées. À plusieurs reprises, la jurisprudence a reconnu comme constitutives de faute grave des conduites sexistes, déplaisantes, de mauvais goût, ou humiliantes d'une personne ou de plusieurs vis-à-vis de collègues femmes [10]. On voit bien à quel point le harcèlement sexuel est proche du harcèlement moral.

En ce qui concerne la spécificité du harcèlement visant les femmes, on rencontre plusieurs cas de figure :

• Les femmes qui refusent des avances de la part d'un supérieur ou d'un collègue et qui, dès lors, se font mettre à l'écart, ou humilier, ou rudoyer. Ce mélange de harcèlement sexuel et de harcèlement moral existe dans tous les milieux professionnels et à tous les échelons de la hiérarchie. Il est toujours difficile à prouver, à moins d'avoir des témoins, car il est nié par l'agresseur. D'ailleurs, la plupart du temps, le harceleur n'estime pas que son comportement est anormal, il le considère seulement comme « viril ». Il arrive aussi que les autres hommes de l'entreprise considèrent également que ce comportement est la norme. Le harcèlement sexuel est souvent mis au second plan, car les victimes sont moins gênées de nommer la violence morale que le harcèlement sexuel, surtout si elles ont succombé.

> Dans une grande administration, un homme chef de service, promu par piston politique, règne depuis plusieurs années sur un service d'une dizaine de femmes. Soit il obtient leurs faveurs par la séduction, soit par la menace ou par le chantage. Celles qui résistent ou qui ne lui apparaissent pas sexuellement désirables sont reléguées à des tâches subalternes, quelles que soient leurs compétences. Il les houspille sans relâche pour qu'elles fassent le travail de ses protégées et les critique de toute façon. L'une d'elles, plus fragile, craque et fait une tentative de suicide. Toutes les femmes du service sauf une, la dernière protégée, se regroupent alors pour porter plainte au pénal.
> La direction, avant que le scandale n'éclate, rétrograde ce chef de service et lui inflige un blâme au motif que son comportement est indigne d'un cadre de direction.

10. *Le Droit ouvrier*, février 1997, n° 580-581.

Il est à noter que, dans ce cas, tous les autres services et probablement la direction avaient connaissance de cette ambiance de pressions sexuelles, mais personne n'a rien dit et n'est venu à la rescousse de ces femmes. Probablement trouvaient-ils cela normal. Les femmes aussi ont gardé le silence, par honte ou par peur, et parce qu'elles savaient qu'elles ne seraient pas soutenues.

Laetitia est cadre supérieure dans une grande entreprise de communication. À plusieurs reprises, le directeur général la convoque dans son bureau tard le soir. À chaque fois, le scénario est le même : il s'assoit dans un fauteuil tout près d'elle et lui dit : « Parlez-moi de votre vie privée ! Je veux connaître tous les détails. Je ne peux pas imaginer qu'une jolie femme comme vous n'ait pas plein d'amants ! » Puis, en faisant mine de la gronder comme une petite fille : « Si vous me résistez, je vais être obligé de sévir ! » Enfin, plus tard, comme elle essaie d'échapper, sur un ton franchement plus menaçant : « Si vous ne voulez pas être gentille, votre promotion sera bloquée ! »

• À côté des modes de harcèlement moral proches du harcèlement sexuel, se situe la discrimination à l'égard des femmes. Des femmes sont simplement mises de côté, ou harcelées et empêchées de travailler, uniquement parce qu'elles sont femmes. En entreprise, on ne parle pas de parité ou d'égalité des sexes, surtout quand on monte dans la hiérarchie, on dit simplement que les femmes ne postulent pas pour des postes à responsabilité.

Dans cette entreprise semi-publique, avec une tradition « virile », les femmes ont beaucoup de mal à parvenir à des postes de responsabilité. C'est ainsi que Laure, jeune cadre dirigeante, récemment diplômée d'une école prestigieuse, se fait appeler en réunion de service « ma jolie » ou « ma poulette » par un collègue plus ancien, sans que personne n'y trouve à redire.

Les femmes ne sont pas formées à s'affirmer de façon violente. On leur apprend à se soumettre, à être douces, « féminines ». Alors que les conduites de violence et de domination sont conformes aux normes de la virilité, elles sont contraires aux canons de la féminité. Rejouant des éléments de leur éducation familiale, elles se laissent plus facilement prendre dans des rapports de domination. Il leur faut apprendre à s'opposer et à dire non.

Venant du privé, Annie intègre une grande administration. Seule femme à ce niveau de direction, elle ne comprend pas d'emblée le climat d'hostilité entourant son arrivée. Un confrère, qui aurait dû avoir son poste, commence par monter les assistantes contre elle, en répandant le bruit qu'elle méprise ses subordonnées. Un autre collègue, sous le prétexte de l'aider, essaie de la harceler sexuellement. Au lieu de se battre en retour, Annie a le tort de se plaindre à la direction générale. Sa hiérarchie lui enlève alors ses ressources budgétaires, filtre ses informations et restreint son équipe jusqu'à ce qu'elle se retrouve dans un placard. Maintenant, plus personne ne l'écoute et plus aucune tâche ne lui est confiée.
Annie attribue au fait d'être une femme le traitement qu'elle subit.

Le harcèlement discriminatoire

On pourrait presque dire que tout harcèlement est discriminatoire, puisqu'il vient pointer le refus d'une différence ou d'une particularité de la personne. La discrimination est habituellement dissimulée puisqu'elle est interdite par la loi, et c'est ainsi que, très souvent, elle devient du harcèlement moral.

- *Le harcèlement pour des motifs raciaux ou religieux*

Lorsque la discrimination ne se fait pas à l'embauche, elle peut apparaître au moment où, dans une suppression de poste, on doit choisir quel salarié devra partir. Le Code pénal français punit les discriminations fondées sur l'origine ou l'appartenance vraie ou supposée à une ethnie ou à une nation, une race ou une religion déterminée (article 225-2 du Code pénal). Justement parce que la discrimination est un délit passible de deux années d'emprisonnement, il peut sembler plus aisé de harceler le salarié et de le « décourager » afin qu'il parte de lui-même.

- *Le harcèlement en fonction d'un handicap ou d'une maladie*

Les pratiques discriminatoires à l'égard des personnes qui présentent un handicap physique ou mental ne sont pas toujours faciles à repérer puisqu'elles sont systématiquement niées. En principe, les entreprises doivent embaucher un certain pourcentage de salariés handicapés. Dans la réalité, ce chiffre est rarement atteint.

Le harcèlement à l'égard des handicapés consiste parfois en des attaques vexatoires concernant l'infirmité, mais, le plus souvent, il est fait de procédés plus subtils. Par exemple, ne proposer à la personne que des tâches impossibles à exécuter en raison de son handicap.

> C'est ainsi qu'on demande à Jean-Luc, qui a un handicap auditif et qui est appareillé, de prendre des notes dans une réunion très bruyante.
> C'est ainsi qu'on ne donne pas à Georges, qui est amblyope et qui travaille sur écran, le logiciel prescrit par le médecin du travail : « Si tu as la vue basse, tu n'as qu'à faire autre chose ! »
> C'est ainsi que Muriel, qui a une grave scoliose, se retrouve, lors d'une restructuration de poste à déplacer les archives à la cave !

En principe, le médecin du travail peut intervenir pour exiger que le poste tienne compte du handicap, mais les personnes hésitent à se plaindre car elles craignent d'être déclarées inaptes à tout travail.

- *Le harcèlement en fonction des orientations sexuelles*

Le harcèlement qui vise les homosexuels est avant tout un harcèlement de groupe par des collègues. Un exemple récent nous a été donné par un adjoint au maire qui a été harcelé par des coups de téléphone anonymes, des lettres de menaces lorsqu'il a révélé son homosexualité.

- *Le harcèlement discriminatoire des délégués du personnel et des délégués syndicaux*

Il est indéniable que le harcèlement est une façon de se débarrasser de quelqu'un qu'on ne peut pas licencier et, à ce titre, les délégués du personnel sont particulièrement visés. Non seulement ils sont protégés et ne peuvent être licenciés qu'avec l'accord de l'inspection du travail, mais en plus ils bénéficient, sur leur temps de travail, d'heures réservées pour leurs activités. Certains patrons le supportent mal, car ils ont le sentiment qu'ils paient quelqu'un à agir contre eux. On passe de la discrimination syndicale au harcèlement moral lorsque l'atteinte devient plus personnelle, on vise l'individu et non plus le syndicaliste :

> « Lors de mon embauche, aucune structure syndicale ni de représentation du personnel n'existait dans cette entreprise. J'ai, avec l'aide d'autres salariés, partis depuis, aidé à monter ces structures.
> Il y a un an, en tant que délégué syndical, j'ai refusé de signer un texte qui aurait permis à la direction de détourner le droit du travail et de nier les organisations syndicales dans leur rôle d'interlocuteurs de la direction.

La méthode employée à ce moment-là a consisté à tenter de m'influencer, par le biais de certains membres du personnel. Tout a été bon : lettres de dénonciation diffamantes auprès de mon syndicat, ainsi que de l'inspection du travail, réunions me désignant comme "le méchant qui ne veut pas signer et à cause de qui on va perdre des avantages...", j'en passe et des meilleures !
J'ai tenu bon pendant des mois, soutenu à la fois de façon très ferme par mon syndicat, mais aussi par mes proches : famille, amis et certains collègues de travail.
Toutefois, dans le service où je travaille, j'étais le pestiféré. Je vous passe les diverses mesquineries et tentatives pour essayer de me rendre la vie professionnelle au quotidien impossible. On a beau être solide et équilibré, le travail de sape qui s'organise et se densifie des mois durant finit par se traduire par des troubles et des ennuis de santé (perte de sommeil, crises de larmes, angoisses, palpitations, nausées...)
Afin d'apporter une réponse éclatante aux ragots diffamants, mon syndicat a présenté ma candidature aux élections prud'homales, et j'ai été élu. C'est là que les ennuis se sont multipliés. En un an, j'ai reçu de mon employeur 38 lettres dont 28 recommandées. Elles mélangent allégrement, dans leur quasi-totalité, l'exercice de mon mandat de délégué syndical, celui de conseiller prud'homal et le "travail non fait" du fait de mon mandat, même si une embauche a été faite afin de palier ces absences.
Je trouve que cela commence à bien faire ! D'autant que, étant sous le coup de ce harcèlement depuis maintenant plus d'un an, j'ai des difficultés à accuser le coup et que mes problèmes de santé deviennent plus sérieux encore. »

6

LES MÉTHODES DE HARCÈLEMENT

Les agissements hostiles

UN CERTAIN NOMBRE D'ÉTUDES ONT ÉTÉ FAITES SUR LES AGISSEMENTS HOSTILES par des auteurs de différentes cultures. Il est à noter que les procédés utilisés sont très stéréotypés. Ce qui change, c'est la répartition en différentes rubriques selon les auteurs.

Pour ma part, j'ai regroupé les agissements hostiles en quatre catégories, en allant du plus difficile à repérer au plus évident.

– Les atteintes aux conditions de travail (contestations systématiques de toutes les décisions prises par la personne ciblée, critiques exagérées ou injustes de son travail, attribution systématique de tâches supérieures à ses compétences, mise en difficulté par des consignes impossibles à exécuter...). Dans ce cas, on fait en sorte de mettre la personne ciblée en faute, pour qu'elle apparaisse comme incompétente ; on peut ainsi lui adresser toutes sortes de reproches et, éventuellement, trouver des raisons de la faire partir. Ces agissements sont souvent les premiers visibles lorsque le harcèlement moral vient de la hiérarchie. Lorsque ces procédés sont subtils, l'intentionnalité malveillante est difficile à prouver, car l'agresseur peut facilement se retrancher derrière l'intérêt du service : « Si je critique systématiquement ce qu'il fait, c'est que son travail n'est jamais bien ! », « Il se plaint que je lui donne des tâches impossibles à exécuter, mais, étant donné sa formation, il devrait être capable de le faire ! », « Il a l'impression

LISTE DES AGISSEMENTS HOSTILES

1) Atteintes aux conditions de travail

- On retire à la victime son autonomie.
- On ne lui transmet pas les informations utiles à la réalisation d'une tâche.
- On conteste systématiquement toutes ses décisions.
- On critique son travail injustement ou exagérément.
- On lui retire l'accès aux outils de travail : téléphone, fax, ordinateur...
- On lui retire le travail qui normalement lui incombe.
- On lui donne en permanence des tâches nouvelles.
- On lui attribue volontairement et systématiquement des tâches inférieures à ses compétences.
- On lui attribue volontairement et systématiquement des tâches supérieures à ses compétences.
- On fait pression sur elle pour qu'elle ne fasse pas valoir ses droits (congés, horaires, primes).
- On fait en sorte qu'elle n'obtienne pas de promotion.
- On lui attribue contre son gré des travaux dangereux.
- On lui attribue des tâches incompatibles avec sa santé.
- On occasionne des dégâts à son poste de travail.
- On lui donne délibérément des consignes impossibles à exécuter.
- On ne tient pas compte des avis médicaux formulés par le médecin du travail.
- On la pousse à la faute.

2) Isolement et refus de communication

- On interrompt sans cesse la victime.
- Ses supérieurs hiérarchiques ou ses collègues ne lui parlent plus.
- On communique avec elle uniquement par écrit.
- On refuse tout contact même visuel avec elle.

- On l'installe à l'écart des autres.
- On ignore sa présence en s'adressant uniquement aux autres.
- On interdit à ses collègues de lui parler.
- On ne la laisse plus parler aux autres.
- La direction refuse toute demande d'entretien.

3) Atteinte à la dignité

- On utilise des propos méprisants pour la qualifier.
- On utilise envers elle des gestes de mépris (soupirs, regards méprisants, haussements d'épaules...).
- On la discrédite auprès des collègues, des supérieurs ou des subordonnés.
- On fait courir des rumeurs à son sujet.
- On lui attribue des problèmes psychologiques (on dit que c'est une malade mentale).
- On se moque de ses handicaps ou de son physique ; on l'imite ou on la caricature.
- On critique sa vie privée.
- On se moque de ses origines ou de sa nationalité.
- On s'attaque à ses croyances religieuses ou à ses convictions politiques.
- On lui attribue des tâches humiliantes.
- On l'injurie avec des termes obscènes ou dégradants.

4) Violence verbale, physique ou sexuelle

- On menace la victime de violences physiques.
- On l'agresse physiquement même légèrement, on la bouscule, on lui claque la porte au nez.
- On hurle contre elle.
- On envahit sa vie privée par des coups de téléphone ou des lettres.
- On la suit dans la rue, on la guette devant son domicile.
- On occasionne des dégâts à son véhicule.
- On la harcèle ou on l'agresse sexuellement (gestes ou propos).
- On ne tient pas compte de ses problèmes de santé.

que je lui donne trop de travail, mais c'est parce qu'il ne travaille pas assez vite et perd du temps à discuter avec ses collègues ! », etc. Comment prouver que, si vous n'avez pas rendu un dossier à temps, c'est qu'on ne vous avait pas transmis les bonnes informations ?

• L'isolement et le refus de communication (mettre quelqu'un à l'écart, refuser de lui parler, ne pas l'inviter aux pots du service...) sont des procédés qui sont ressentis douloureusement par la victime mais banalisés ou niés par l'agresseur : « Ce n'est pas vrai que je ne lui parle pas ! », « Nous sommes ici pour travailler pas pour tenir des conversations mondaines ! », « Nous l'avons mis dans un bureau à l'écart parce qu'il n'y avait plus d'autre espace libre ! », etc. Les conduites d'isolement peuvent provenir à la fois des collègues et de la hiérarchie. Ne pas dire bonjour, ne pas regarder quelqu'un sont des conduites qui peuvent paraître insignifiantes mais qui blessent un petit peu plus tous les jours.

• Les atteintes à la dignité (moqueries, gestes méprisants, propos disqualifiants...) sont souvent repérées de tous, mais la victime en est tenue pour responsable : « Elle est trop susceptible et n'a pas le sens de l'humour ! », « Si on ne peut plus plaisanter ! », « Il est parano et voit de la malveillance partout ! », « Venant d'une personne comme lui, ça ne m'étonne pas que cela fasse des histoires ! » Ces agissements sont plus souvent le fait de collègues envieux que de la hiérarchie. Les phrases blessantes, les moqueries, les critiques injurieuses ne sont que rarement relevées par les personnes visées qui ont honte et n'osent pas réagir.

• La violence verbale, physique ou sexuelle (menaces de violence physique, bousculades, hurlements injurieux, harcèlement sexuel, harcèlement qui se poursuit à l'extérieur par des coups de téléphone nocturnes ou des lettres anonymes...). Cette violence apparaît lorsque le harcèlement est déjà bien installé et repérable par tous. À ce stade-là, soit la victime est très largement stigmatisée comme paranoïaque et ses plaintes ne sont pas entendues, soit les témoins savent ce qui se passe mais sont, eux aussi, terrorisés et ont peur d'apporter leur soutien. Sans cette aide extérieure, il est rare qu'une personne puisse résister à un tel traitement.

Parmi les agissements dont se sont plaintes les personnes qui ont répondu au questionnaire, la répartition semble assez homogène :

– les atteintes aux conditions de travail : 53 % ;

– les manœuvres d'isolement et le refus de communication : 58 % ;

– les atteintes à la dignité : 56 % ;

– les menaces verbales, physiques ou sexuelles : 31 %.

Néanmoins, il faut savoir que cette répartition est différente suivant l'origine du harcèlement, le harcèlement par un supérieur hiérarchique portant plus sur les conditions de travail, et le harcèlement par les collègues portant plus sur les atteintes à la dignité. L'isolement est une mesure de rétorsion pratiquée à la fois par la hiérarchie et les collègues.

Les différents types de harcèlement

Les résultats de l'enquête donnent (sur 186 personnes qui ont répondu à ces questions) :

– dans 58 % des cas, le harcèlement vient de la hiérarchie ;

– dans 29 % des cas, le harcèlement vient de plusieurs personnes, incluant hiérarchie et collègues ;

– dans 12 % des cas, le harcèlement vient de collègues ;

– dans 1 % des cas, il vient d'un subordonné.

Les études chiffrées portant sur l'origine du harcèlement donnent des résultats très variables selon les auteurs [1, 2].

Le recrutement, en effet, n'est pas le même quand il s'agit d'une enquête faite par mailing dans la population générale ou quand il s'agit d'un questionnaire présenté par un médecin du travail lors de la visite annuelle.

Plusieurs remarques s'imposent néanmoins. Tout d'abord, il faut faire une distinction entre le harcèlement moral venant de l'employeur et celui qui vient de la hiérarchie. Même s'ils sont responsables du comportement de leurs personnels, tous les employeurs, surtout dans les grands groupes, ne sont pas à l'origine du comportement harcelant de leur personnel d'encadrement.

En ce qui concerne le harcèlement mixte, il faut distinguer l'agresseur principal qui est à l'origine du procédé et ceux qui sont conduits par les circonstances à avoir des comportements hostiles, par exemple lorsque la personne harcelée se met à commettre beaucoup d'erreurs dans son travail et que ses collègues en sont excédés, ou bien lorsque la personne harcelée devient « difficile » et que ses collègues en pâtissent.

1. LEYMANN H., *op. cit.*
2. EINARSEN S. et SKOGSTAD A., *op. cit.*

Le harcèlement vertical descendant (venant de la hiérarchie)

Les résultats des études que nous venons de citer, concernant la provenance du harcèlement, sont très disparates selon les auteurs. On peut penser qu'un biais peut provenir du mode de recrutement des personnes interrogées.

L'expérience montre que le harcèlement moral venant d'un supérieur hiérarchique a des conséquences beaucoup plus graves sur la santé que le harcèlement horizontal, car la victime se sent encore plus isolée et trouve plus difficilement des recours.

Certains auteurs différencient, dans le harcèlement venant de la hiérarchie, plusieurs sous-groupes :

– le harcèlement pervers, pratiqué dans un but purement gratuit de destruction d'autrui ou de valorisation de son propre pouvoir ;

– le harcèlement stratégique qui est destiné à pousser un salarié à démissionner, et à contourner ainsi les procédures de licenciement ;

– le harcèlement institutionnel qui participe d'un outil de gestion de l'ensemble du personnel.

Ces classifications me paraissent trop rigides, il me semble que des distinctions beaucoup plus subtiles doivent être faites. Tous les supérieurs hiérarchiques qui harcèlent un subordonné ne le font pas d'une façon perverse, comme nous le verrons dans le chapitre consacré aux agresseurs. Et, par ailleurs, est-ce qu'on ne peut pas considérer comme « pervers », ou tout du moins cyniques, certains modes de management, qu'ils aient ou non comme objectif de faire partir des salariés, comme j'essaierai de le démontrer dans le chapitre consacré aux contextes professionnels favorisant le harcèlement ?

Il est toujours difficile de distinguer des agissements abusifs des prérogatives de la hiérarchie. La notion même de subordination renvoie à une relation inégalitaire dont certains managers peu sûrs d'eux ou enivrés par leur pouvoir peuvent profiter, en en abusant et en prenant plaisir à soumettre l'autre.

Le harcèlement horizontal (venant de collègues)

Le harcèlement horizontal est fréquent quand deux salariés sont en rivalité pour l'obtention d'un poste ou d'une promotion.

> Annie intègre une PME comme secrétaire commerciale. C'est Nicole, la collègue occupant le bureau contigu au sien, qui est chargée de la

former. Elles font un travail équivalent. Quand Annie pose des questions sur un logiciel, Nicole râle en disant qu'elle n'a pas que ça à faire ; ensuite, elle lui donne des explications à toute vitesse, si bien qu'Annie n'a jamais le temps de noter ce qu'elle dit. Si Annie repose la même question, Nicole prend un air consterné : « Je te l'ai déjà expliqué ! » Après plusieurs semaines, Annie surprend Nicole en train de pointer ses erreurs à la hiérarchie et commentant : « Décidément elle n'apprend pas vite ! On peut se demander si elle a déjà fait de l'informatique avant ! » Elle finit par profiter d'une erreur dans le financement d'un dossier pour accuser Annie de malhonnêteté et de tricherie.
Au début, Annie ne comprend pas le comportement hostile de sa collègue. Elle se remet en question, et essaie d'être plus gentille, jusqu'au jour où elle rencontre la secrétaire précédente que l'hostilité de Nicole avait poussée à la démission. Annie réalise que ce n'est pas de sa faute si sa collègue est tellement odieuse.

Le harcèlement mixte

Même s'il s'agit d'une histoire très privée, il est rare qu'un harcèlement horizontal qui dure ne soit pas vécu au bout d'un moment comme du harcèlement vertical descendant, puisque la hiérarchie ne fait rien et laisse faire. Elle est donc complice, ou le devient.

Lorsqu'une personne se retrouve en position de bouc émissaire, que cela vienne du supérieur hiérarchique ou des collègues, la désignation s'étend rapidement à tout le groupe de travail. La personne est considérée comme responsable de tout ce qui va pas. Très rapidement, plus personne ne la supporte et, même si certains ne suivent pas l'opinion du groupe, ils n'osent pas le faire savoir.

Nous verrons l'importance de l'effet de groupe qui conduit à suivre un leader même quand il est destructeur.

Par ailleurs, après un certain temps, la personne désignée va mal et son comportement s'en trouve modifié. Elle devient effectivement difficile à vivre, ce qui explique qu'elle soit rejetée par tout le monde.

Le harcèlement ascendant

Le harcèlement moral d'un supérieur par un ou des subordonnés est peu pris en considération et pourtant il peut être tout aussi destructeur. Les victimes dans ce cas ne savent pas vers qui se tourner pour leur défense, pas vers les syndicats bien sûr, mais pas plus vers la justice qui ne prend pas au sérieux ce type de plaintes.

Lors de mon enquête, je n'ai reçu que 6 réponses (sur 193) de personnes harcelées par un subordonné, mais j'ai reçu plusieurs courriers me rapportant ce type de situations. Voici une de ces lettres :

> « Moi, je suis un patron qui est harcelé moralement et administrativement par une de mes employées ! Mon cauchemar a commencé lorsqu'elle a été prise en flagrant délit de violation du secret médical, en exploitant mon fichier en vue de démarcher mes patients à domicile, pour des produits soi-disant miraculeux pouvant guérir toutes les maladies. J'ai été obligé de la licencier pour faute grave, prouvée par des plaintes d'une trentaine de patients. Pour se défendre, elle m'a accusé de l'avoir harcelée sexuellement ! L'affaire est en appel depuis sept ans puisque son avocat ne concluait jamais et reportait sans arrêt les audiences. Sans compter les faux témoignages de ses covendeurs, appartenant à la même secte, sur des épisodes de ma vie que je n'ai pas vécus, avec des gens que je ne connais pas, dans des endroits où je ne suis pas allé !...
>
> Malgré mon dossier hypersolide et mes nombreux témoins, j'ai été à deux reprises condamné par le conseil des prud'hommes avec exécution provisoire, sans motif juridiquement valable... Le premier président de la cour d'appel a ensuite annulé le jugement des prud'hommes le qualifiant de "caractère partisan" et d'"erreur de droit potentielle".
>
> Pourquoi cette injustice et ces erreurs ? Parce que, tant que l'on continue à ne parler médiatiquement que de la pauvre salariée harcelée sexuellement par son méchant patron, et jamais d'un patron honnête qui est victime d'un complot machiavélique visant à lui soutirer de l'argent, des innocents comme moi continueront de vivre ces cauchemars.
>
> Ce qui est terrible avec ce rabâchage de harcèlement moral ou sexuel médiatisé, c'est que, même si je clame haut et fort mon innocence, les gens sont conditionnés pour penser qu'il n'y pas de fumée sans feu ! Une femme qui se dit harcelée a plus d'audience qu'un patron qui se dit victime d'une accusation calomnieuse visant à le harceler moralement. »

On peut distinguer plusieurs sortes de harcèlement moral remontant :

• La fausse allégation de harcèlement sexuel : c'est la situation décrite dans le film *Harcèlement*. C'est aussi la situation décrite dans ce courrier. Il s'agit d'attenter à la réputation d'une personne et de la disqualifier définitivement. Étant donné que, dans ce genre d'accusations, il y a rarement des preuves, il y a également peu de justifications possibles. L'effet destructeur d'une fausse accusation de harcèlement sexuel est renforcé par la médiatisation du phénomène et risque de l'être plus encore si on légifère, puisqu'on pourra traîner l'autre en justice. Il est un peu tôt pour mesurer l'impact de la médiatisation des phénomènes de harcèlement moral sur les fausses allégations, mais il est incontestable qu'il s'agit là d'un procédé pervers dramatiquement efficace pour attaquer un supérieur hiérarchique.

• Les réactions collectives de groupe. C'est l'entente de tout un groupe pour se débarrasser d'un supérieur hiérarchique qui lui a été imposé et dont il ne veut pas. Cela se rencontre fréquemment lors de fusions ou du rachat d'un groupe par un autre. Un accord se fait au niveau de la direction pour « panacher » les cadres venant des différentes entreprises, et la répartition se fait uniquement sur des critères politiques ou stratégiques, sans prendre l'avis des salariés. Les salariés, de façon purement instinctive, font corps pour éjecter ainsi l'intrus. Ce type de harcèlement pourrait être facilement évité si les directions se donnaient la peine d'écouter les personnes et de diriger autrement que de façon stratégique.

La fréquence et la durée

Lorsqu'on essaie de donner des chiffres concernant la fréquence de survenue du harcèlement dans une population générale, il faut s'entendre sur la définition. Si, pour définir le harcèlement moral ou le *mobbing*, on se réfère strictement au LIPT *(Leymann Inventory of Psychological Terrorization)* avec les 45 agissements définis par Heinz Leymann [3], les études donnent alors des chiffres entre 3 % et 7 % [4]. Si on considère le harcèlement moral dans ses agissements les plus subtils, comme je le fais et comme le font d'autres études françaises, on obtient généralement des chiffres proches de 9 % à 10 %. Si on demande, comme l'a fait récemment un magazine, à des personnes de dire, de façon tout à fait subjective, si elles se sont déjà senties harcelées, on obtient des chiffres pouvant atteindre 30 %...

L'étude faite à Strasbourg donne une prévalence de 9,6 %, et celle de la région PACA donne 8,4 %.

Étant donné que mon enquête s'adressait à des personnes qui se reconnaissaient comme victimes de harcèlement, je n'ai pu recueillir

3. Leymann H., *op. cit.*
4. Zapf D., *European Research On Bullying At Work*, (à paraître).

aucune donnée concernant la fréquence de survenue dans une population générale de travailleurs.

En ce qui concerne la durée moyenne du harcèlement, dans mon enquête, elle est d'un peu plus de trois ans (40 mois) :

- harcèlement inférieur à 6 mois : 3,5 % ;
- de 6 mois à 1 an : 11 % ;
- de 1 an à 3 ans : 45 % ;
- supérieur à 3 ans : 40,5 %.

Dans des études faites en Suède (Leymann, 1996) et en Norvège (Einarsen et Skogstad, 1996), la durée moyenne du harcèlement était respectivement de 15 et 18 mois. Une autre étude de Leymann, toujours en Suède, et une étude de Zapf, en Allemagne en 1999, donnent des chiffres supérieurs à 3 ans. Cela tient à la méthode de recrutement. Les études faites, comme la mienne, à partir de personnes qui se définissent comme harcelées, concentrent des cas beaucoup plus sévères de harcèlement que les études faites dans une population générale.

Différence entre le public et le privé

Il faut noter une grande disparité dans la durée du harcèlement entre le secteur public où le harcèlement peut durer des années, voire des dizaines d'années, et le secteur privé où le harcèlement dure rarement plus d'un an.

Dans le secteur public, étant donné que les salaires y sont en général inférieurs à ceux du privé (mais ce n'est plus tout à fait vrai), ce qui compte, c'est la sécurité de l'emploi. Les salariés du secteur public, en principe, ne peuvent pas être licenciés, et ne donnent pas leur démission. Le harcèlement dure donc beaucoup plus longtemps. C'est sans doute pour cette raison que les études sur le *mobbing* ou le harcèlement moral ont débuté dans des pays où les lois sur la protection des salariés sont très développées, et qu'elles sont à l'état de balbutiements dans les pays où la sécurité de l'emploi existe peu.

Les arrêts de travail

Les résultats de l'enquête viennent confirmer ce que l'expérience clinique nous avait appris, à savoir que les conséquences sont dramatiques pour la santé des personnes visées.

Sur 193 personnes qui ont répondu au questionnaire, 74 % ont eu un arrêt de travail. Sur ces 143 personnes, 131 ont précisé la durée de leur arrêt de travail :

– 23 % des personnes ont eu un arrêt de travail inférieur à un mois ;

– 23,5 % de 1 à 3 mois ;

– 36 % de 3 mois à 1 an ;

– 10,5 % de 1 à 2 ans ;

– 7 % ont eu un arrêt de travail de 2 ans ou plus.

Ce qui fait une moyenne de 138 jours d'arrêt de travail par personne.

Les agissements de harcèlement moral, qui, de l'extérieur, paraissent anodins, ont un effet dévastateur pour la santé physique et psychique des victimes. En effet, nous pouvons tous supporter une certaine dose d'hostilité, sauf si cette hostilité est permanente ou répétitive ou si on est placé dans une position où il est impossible de répliquer ou de se justifier.

Quels sont les facteurs aggravants ?

La gravité des conséquences sur les victimes dépend de l'identité de la victime, de la relation entre les protagonistes et du nombre des individus impliqués dans les procédés de harcèlement moral :

– l'impact de ces agissements est plus fort, s'il est le fait d'un groupe ligué contre une seule personne plutôt qu'émanant d'un individu ;

– le harcèlement par un supérieur hiérarchique est plus grave que le harcèlement par un collègue, car la victime a le sentiment, souvent justifié, qu'il y a moins de recours possibles, et qu'il y a souvent un chantage implicite à l'emploi ;

– les conséquences sur la santé à long terme sont plus graves lorsqu'il s'agit de harcèlement moral proprement dit, qui vise une personne isolée, que lorsqu'il s'agit de maltraitance managériale où tout un groupe est victime d'un même supérieur caractériel. Dans ce cas, les victimes peuvent se regrouper pour se plaindre et se défendre collectivement ;

– la gravité des conséquences sur la santé dépend de : la durée du harcèlement ; l'intensité de l'agression ; la vulnérabilité de la victime. (Il faut entendre par vulnérabilité, la fragilisation de la personne due à des agressions antérieures, ou le manque de soutien familial et/ou amical, ou une mauvaise estime de soi antérieure à l'agression. Mais, nous reviendrons sur ce sujet dans un chapitre ultérieur.)

Nous ne le répéterons jamais assez, il est tout à fait évident qu'il ne s'agit pas du même processus dans le cas d'un groupe rudoyé et insulté collectivement par un supérieur hiérarchique caractériel que dans le cas d'une personne isolée de ses collègues, humiliée et disqualifiée par petites touches jusqu'à être convaincue de sa nullité par un collègue ou un supérieur hiérarchique. Néanmoins, il n'est pas toujours aisé de faire une distinction très nette entre harcèlement moral proprement dit et maltraitance managériale, car des passages de l'un à l'autre existent. On voit, par exemple, dans des entreprises où le management collectif est grossier et sans égards, des individus pervers profiter de l'ambiance générale irrespectueuse pour mieux démolir un collègue, afin de progresser dans l'échelle hiérarchique.

Conséquences sociales et économiques

Dans 36 % des cas, le harcèlement est suivi du départ de la personne harcelée :

– dans 20 % des cas, la personne est licenciée pour faute ;
– dans 9 % des cas, le départ est négocié ;
– dans 7 % des cas, la personne donne sa démission.
– dans 1 % des cas, la personne est mise en préretraite.

Si on ajoute ces chiffres aux 30 % de personnes qui se retrouvent en longue maladie, en invalidité, ou au chômage pour inaptitude médicale, on arrive à un total de *66 % de cas où la personne est effectivement exclue du monde du travail au moins temporairement.*

Ces chiffres sont impressionnants et doivent à eux seuls justifier la mise en place de mesures de prévention.

Parmi les personnes au chômage, en difficulté de réinsertion, certaines conservent des traces de violences relevant du harcèlement moral subi avant la perte d'emploi, cela peut aller des symptômes du stress post-traumatique à la perte d'identité. Elles ont perdu confiance en elles, sont devenues exagérément méfiantes ou simplement cassées, elles n'ont plus envie de donner quoi que ce soit d'elles-mêmes pour un nouvel emploi.

Pascale, 55 ans, divorcée sans enfants, est engagée comme secrétaire de direction dans une petite structure après une période de chômage. Elle

s'investit énormément car le travail lui plaît. Elle ne prend pas souvent le temps de manger à midi et reste tard le soir. Après quatre ans, lors d'un changement de hiérarchie, les choses commencent à se dégrader progressivement sans qu'elle comprenne vraiment pourquoi. Elle se retrouve noyée de travail sans avoir à aucun moment les moyens de remettre ses dossiers à jour. Elle se culpabilise de ne plus être suffisamment performante, aussi elle se bourre de vitamines pour faire face. Par la suite, son supérieur se met à surveiller ostensiblement ses allées et venues, et à critiquer systématiquement tout le travail qu'elle rend. Les autres secrétaires mieux vues du patron commencent à l'éviter. Un matin, elle trouve son bureau vide de tous les dossiers importants qu'il contenait, sans qu'on l'ait prévenue. Fatiguée, elle ne se sent plus aussi fiable et craint en permanence de faire une faute professionnelle. Effectivement, quelques mois plus tard, on la licencie pour faute.
Deux ans après, Pascale n'a toujours pas retrouvé de travail. Elle pense qu'elle n'en retrouvera pas. D'ailleurs, elle n'a plus envie de travailler et ne cherche pas vraiment. Elle n'a plus confiance en elle, ne sait plus ce qu'elle vaut. Elle vit des indemnités obtenues aux prud'hommes où son licenciement a été reconnu comme abusif. Mais il faut tenir jusqu'à la retraite, alors elle réduit de plus en plus ses activités, ses dépenses, et vit au ralenti, sans rien faire, sans rien désirer, sans voir personne. « Je n'ai plus rien à dire à personne et plus personne ne m'intéresse ! »

Le traumatisme de ces violences constitue un obstacle à la recherche d'un nouveau poste. N'ayant pas une bonne image d'elles-mêmes, ces personnes sont incapables de rassembler suffisamment d'énergie pour rechercher un nouvel emploi.

Marie est licenciée après une longue période de harcèlement moral. Elle y perd toute illusion et toute confiance en elle.
Jusque-là, elle avait connu un certain train de vie, même s'il avait considérablement chuté après un veuvage, mais elle n'a aucune économie. Après son licenciement, elle tarde à s'inscrire au chômage car elle n'arrive pas à y croire. Quand elle commence des recherches, elle est tellement déstabilisée qu'elle se met d'elle-même en échec.
Elle n'a pas annoncé à sa famille qu'elle est au chômage. Elle a déménagé pour un appartement plus petit en banlieue, a vendu ses meubles, ses bijoux. Elle se nourrit très mal et a renoncé à se soigner. Elle emprunte à droite ou à gauche pour payer ses charges. Elle ne sort plus et ne voit plus personne pour ne pas avoir à expliquer sa situation.

Ces pratiques ont des conséquences économiques non négligeables pour le salarié (perte de revenus pour les personnes qui se retrouvent au chômage, frais médicaux non remboursés, prise en charge psychothérapeutique, dépenses d'avocat), pour l'entreprise (perte de production par l'absentéisme mais aussi par la démotivation des autres salariés) et pour la collectivité (dépenses de santé prises en charge par la Sécurité sociale, hospitalisations, indemnités de chômage, retraites anticipées). Autant dire que, ramené à l'échelle d'un pays, cela se chiffre en milliards.

Mais le harcèlement moral, c'est aussi un climat d'inquiétude, de peur et de précarisation qui s'étend à la société tout entière. À une époque de mondialisation, de restructurations et de fusions d'entreprises, ces procédés conduisent les gens à perdre confiance en eux et à désinvestir le monde du travail.

7

SPÉCIFICITÉS DE CERTAINS SECTEURS D'ACTIVITÉ

MÊME SI LE HARCÈLEMENT SE PRATIQUE PARTOUT où le mode d'organisation le permet, il est des lieux de travail qui sont plus exposés.

Toutes les études le confirment, le harcèlement prédomine dans le secteur tertiaire, le secteur médico-social et l'enseignement, c'est-à-dire dans les secteurs où les tâches ne sont pas définies et où, par conséquent, on peut toujours reprocher quelque chose à quelqu'un. Il y a moins de harcèlement dans le secteur de la production, surtout si elle est très technique.

Les secteurs d'appartenance des personnes harcelées qui ont répondu à mon questionnaire sont :

– gestion, comptabilité, fonction administrative : 26 % ;
– santé : 9 % ;
– enseignement : 9 % ;
– guichet, saisie, standard, secrétariat : 9 % ;
– recherche, étude, méthode, informatique : 9 % ;
– commerce, vente, technico-commercial : 9 % ;
– direction générale : 6 % ;
– production, fabrication, chantier : 4 % ;
– installation, entretien, réparation : 1 % ;
– nettoyage, gardiennage, travail ménager : 1 % ;

– manutention, magasinage, transport : 1 %.

Je ne traiterai ici que des secteurs qui justifient un commentaire.

Le service public

L'enquête nous donne un taux de réponses identique dans le secteur privé et le secteur public, ce que confirment toutes les autres enquêtes, avec :

– 50 % pour le public (42 % titulaires, 2 % contractuels, 6 % dans des entreprises nationalisées) ;

– 50 % pour le privé.

Mais, étant donné la répartition inégale du privé et du public dans la population active (l'État gère environ un actif sur quatre), on peut en déduire une prédominance du harcèlement moral dans le secteur public.

Nous verrons, d'autre part, que le harcèlement moral prend des formes différentes d'un secteur à l'autre. Dans le privé, il est plus brutal, dure moins longtemps et se termine assez souvent par le départ de la personne victime. Dans le secteur public, le harcèlement moral peut durer plusieurs années, quelquefois plusieurs dizaines d'années, car, en principe, les personnes sont protégées et ne peuvent pas être licenciées à moins d'une faute très grave. Pour cette raison, les méthodes de harcèlement y sont plus pernicieuses, et aboutissent à des résultats dramatiques sur la santé mais aussi sur la personnalité des victimes. (Il serait intéressant de réaliser une étude spécifique sur ce sujet dans le service public, à condition qu'elle soit indemne de toute pression [1].)

Comme le secteur public est concerné par le bien public dans une logique de mission, les abus qui y surviennent paraissent beaucoup plus choquants. On y voit bien que le harcèlement moral n'est pas lié à la productivité, mais à des enjeux de pouvoir. Dans ce cas, on ne peut pas déresponsabiliser les personnes en incriminant le profit lié au capitalisme et à la mondialisation, on ne peut que le ramener à une dimension psychologique fondamentale, la pulsion d'emprise qui amène les individus à contrôler l'autre et à vouloir l'asservir.

1. Je signale la parution récente d'un ouvrage argentin qui n'est malheureusement pas encore traduit de l'espagnol : SIALPI D., *Violencia en la administration publica*, Catalogos, décembre 1999.

Si l'organisation est claire et solide, les dérapages des personnes sont contrôlés et les abus sanctionnés. Mais l'administration est une lourde machine dans laquelle les responsabilités sont diluées.

Dans la fonction publique, les missions ne sont pas facilement évaluables ; les agents n'ont pas de repères parce qu'on ne leur donne pas d'objectifs à long terme. On leur demande de traiter une certaine quantité de dossiers, sans leur dire pourquoi et sans se préoccuper de connaître les moyens qui sont à leur disposition pour faire leur travail. Dans certaines directions, il y a trop de travail, avec une fuite en avant pour essayer d'obtenir le maximum de budget ; dans d'autres, il n'y a rien à faire...

Les abus de pouvoir sont fréquents dans la fonction publique. Ils peuvent s'exprimer, par exemple, dans la répartition des postes de subordonnés, lorsqu'on mesure son pouvoir au nombre de salariés que l'on a sous ses ordres : « Celui-là m'appartient ! », « Non ! Il est à moi ! » Dans d'autres lieux encore, les directeurs décident de l'orientation des agents sans même les connaître et sans savoir comment ils travaillent.

On comprend que certains fonctionnaires qui avaient idéalisé le service public soient découragés. Pour preuve, ce texte trouvé sur un site Internet d'une grande administration :

> « Moi, le *mobbing*, je le vis au quotidien dans ma place de travail. Je me bats avec mes armes. Mais je n'étais pas préparé à ça : harcèlement, dénonciations aux supérieurs, faux signés à ma place, pressions psychologiques, etc. Tout y passe. Le pire, c'est que, depuis que ce chef est là, certains subissent sous une ou plusieurs formes les pressions de ce "dieu". À la fois chef d'unité et directeur, il se contrôle lui-même. Il fait ce qu'il veut de nous.
> Oui, je me bats. Mais c'est dur ! Certains le soutiennent (allez savoir comment ?). Les autres se taisent. Oublient. Comment est-ce possible ? La seule personne qui a osé se plaindre de harcèlement a été virée du service.
> Il a tout pouvoir. La seule personne au-dessus de lui, c'est le directeur général. Et moi, je découvre la salissure et la vomissure de certains. Ce que j'ai vu, "grâce" à ma position, n'est pas beau. Pas beau du tout. Des dizaines de départs depuis son arrivée, plusieurs dépressions, etc. Il est fort, certes. Mais pourquoi nos dirigeants n'ouvrent-ils pas les yeux ? Que leur faut-il de plus ? Je ne comprends pas.
> Et, ce qui me dégoûte le plus, c'est que les collaborateurs participent à l'horreur. "Diviser pour mieux régner" : je confirme, ça marche ! Il l'a prouvé... »

Il n'y a pas davantage de pervers dans les administrations que dans le privé, mais ils peuvent sévir plus longtemps puisque les victimes ne peuvent leur échapper ni par une démission ni par un licenciement. En cas de difficultés avec son supérieur hiérarchique direct, il ne faut pas trop compter sur des médiations informelles car, pour se faire entendre, il est difficile d'accéder à l'échelon supérieur. On se retrouve à faire des démarches procédurières, simplement pour faire entendre son point de vue.

Quand le harcèlement moral vient du supérieur hiérarchique direct, il se traduit en premier par un abaissement ou un blocage de la note d'évaluation. Étant donné que les augmentations de salaires ne dépendent pas des compétences mais d'une grille d'évolution de carrière, les agents sont très attachés aux notes d'évaluation qui entrent dans les critères d'attribution d'un échelon supérieur. Dans certaines administrations, cette note est toujours au maximum, sauf en cas de sanction. Mais, quand on a une mauvaise note ou une mauvaise appréciation, il est mal vu de contester de façon trop véhémente. On risque de traîner sa mauvaise réputation de poste en poste et de voir sa carrière bloquée.

> Nicole travaille dans une administration. Elle ne rencontre aucun problème jusqu'à ce qu'elle annonce sa grossesse. Son supérieur se montre alors très irrité et change le planning annuel afin que les gros dossiers soient bouclés avant le départ en congé maternité de Nicole. Elle est donc submergée de travail. À son retour de congé, on lui suggère une mutation pour un service plus tranquille. Elle refuse. À partir de là, ses notes annuelles sont systématiquement baissées. Alors que tout le monde a habituellement des notes au-dessus de 19, elle se retrouve avec un 16. Elle demande des explications ; son supérieur pointe qu'elle n'est pas assez productive, qu'elle ne communique pas, et qu'il lui semble qu'elle a désinvesti son travail. Il lui demande donc de se reprendre. Après une intervention des syndicats, elle obtient que sa note soit relevée et que les commentaires soient retirés de son dossier. Lorsqu'elle obtient une mutation dans un autre service, après un second congé maternité, elle a la désagréable surprise de rencontrer le même problème de notation, accompagné d'une lettre dans laquelle le nouveau chef de service précise qu'il est d'accord avec le précédent pour dire que Nicole n'investit pas assez son travail. Qui a raison ? Est-ce que Nicole, avec ses deux maternités, aurait effectivement désinvesti son travail ? C'est peut-être vrai, mais, dans ce cas, pourquoi ne pas lui avoir dit au fur et mesure ce qui n'allait pas ? Elle n'a reçu aucune lettre d'avertissement,

aucune mise en garde. Personne n'a cherché à comprendre avec elle ce qui n'allait pas ni tenté de l'aider.
Nicole vit cela comme une trahison et n'arrive pas à s'en remettre. Elle finit par adhérer aux commentaires négatifs qu'on fait sur elle et en éprouve de la honte. Elle se met alors en congé parental et ressasse. À supposer que les critiques formulées par la hiérarchie soient vraies, elles ont été émises sans tenir aucunement compte de la façon dont elles seraient reçues.

Tout ce qui peut être fait quand on a des problèmes avec sa hiérarchie ou ses collègues, c'est demander sa mutation. Mais, obtenir une mutation peut être long, et, pendant ce temps-là, la personne victime n'a pas d'autre solution que l'arrêt maladie pour se mettre à l'abri.

Les placards

D'un autre côté, il n'est pas facile de déplacer un agent, que ce soit pour des raisons arbitraires ou en cas de mésentente ou d'incompétence. On a recours à d'autres stratégies pour se débarrasser de lui.

Une mise au placard correspond à une forme de harcèlement en creux. La personne est rejetée parce qu'elle n'est plus adaptée au poste mais, en même temps, on n'a rien de précis à lui reprocher ou, parce que, à la suite d'un conflit avec sa hiérarchie, il apparaît qu'elle n'est plus « conforme » à l'esprit de l'organisation. On préfère lui payer un salaire, même si elle ne travaille pas, jusqu'à ce qu'elle parte, pourvu qu'elle ne fasse pas de vagues.

Dans certaines administrations, où, en principe, les gens sont inamovibles, on fait savoir à un employé qu'il ne sert à rien et que, s'il est là, c'est qu'on ne peut pas se débarrasser de lui.

C'est ainsi que, dans le secteur public, on va parfois chercher des jeunes diplômés formés à des méthodes plus modernes pour faire le travail, tout en gardant le cadre titulaire trop âgé, sans rien lui donner à faire. Cette personne que l'on garde uniquement parce qu'elle est la mémoire de l'entreprise perd ainsi toute dignité. Lorsque ce sont des cadres supérieurs, on dissimule la mise à l'écart derrière un titre honorifique comme « chargé de mission ».

Même lorsqu'il s'agit d'un placard bien rémunéré, l'atteinte narcissique est dramatique. En même temps que son travail, on perd son identité, car notre identité dépend beaucoup de ce que nous faisons. Cela entraîne également une perte du relationnel, car, lorsqu'on n'a rien à faire, qu'on n'a plus aucune responsabilité, que dire aux collègues que l'on croise dans les couloirs ou à la cafétéria ? La gêne est réciproque et beaucoup de placardisés disent que les regards se détournent d'eux, que plus personne ne vient leur parler.

Les personnes ont honte d'être au placard parce que cela sous-entend qu'elles ont démérité ou qu'elles sont incompétentes.

Les plus perfides agressions perverses s'exercent lorsqu'une personne réprouve trop visiblement les agissements de ses collègues ou de ses supérieurs hiérarchiques, comme dans le cas des *whistle-blowers*, dont j'ai parlé dans un chapitre précédent. La personne qui dénonce des abus de biens sociaux ou des arrangements financiers se retrouve accusée de troubles caractériels ou de dérapages dans sa vie privée, ce qui discrédite ses témoignages.

> Adrien est un fonctionnaire scrupuleux qui cherche à être irréprochable aux yeux de son administration. À son arrivée dans un nouveau poste, il est scandalisé de voir les arrangements illégaux, portant sur des sommes colossales, d'un de ses collègues avec les entreprises locales. Le collègue, voyant sa réprobation et craignant d'être dénoncé, l'isole, l'empêche de travailler, le discrédite auprès des autres collègues, puis menace de lui faire la peau. Il profite de ce qu'Adrien est en congé maladie pour faire circuler des rumeurs à son sujet et court-circuiter son travail. Quand il en prend conscience, Adrien réagit de façon véhémente et se retrouve en conseil de discipline, à l'issue duquel on décide sa mutation dans une autre ville.
>
> À partir de là, Adrien ne se défend pas mais s'écroule : dépression, alcool, rupture familiale. Il sait qu'il a raison, mais ne sait pas comment se faire entendre.
>
> C'est après une prise en charge psychothérapeutique qu'il se décide à prendre un avocat. Celui-ci constate des irrégularités juridiques en ce qui concerne sa sanction disciplinaire. Cela pourrait lui permettre de bénéficier d'une mesure d'amnistie, mais Adrien n'en veut pas. Il veut retrouver son honneur, qu'il estime bafoué, et veut être pleinement réhabilité. Un an plus tard, la commission de recours émet l'avis que la procédure disciplinaire était abusive. Il attend maintenant l'avis du tribunal administratif. Alors il reste chez lui sans aucun autre projet, ressasse, parle de suicide ou de grève de la faim : « Je suis trop jeune pour partir à la casse ! »

Comme dans le cas que nous venons de décrire, il est important qu'une personne pointe, de façon obsessionnelle, les dysfonctionnements d'une administration, mais elle doit tenir bon pour ne pas s'épuiser au combat. De réclamations en mémoires, de mémoires en recours, après un certain temps, il est impossible de revenir en arrière, il ne faut pas baisser les bras.

Kafka dans l'administration

Sans qu'il y ait au départ nécessairement de malveillance, la « machine » administration laisse parfois dégénérer en harcèlement moral des situations qui n'auraient dû être que de simples contentieux, si elles s'étaient réglées d'humain responsable à humain responsable. Mais, au lieu de cela, chacun se retranche derrière le système ou le règlement et, de la sorte, on n'a plus en face de soi une personne victime, mais un pion qui gêne.

Quelles que soient les raisons à l'origine d'une mise à l'écart, si personne n'intervient, le processus tend à s'amplifier de lui-même. Cette maltraitance institutionnelle, contre laquelle il est difficile de lutter seul, s'aggrave dans un contexte trop hiérarchisé et avec l'indifférence de l'entourage.

> Gérard est haut fonctionnaire dans une administration internationale, numéro deux après le directeur administratif. Un conflit politique et stratégique l'oppose à celui-ci. À partir de là, il ne lui est fait aucun reproche, mais il n'est plus invité aux réunions, il n'a plus de budget, plus d'assistant, et est discrédité auprès de ses collègues. Il se retrouve dans l'obligation, pour se défendre, de déposer des recours et une plainte devant le tribunal administratif.
>
> On lui propose alors, à condition qu'il retire sa plainte, un congé sans solde pendant deux ans puis une retraite anticipée qui correspond à un tiers de son revenu. S'il accepte, il ne peut plus contester.
>
> Gérard sait qu'accepter c'est abdiquer. Il craint de ne plus avoir une bonne image de lui. S'il refuse, il risque un licenciement-sanction, sans retraite et sans couverture sociale. De toute façon, il ne pourra être réhabilité que par le tribunal administratif, c'est-à-dire dans deux ou trois ans. Ses avocats pensent que son dossier est facilement défendable.
>
> Gérard choisit de ne pas se soumettre, mais cela engendre chez lui un état d'angoisse extrême. Il voit bien que sa position est difficile, car il ne se bat pas contre un ennemi personnel, mais contre la machine administrative. Le reproche essentiel qui lui est fait maintenant est d'avoir attaqué le système en déposant plainte.
>
> Sa santé se dégrade. Il présente un état dépressif, il a aussi du diabète, du cholestérol, de l'hypertension artérielle et des troubles cardiaques.

On lui demande de retranscrire par écrit tout ce qui lui est arrivé, mais il est incapable de rassembler ses idées et de se souvenir de la chronologie des faits, tant son anxiété est grande. Quand il est convoqué devant une commission de recours, il n'a que quelques jours pour préparer sa défense, et ne se sent pas en état de se rendre à cette convocation sur son lieu de travail. L'évocation de cet endroit provoque chez lui des nausées et des malaises. La commission se réunit en son absence et statue sans lui.
Des bruits courent alors que Gérard aurait harcelé sexuellement une secrétaire. On dit aussi qu'il ne fournissait aucun travail (il s'agit en fait de l'époque où il était effectivement placardisé et empêché de travailler). Les médisances sont telles que, même s'il était réhabilité sur-le-champ, Gérard a le sentiment qu'il ne pourrait pas retrouver une fonction normale. La plupart de ses anciennes relations pensent qu'il n'y a pas de fumée sans feu et que, si on l'attaque de cette façon, il doit bien y avoir une raison. Suivant le théorème de Thomas (psychosociologue américain) : « Si quelqu'un croit quelque chose qui n'est pas vrai, les conséquences sont les mêmes que si cela l'avait été. »
Il ne trouve plus aucun appui. Sa santé continue à se dégrader.
C'est alors qu'on lui signifie son licenciement pour raisons disciplinaires (mauvaises relations avec ses chefs). N'ayant pas réussi à rassembler les papiers qui lui permettraient de boucler son dossier, il se retrouve dans l'illégalité administrative. Il n'a plus de Sécurité sociale et plus d'indemnités. Même si le directeur, avec qui Gérard avait eu des problèmes relationnels, est parti à la retraite, l'hostilité administrative se poursuit. On fait un inventaire de ce qui est en sa possession, comme si on le suspectait de vol, ce que Gérard considère comme une mesure vexatoire de plus. Les responsabilités étant diluées, personne ne se sent concerné par ce qui lui arrive.
À la suite d'interventions extérieures, la direction générale finit par lui adresser un courrier lui annonçant que, « pour des raisons humanitaires » et à titre exceptionnel, on lui accorde l'assurance maladie dont il a été privé.
Gérard est cassé, son état de santé s'est encore aggravé. Il dit que l'expérience de la souffrance a détruit chez lui toute capacité de création, de prise de décision. Il n'arrive plus à se concentrer, a perdu toute efficacité, craint toutes les démarches et les repousse jusqu'au dernier moment. Il fuit toute personne qui a un pouvoir car elle pourrait lui dire non.

Quelles que soient les raisons qui ont amené sa disgrâce, Gérard a été victime de l'inhumanité administrative. Une administration n'est pas une personne, elle n'a pas de compassion. Même s'il avait commis une faute particulièrement grave, le traitement absurde qu'il a subi est de toute façon complètement disproportionné.

Dans les services publics, dès qu'une personne est atypique, dérangeante, on tend à lui coller une étiquette de malade mental : « Vous êtes fatigué, dépressif, allez donc vous faire soigner ! » Il suffit au départ de l'agacement ou de la malveillance d'un responsable, puis cela se poursuit et s'amplifie à partir des omissions ou des lâchetés des autres qui ne veulent pas contester l'ordre d'un supérieur. Pour les responsables du personnel, la solution de facilité, face à quelqu'un qui pose problème, est de faire intervenir le médical pour que la personne se retrouve en congé longue durée ou en invalidité. On réalise ainsi une véritable psychiatrisation du social.

> Cécile travaille à un guichet d'un service public. Le jour où, en application de la convention collective, elle refuse d'aller travailler un samedi, sa supérieure commence à lui mener une vie d'enfer. Elle ne lui parle plus sauf pour critiquer son travail. Elle surveille ses horaires, chronomètre ses pauses. Elle la menace de sanctions à la moindre erreur. Elle la traite de folle. Un jour où elle est assaillie de reproches, Cécile fait un malaise et doit être hospitalisée.
> À son retour, on lui interdit de retourner au guichet. On lui explique qu'étant donné sa fragilité de santé, on préfère lui donner un poste à l'écart de la clientèle. Cécile ne s'y plaît pas et retombe malade.
> Lors de sa visite de reprise, le médecin du travail qui, dans un premier temps, la déclare apte, se ravise et lui signe une inaptitude temporaire pour troubles du comportement. Son médecin généraliste doit alors prolonger son arrêt de travail dans l'attente d'un avis spécialisé.
> Cécile attendra ainsi plusieurs mois que quelqu'un statue sur son sort. Le médecin de pathologie professionnelle finit par la déclarer apte : « Il s'agit d'un conflit professionnel, vous n'êtes pas malade ! » Mais, le médecin contrôleur de la Sécurité sociale, puisqu'elle a été déclarée apte, lui refuse ses indemnités journalières ; et Cécile ne peut pas pour autant réintégrer immédiatement ses fonctions car elle doit attendre d'être convoquée par le médecin du travail.

La fonction publique territoriale

Très régulièrement, dans les communes, les départements, les régions, des fonctionnaires de l'État voient arriver de nouveaux élus qui doivent assumer des responsabilités pour lesquelles ils ne sont pas formés.

Dans un premier temps, les élus ménagent les contractuels, car ils ont besoin de personnes en place qui connaissent le travail. Ensuite, alors que certains se forment rapidement, d'autres tentent de masquer leur incompétence en évitant de répondre aux questions directes et en s'appropriant le travail des cadres en place. Il ne faut pas que le fonctionnaire paraisse trop sûr de lui, car l'élu risque d'en prendre ombrage. Cela se complique lorsque le contractuel a travaillé en harmonie avec une équipe précédente d'un autre bord politique. Dans ce cas, on ne lui fait pas confiance et on met systématiquement en doute sa fidélité.

> « Je suis chef de service dans une mairie. Les quatre derniers chefs de ce service sont partis, contraints et forcés, laissant à chaque fois un service plus désorganisé, une situation plus bloquée, des équipes traumatisées, n'y croyant plus et se démotivant. Le scénario se renouvelle à chaque fois : aujourd'hui, c'est mon tour, je me retrouve face à cette violence perverse, destructrice, insidieuse et indicible dont vous parlez.
> L'élu chargé de ce secteur a un pouvoir énorme sur la ville, pouvoir qui déborde largement son cadre d'intervention. Le secrétaire général (comme il me l'a dit au moment où nos relations étaient autres) est l'exécuteur des basses œuvres. L'équipe, touchée à travers moi par les revirements de position, les délais imposés irréalisables, le manque absolu de respect de nous et de notre travail, ne sait plus que faire. »

L'histoire de Myriam est tellement stéréotypée que de nombreux employés municipaux pourront s'y reconnaître.

> Myriam est responsable depuis quinze ans du service financier d'une mairie. Forte personnalité, elle a la réputation de ne pas se laisser faire, mais le nouveau maire n'admet pas que les femmes soient autre chose que des exécutantes. Un harcèlement d'abord insidieux, la première année, puis plus direct et visible ensuite, se met en place dès l'arrivée de la nouvelle équipe municipale. C'est la mise en doute systématique du travail de Myriam, ce sont des remarques faites à d'autres, devant elle, sur son comportement : « Si elle réagit dans le privé comme elle réagit ici, ce n'est pas étonnant qu'elle soit seule ! », ce sont des blagues racistes alors qu'on sait qu'elle est d'origine maghrébine, puis ce sont des lettres d'avertissement (environ une par mois) suggérant qu'elle ne fait pas son travail. À aucun moment, il ne lui est possible de discuter de ce qui ne va pas, car, dans cette mairie, les élus refusent les discussions directes avec les contractuels. L'élu avec lequel elle travaille communique habituellement par notes, mais, au moindre problème, il hurle contre elle.

Il met en doute son honnêteté, suggérant qu'elle pourrait transmettre des informations à l'opposition.

Après plusieurs mois de ce régime, Myriam craque et est mise en arrêt de travail par son généraliste. Elle décide de se défendre. Lorsque le syndicat départemental qu'elle a contacté demande des explications au maire, il nie la réalité du problème : « Il n'existe pas de conflit, seulement les problèmes que cette dame se crée ! »

Lorsqu'elle reprend son travail après son arrêt maladie, elle décide de noter tout ce qui ne va pas. Elle ne commence à avoir la paix que lorsqu'elle menace le maire, en cas de sanction, de dénoncer toutes les compromissions et malversations dont elle a connaissance.

L'armée

Dans l'armée les faits de violence sont nombreux mais ils sont plus qu'ailleurs difficiles à dénoncer en raison du poids hiérarchique. On fait taire celui qui voudrait dénoncer les agissements injustes ou sadiques d'un gradé. Ce n'est pas pour rien que l'armée a été surnommée la « Grande Muette ».

L'institution militaire, plus encore que les autres administrations, est prolixe en textes et en notes de service, mais elle refuse toute communication autre que hiérarchique. Les militaires étant tenus au devoir de réserve et de discrétion n'ont aucun moyen de se justifier en cas de reproches ou de harcèlement moral de leur hiérarchie. S'ils se plaignent, c'est l'institution militaire tout entière qui se sent menacée.

Nicolas, 40 ans, est militaire gradé supérieur. Lors des différents postes qu'il a occupés au gré de ses mutations, il n'a jamais eu de problème avec sa hiérarchie, jusqu'à ce qu'il arrive dans un service très structuré avec un chef ayant la réputation d'être particulièrement difficile. La charge de travail est immense, mais Nicolas ne s'en plaint pas car le travail lui plaît et il est bien accepté du personnel. D'emblée, son chef s'approprie toutes les tâches valorisantes et s'arrange pour le mettre en difficulté. Alors qu'il est sollicité pour faire une intervention prestigieuse, celui-ci fait en sorte, sans le lui dire, qu'on choisisse quelqu'un d'autre. Plus tard, lors d'une méprise dans un compte rendu pouvant donner à penser que Nicolas n'avait pas fait son travail, son chef reconnaît l'erreur en privé mais ne rectifie pas en réunion, ce qui vaut à Nicolas des remontrances de sa hiérarchie. De façon permanente, il court-circuite les informations, vérifie tout ce que Nicolas fait et met en doute auprès des subalternes tout ce qu'il dit. Mieux il fait son travail,

plus il le dérange. Peu avant une période d'évaluation, il laisse entendre à Nicolas qu'il pourrait lui chercher des poux dans la tête. Lorsque celui-ci demande à être entendu à un échelon supérieur de la hiérarchie, on lui dit simplement : « Il est votre chef, vous lui devez obéissance ! » Las d'être mis de côté, Nicolas demande une mise à disposition sur un autre poste. On la lui refuse, car personne n'accepterait de le remplacer auprès de ce supérieur.
Nicolas réagit. Alors que son chef prend des dispositions non réglementaires pour favoriser quelqu'un, Nicolas intervient afin de l'en empêcher. Celui-ci le fait quand même ; Nicolas en parle à la hiérarchie qui lui donne raison mais refuse de le protéger contre d'éventuelles rétorsions. Effectivement, les brimades se succèdent.
Nicolas craque. Il voit le médecin du travail puis monte un dossier syndical. Sa hiérarchie fait savoir à Nicolas que ses démarches sont inopportunes et que se plaindre d'une personne du service jette l'opprobre sur tout son corps professionnel. Désormais, on le considère comme un malade, un « emmerdeur », un empêcheur de tourner en rond.

Les problèmes entre un militaire et un membre de sa hiérarchie sont fréquents, mais jusqu'à présent les militaires n'avaient personne à qui en parler, puisqu'on les renvoyait à un autre militaire, leur supérieur hiérarchique. Deux députés de la commission de la défense ont suggéré récemment au ministre de la Défense de créer un poste de médiateur du personnel militaire, un civil, qui serait chargé de formuler des avis sur la gestion du personnel, c'est-à-dire sur la discipline, l'avancement ou les mutations.

Le secteur médico-social

Toutes les études le pointent, le secteur médico-social est particulièrement exposé.

Une étude qui a été menée auprès de plus de 1 000 soignants d'un service de santé communautaire du sud-est de l'Angleterre montre que 38 % des soignants, administratifs et personnels non qualifiés ont subi une ou plusieurs formes de harcèlement moral et 42 % ont été témoins de comportements tyranniques à l'encontre de leurs collègues[2]. Deux tiers des victimes ont tenté une action pour mettre fin à leurs ennuis, mais la plupart ont été déçues du résultat.

2. *British Medical Journal*, 23 janvier 1999.

Les conditions de travail y sont particulièrement difficiles aussi bien sur le plan physique que psychique. On confie au personnel médical, qui est supposé être formé pour cela et donc y mettre la distance nécessaire, la gestion de la souffrance, de la maladie et de la mort.

Les hôpitaux sont des structures historiquement très hiérarchisées dans lesquelles, toutefois, les médecins ont un statut à part. Comme ils ne sont pas sous le pouvoir hiérarchique des directeurs d'hôpitaux, lorsqu'un conflit de pouvoir se met en place entre deux chefs de service, personne ne vient le réguler. Un récent fait divers a montré que les conflits entre médecins peuvent avoir des répercussions dramatiques sur un service hospitalier et sur les malades, et pourtant personne n'ose bousculer ce *statu quo*.

Jeanne, après l'obtention de son diplôme de docteur en médecine, choisit par conviction de faire une carrière hospitalière. Avec Henri, collègue de même niveau hiérarchique, ils créent un service hospitalier de pointe dans un hôpital jusqu'alors un peu délaissé. Henri, étant plus ancien, est nommé chef de service, même s'ils gardent l'un et l'autre les mêmes activités. Tout se passe bien pendant sept ans, jusqu'à ce que Jeanne passe des concours qui lui donnent une plus grande légitimité que son collègue plus âgé. En même temps, comme son statut l'y autorise, Jeanne fait de l'enseignement, participe à des publications et commence à obtenir une certaine notoriété.

Henri en prend ombrage et tente de déstabiliser Jeanne en multipliant les notes de service la mettant en cause. Il lui refuse ses dates de congés, fait des notes à l'administration à chaque fois que Jeanne s'absente du service, demande aux infirmières de noter ses allées et venues. Il fait en sorte que Jeanne soit déstabilisée et qu'elle se mette en faute. Il finit par obtenir qu'elle soit traduite en conseil de discipline. L'enquête qui suit ne relève aucun manquement professionnel chez Jeanne et conclut à un conflit entre collègues.

Peu de temps après, Henri part à la retraite. Logiquement, Jeanne aurait dû lui succéder étant la plus ancienne responsable du service, mais le terrain ayant été miné par les nombreux rapports d'Henri, le ministère lui préfère quelqu'un ayant quelques appuis politiques.

Le nouveau venu, sans même demander à voir Jeanne, fait un tableau de service d'où elle est exclue. Il restreint ensuite ses responsabilités jusqu'à ce qu'elle n'ait plus assez de travail. Jeanne recevra ensuite un courrier recommandé pour lui signifier qu'elle ne travaille pas assez, son salaire en sera donc réduit. Elle multiplie les démarches, demande l'aide des syndicats, mais cela ne fait que rendre plus épuisant le bras de fer avec

son responsable qui épluche tous les textes administratifs afin de l'évincer. Il demande alors sa mutation d'office dans l'intérêt du service. Cette mutation est refusée par l'administration sous le motif qu'il n'y a pas de reproches clairement énoncés, pas de faute tangible. Le supérieur la traduit alors en conseil de discipline pour manquement aux obligations de service et Jeanne est révoquée après vingt ans de service !
Elle se retrouve alors sans aucune indemnité car son cas est inhabituel et n'est pas prévu par l'administration. Pendant trois ans, elle est en grande difficulté financière, même si on la convoque régulièrement pour s'assurer qu'elle cherche bien du travail. Le tribunal administratif finit par statuer qu'elle avait légalement droit à des indemnités. Après deux ans, elle gagne en appel devant le tribunal administratif qui reconnaît que sa révocation était une décision illégale et que les procédures n'ont pas été respectées.
Plusieurs années après sa révocation, on lui propose une réintégration, mais comment lui donner un poste ? Les postes qu'on lui offre l'obligeraient à redémarrer une carrière en tant que débutante. Elle n'en a plus la force. Elle est épuisée, démotivée. Pendant toutes ces années de galère, sa vie s'est vidée. Sa souffrance a fini par gêner ses amis qui se sont éloignés. Professionnellement, elle s'est progressivement désinsérée. Comment retrouver confiance en soi et assez d'énergie pour repartir ? Pour trouver une issue, le ministère veut maintenant l'imposer par la force dans un hôpital où le directeur ne veut pas d'elle. Elle sait que, si elle accepte, elle se retrouvera dans un placard.

Dans le cas de Jeanne, aucun reproche n'a jamais été formulé clairement. Si son comportement ne convenait pas, on ne lui a à aucun moment donné les moyens de le changer. L'administration a reconnu qu'il s'agissait d'un dysfonctionnement de service, mais personne n'a essayé de servir de médiateur afin de changer la situation. Assez rapidement la situation est devenue ubuesque. Comment une personne seule peut-elle se défendre contre un système en place ? Si Jeanne avait été reconnue folle ou si on avait pu trouver une faute grave à lui reprocher, l'exclusion aurait été plus simple. Mais il n'en est rien, Jeanne a été reconnue « non coupable », réintégrée en principe, mais elle reste condamnée à l'isolement.

L'hôpital est aussi devenu une entreprise où la charge de travail s'est accrue. Les progrès technologiques ont créé des plateaux techniques performants qui créent un stress supplémentaire pour le personnel hospitalier. Comme partout, il faut accroître la productivité, tenir compte des contraintes économiques, améliorer la prise en charge des malades.

Dans les hôpitaux, les infirmières dépendent à la fois des surveillantes et des médecins, ce qui peut créer une confusion propice aux malentendus, aux vexations, et aux abus de pouvoir. D'ailleurs, très souvent, elles se plaignent de n'être pas reconnues par les médecins qui leur confient des tâches peu gratifiantes. Les malades eux-mêmes sont devenus plus difficiles avec le personnel soignant. Ils sont parfois exigeants ou même agressifs. Quand un collègue faiblit, comment l'aider alors qu'il faut prendre soin des malades ?

Le contact de la maladie et de la mort touche les soignants qui réagissent comme ils peuvent, parfois avec des défenses cyniques. Certains se démotivent. Dans ce cas, ils manifestent un manque d'intérêt croissant pour le malade, un repli dans des activités routinières et laissent s'installer des négligences ou même des violences.

Les difficultés au travail sont alors montées en épingle et une personne peut être stigmatisée. On voit apparaître des dérives de mots, des gestes de mépris, des mises à l'écart du groupe.

Dans certains établissements de soins qui s'occupent de personnes vulnérables, handicapés ou personnes âgées, la maltraitance à l'égard des patients est quelquefois institutionnalisée. Ceux qui s'avisent de la dénoncer sont presque sûrs d'être harcelés. Celui qui s'interpose entre la perversion ambiante et l'individu fragilisé devient une cible.

Voici la lettre que m'a adressée Sonia :

> « Seule, terriblement seule, face à la mort de l'autre, face à son intolérable souffrance, moi, terriblement vivante dans ma blouse blanche, et tellement impuissante sous ma blouse.
> Le problème, c'est que les individus compétents renvoient aux incompétents leur flagrante nullité professionnelle.
> Je ne peux me résoudre à cautionner les manquements à la dignité des malades, les mises en danger répétées, quand la chef de service leur administre, sans prescription médicale, des somnifères, des anxiolytiques au lieu de nous laisser faire notre travail relationnel auprès d'eux. Quand elle tente de passer sous silence un mauvais traitement subi par une malade pendant l'aide à la toilette, alors que cette femme porte les traces de ce mauvais traitement. Quand elle ne fait pas son travail, tout simplement, et qu'elle m'empêche de faire le mien par divers moyens, rétention d'informations, reprise des clefs de la pharmacie, disparition de supports d'informations et de dossiers médicaux.
> Un jour d'orage, la chef de service me dit, à propos de sa fonction : "Pour moi, diriger des boîtes de conserve, des drogués ou des vieux, c'est la même chose." »

L'enseignement

Le milieu éducatif est un des plus touchés par les pratiques de harcèlement moral. Pourtant peu d'études ont été faites sur ce sujet, à part celle réalisée en 1998 par la MGEN [3]. Lorsqu'on parle de la violence à l'école, on parle plus de celle qui touche les élèves et beaucoup moins de la violence concernant le personnel.

L'institution scolaire n'est ni plus ni moins mortifère qu'une autre mais elle est parfois infantilisante.

L'étude de la MGEN permet de dégager une population à risque : ce sont plutôt des femmes de 40-45 ans, seules ou habitant en famille monoparentale, travaillant dans un établissement en ZEP ou dans une zone plutôt défavorisée dans la banlieue d'une grande ville. Cette population de victimes a eu plus d'arrêts de travail et a trois fois plus souvent demandé une mutation que les non-victimes.

Cette étude ne montre pas de différence significative avec les autres populations de salariés, mais il apparaît qu'il n'est pas toujours facile de différencier la problématique des élèves et celle du personnel.

Le processus de déstabilisation est souvent le même : on fait retomber sur le professeur visé, surtout s'il est « en surplus », toutes les difficultés disciplinaires et pédagogiques de l'établissement. Comme la tâche d'un enseignant ne peut pas être complètement codifiée, il est facile de le stigmatiser pour certains gestes (confiscation d'un objet prohibé par exemple), pour sa façon de s'adresser aux élèves, ou pour une non-intervention dans une altercation entre élèves.

La recherche

Chez les chercheurs, les procédés de harcèlement moral sont très banalisés. Ce sont même des phénomènes de survie, car très peu parmi eux arriveront à se faire connaître. Les places étant cher, cela conduit à des luttes féroces ou à des rivalités sanglantes. Seul le meilleur (ou le plus chanceux) parvient à la notoriété. Celui qui réussit pourra regarder les autres de haut, ce qui ne l'empêchera pas de continuer à se méfier d'eux. Ceux qui restent derrière accumulent jalousie et rancune.

---

3. Horenstein, Voyron-Lemaire, Reverzy, Lelièvre, Kremer, Faucheux, *Les pratiques du harcèlement en milieu éducatif*, Collection « MGEN», décembre 1998.

Afin de ne pas se laisser distancer, un chercheur peut tenter de s'approprier les connaissances et surtout les idées des autres. Il pillera alors leurs écrits sans vergogne, ou utilisera les paroles d'un rival après l'avoir mis en confiance, afin qu'il parle de ses recherches. Ensuite, il reprendra à son compte, en les modifiant légèrement ou en les critiquant partiellement, les idées ou les concepts de son confrère, en s'arrangeant pour publier rapidement afin de le devancer. Il ne s'agit pas là du registre de la coopération stimulante entre chercheurs, mais d'une jungle où les progrès de la science importent peu, l'objectif premier étant d'obtenir de la notoriété ou éventuellement de l'argent pour y parvenir.

Si un chercheur est trop brillant, ses supérieurs peuvent craindre qu'il avance trop vite et leur fasse de l'ombre. Dans ce cas, ils peuvent l'empêcher de travailler dans ses domaines de compétence établis, et ne pas lui donner les moyens matériels de poursuivre ses recherches.

> Paul est un chercheur reconnu qui a publié de nombreux articles dans des revues scientifiques internationales. Il a également participé à quantité de missions et a obtenu des récompenses prestigieuses.
> Ses difficultés dans son service commencent lorsqu'il demande à préparer une thèse. Pour ce faire, un laboratoire de recherche est prêt à l'accueillir. Son responsable de service refuse la demande d'inscription de sa thèse au plan de formation de l'unité, et Paul doit donc demander un congé individuel de formation de deux ans pour la préparer.
> À son retour de thèse, il fait valoir ses droits à réintégrer un poste d'ingénieur-chercheur, mais on lui refuse toute responsabilité d'action de recherche. On l'installe dans un bâtiment à part, affecté à des travaux qui n'ont aucun rapport avec ses domaines de compétence. Même un ordinateur, outil de base pour un chercheur, lui est refusé. Les moyens financiers nécessaires à toute recherche lui sont refusés et on interdit aux techniciens ou aux stagiaires de collaborer avec lui.
> Finalement, à la suite d'une procédure disciplinaire pour absences injustifiées, il est mis à la retraite d'office.

Même si un chercheur est brillant, on lui demande d'être conforme au système dans lequel il travaille. Certains s'imaginent qu'ils pourraient bénéficier d'un régime spécial parce qu'ils ont obtenu de bons résultats et sont reconnus, mais on leur demande quand même d'entrer dans le moule.

Le secteur privé

Les PME

Le harcèlement moral existe dans les PME tout autant qu'ailleurs, même s'il est rare qu'il y dure bien longtemps, car peu de PME peuvent supporter le coût d'une personne improductive. C'est pourtant là que se rencontrent le plus de cas de harcèlement moral conscient et délibéré dans le but de décourager un salarié afin qu'il donne sa démission.

Dans les petites structures, puisqu'il y a peu d'instances de régulation, la nomination d'un nouveau responsable peut transformer radicalement, en mieux ou en pire, les conditions de travail des salariés.

> Sonia est comptable dans une petite entreprise qui emploie une vingtaine de personnes. Les conditions de travail ont toujours été dures mais l'ambiance entre collègues est bonne et Sonia aime ce qu'elle fait.
> Tout se dégrade lorsque la cousine du patron est nommée directrice de l'atelier. Tout le personnel est alors rudoyé pour produire plus, les pauses sont chronométrées et on rappelle à l'ordre ceux qui s'avisent de chantonner ou de rire pendant les heures de travail.
> Alors que Sonia est en arrêt maladie, cette femme qui n'est pas comptable, essaie de traiter certains de ses dossiers, fait des erreurs, et ne trouve rien de mieux que d'accuser Sonia.
> Celle-ci étant très consciencieuse ne supporte pas cette attaque et essaie de démontrer que ces erreurs ne peuvent pas venir d'elle.
> À partir de là, sa situation devient difficile : elle est installée dans un local sans fenêtre, ses collègues n'ont plus le droit de lui parler et elle n'est plus informée de rien. Alors que tout le monde se tutoie, la directrice vouvoie Sonia ostensiblement et ne communique plus avec elle qu'avec des notes qu'elle vient déposer sur son bureau sans même la saluer. Ses congés, qui lui avait été accordés verbalement au préalable, lui sont maintenant refusés et des erreurs informatiques lui sont imputées.

C'est aussi dans les petites entreprises que l'on voit le harcèlement moral le plus ostensible, parfois proche du sadisme, qu'aucune instance collective ne peut venir réguler.

> Lorraine travaille comme secrétaire dans une petite entreprise de confection. Seule étrangère à la famille, personne ne se soucie d'elle lorsque le patron la prend à partie. S'il est de mauvaise humeur, il

critique systématiquement ce qu'elle fait, n'hésitant pas à mettre des heures de travail à la corbeille à papiers et à les lui faire refaire. En plus de son travail, il lui demande très souvent de donner un coup de main pour le ménage. Mais son grand plaisir est de se moquer de l'excès de poids, de la couleur de peau, des tics de langage de sa secrétaire. Lorraine résiste parce que, dans sa région, les emplois sont rares et que, malgré tout, elle aime son travail, en particulier le contact avec les clients.

Lorsqu'elle fait une chute dans l'escalier, le patron refuse qu'elle aille aux urgences tant qu'elle n'a pas fini son travail : « C'est pas si grave, vous pouvez attendre ! » Elle se décide alors à parler de sa situation à l'inspection du travail.

Travailler en famille

Le harcèlement par un membre de la famille, dans les entreprises familiales n'est pas pris au sérieux par les professionnels, que ce soient les médecins du travail ou les syndicats. Nulle aide n'est à attendre du tribunal des prud'hommes : « Ce sont des histoires de famille ! » Effectivement, les choses sont compliquées par l'intrication des histoires professionnelles et des histoires familiales, et aussi des histoires d'argent et de biens en commun.

Pierre, 50 ans, a toujours travaillé dans l'entreprise familiale créée par ses parents. Comme il était entendu qu'il prendrait la succession de son père, il a fait des études commerciales. Tant que son père est vivant, pas de problèmes. Pierre s'occupe de la partie commerciale et du marketing et est consulté par son père pour toutes les décisions.

À la mort du père, c'est Brigitte, la mère de Pierre, qui prend la direction. Elle fait venir sa sœur, Marie, pour un emploi subalterne. Les deux femmes prennent bientôt tout en main, court-circuitant les décisions de Pierre. Afin de l'empêcher d'agir (il serait trop novateur), elles font en sorte qu'il ne soit pas informé à temps des décisions importantes.

Dans l'entreprise, l'ambiance se dégrade. C'est le règne de la calomnie. On médit, on transmet les ragots, on rapporte les insinuations des collaborateurs. Le personnel recruté par Pierre est systématiquement pris à partie. Hugues, directeur financier, est harcelé par Marie qui lui reproche certaines erreurs de gestion. On met en avant son homosexualité, on vérifie tout ce qu'il fait, on le critique, on l'empêche d'agir. Pierre manque de courage pour défendre son directeur financier, et Hugues donne sa démission en assignant Brigitte aux prud'hommes. L'entreprise périclite. Sa tante fait courir le bruit que Pierre détourne de l'argent et qu'il joue au golf au lieu de travailler. Tous les conseillers sollicités préconisent la vente, car toutes les solutions de redressement sont trop onéreuses, mais les deux femmes ne veulent rien entendre. Pour elles, c'est uniquement Pierre qui est responsable des mauvaises affaires, il faut donc le contraindre, au besoin par la menace ou la force à travailler correctement.

Désespérant de se faire entendre, Pierre décide, à contrecœur, car il aurait bien aimé la reprendre, de cesser de travailler dans l'entreprise familiale. Mais, comme il a des parts dans la société, il est toujours lié à sa mère et à sa tante, et le harcèlement se poursuit à travers les histoires d'argent...

La grande distribution

Le monde de la grande distribution est un monde impitoyable où l'on applique volontiers des techniques dures comme celles prônées par Chester Karrass, modèle des supervendeurs américains : « Quand vous avez fixé votre objectif, si vous avez père et mère qui font obstacle, tuez père et mère ! »

Dans la grande distribution, la culture d'entreprise est imposée jusqu'à l'endoctrinement. Par des tests, des challenges, on soude le groupe afin de renforcer l'identité collective. Ceux qui résistent et se montrent trop individualistes sont poussés à partir. On n'hésite pas à les humilier publiquement, à les pousser à la faute et à monter leurs collègues contre eux.

Les caissières de supermarché ont intérêt à appliquer le SBAM (sourire, bonjour, au revoir, merci), car elles sont jugées par des clients anonymes qui leur accordent des points. En cas de mauvaises notes, elles sont sanctionnées. Si un chef de rayon voit ses résultats baisser, on n'hésite pas à le rétrograder à des tâches de manutention.

Francis est responsable de rayon dans un supermarché et ses résultats ont toujours été satisfaisants. Lors d'un changement d'enseigne, il est mis en doublon avec un collègue et se retrouve en position de vendeur sans qualification.

À la suite d'une mauvaise gestion de produits frais, son collègue essaie de reporter la responsabilité sur Francis, et les relations avec lui se dégradent. Il réussit même à monter l'équipe contre Francis. À aucun moment, la direction n'intervient pour aider à la résolution de ce conflit, mais elle en profite, au contraire, et fait monter la pression entre les deux chefs de rayon.

La situation devient tellement inconfortable pour Francis qu'il préfère demander une mutation dans un autre service. C'est alors qu'il a la surprise de voir sur son bulletin de salaire une baisse de coefficient et un changement de statut. La direction, ayant eu le sentiment qu'il n'était pas assez résistant au conflit, l'a rétrogradé. Il n'a plus de bureau pour travailler et doit quémander du travail auprès de ses collègues afin d'être occupé.
On finit par le recaser dans un autre service, où on lui confie des tâches qui n'ont rien à voir avec ses compétences professionnelles.

La nouvelle économie

Pour le moment, les études montrent qu'il y a moins de harcèlement moral dans la nouvelle économie que dans les secteurs plus traditionnels. Cela peut être lié au fait que les personnes y sont jugées pour ce qu'elles font et que, dans un monde qui doit aller très vite, personne n'a le temps d'entrer dans des conflits de personnes. On peut aussi penser que, sous prétexte que le travail y est choisi comme un sacerdoce, les salariés trouvent normal de tout supporter. Ceux qui ne s'adaptent pas partent d'eux-mêmes ou sont priés, très directement, de partir. Nul besoin de chercher des moyens détournés pour se débarrasser de quelqu'un puisque, très souvent, les contrats y sont précaires. De toute façon, chacun se dit que ce n'est pas grave puisque le marché est porteur et que la personne retrouvera un emploi.

En principe, les valeurs de la nouvelle économie sont plus égalitaires : même salaire, mêmes horaires de travail pour tout le monde, c'est le nombre de *stock-options* qui fait la différence. Tant qu'on est performant, on peut y faire ce qu'on veut car il y a une forte place à l'initiative. Les salariés sont achetés avec des *stock-options* et, si cela ne suffit pas, on tente une surenchère managériale en offrant de meilleures perspectives de carrière. Mais tout cela reste souvent virtuel, et on peut voir, depuis que la réussite n'est plus aussi magique, des salariés se plaindre de leurs mauvaises conditions de travail.

En voulant très vite lever des capitaux, afin d'assurer la croissance de leur entreprise, les créateurs de *start-up* oublient souvent de créer un service de ressources humaines ou même de tenir compte des personnes.

Delphine est responsable des relations extérieures dans une petite structure qui vient de se créer. Peu après un licenciement économique, elle

a été recrutée par Marc, un ancien ami de fac. Même si elle sait que Marc s'intéresse surtout à son carnet d'adresses, elle est prête à donner le meilleur d'elle-même pour cette création.
Peu de temps après son arrivée dans l'entreprise, quand Delphine prend conscience que les créateurs ont trompé les actionnaires en leur vendant un projet qui n'existe pas concrètement, elle réagit d'une façon virulente et dit ce qu'elle pense à Marc. À partir de là, il devient fuyant avec elle. Plus de bonjour ni bonsoir. Son associé et lui sont sans arrêt sur le dos de Delphine de façon méchante et humiliante. On ne lui donne plus d'autre tâche que de la saisie sur ordinateur, et on l'isole complètement en demandant au secrétariat de ne lui passer aucune communication, même strictement professionnelle. Les locaux étant petits, les réunions ont lieu dans leur bureau commun, mais, comme elle n'a pas le droit d'y assister, on la met avec son ordinateur face au mur dans un coin. Le jour où Marc vide ses placards et déchire ses dossiers ostensiblement devant elle, elle dépose une main courante au commissariat.
Comme explication à ce comportement, il lui dit : « On a fait une connerie en t'embauchant, on n'a pas les moyens de te payer ! ». Effectivement cette *start-up* ne fait pas encore d'argent et ils ne peuvent pas payer ce qu'ils lui doivent. Au lieu de négocier quelque chose avec elle, ils essaient de gagner du temps et de la pousser à bout pour qu'elle parte sans être payée.

La net économie ressemble à un jeu vidéo où il faut tuer le plus possible d'adversaires. C'est le plus rapide à saisir de nouvelles opportunités, en coupant l'herbe sous le pied des concurrents, qui gagne. L'appât du gain y est la première motivation. Les jeunes ne s'en plaignent pas car ils n'ont pas l'impression de travailler mais plutôt d'être restés ados et de jouer avec leur Playstation. Ils constituent une main-d'œuvre docile qui accepte d'être exploitée pour permettre la réussite de quelques-uns. Chez eux, aucune contestation, aucun syndicat.

Le secteur associatif

La fréquence du harcèlement moral dans les associations, surtout si elles sont caritatives, montre bien que le phénomène n'est pas lié aux seuls critères économiques, à la rentabilité, ou à la concurrence du marché, mais beaucoup plus à une volonté de prise de pouvoir. Dans ces lieux où les techniciens de la communication et de l'aide devraient travailler en harmonie, on baigne dans le non-dit, dans l'affectif et parfois aussi dans le cynisme.

Lydie travaille dans une association prestigieuse qui fait beaucoup de bénéfices. Les conditions matérielles de travail, surtout pour les dirigeants, sont excellentes : locaux superbes, matériel de pointe. Les membres de l'équipe de direction jouent à fond leur rôle représentatif et peuvent ainsi voyager et recevoir luxueusement. En fin d'année, il faut dépenser tout ce bénéfice et on en profite pour faire refaire les locaux et changer tout le matériel informatique.
Lydie a en charge la quasi-totalité des dossiers. Elle travaille énormément, n'hésitant pas à rester tard le soir ; quand elle présente son travail à son supérieur, absent la plupart du temps, mais ami du secrétaire général, celui-ci n'hésite pas à s'emparer des dossiers les plus intéressants et à s'approprier le travail de Lydie.
Même si elle ne reçoit jamais aucun honneur ni aucune reconnaissance matérielle, Lydie continue à vouloir bien faire et, pour cela, essaie de communiquer avec son supérieur pour mieux organiser son travail. Mais celui-ci se méfie d'elle et, dès qu'elle pose trop de questions, il prend des mesures autoritaires.
Petit à petit, il se sent de plus en plus menacé par Lydie et est persuadé qu'elle le calomnie à l'extérieur. L'atmosphère devient pesante. Il cesse de lui dire bonjour et, quand il est là, la secrétaire ne lui dit pas bonjour non plus. Pour les besoins du service, il ouvre ses lettres et écoute sa messagerie. Lydie ne sait pas s'il s'agit de maladresses ou de malveillance, mais elle ne dort plus, va au travail avec la peur au ventre et vomit tous les matins.

Les associations qui ont pour but d'aider les personnes en difficulté profitent de la détresse des usagers et, par ricochet, des salariés, pas toujours beaucoup mieux lotis, qui s'occupent d'eux. Voici ce que m'écrit Josiane :

« Il est très important que les organismes d'État prennent en compte les faits qui se déroulent là où les salariés sont en trop petit nombre pour se défendre : pas de représentant syndical, pas de témoins, refus (que nous avons essuyé) des syndicats de les prendre en compte.
Je suis employée d'une petite structure associative. Les quatre employés sont : la femme de ménage, le délégué général, la secrétaire et moi-même, documentaliste avec un statut et un salaire de secrétaire.
Ma collègue et moi-même sommes continuellement soumises aux brimades les plus diverses et incroyables de la part du délégué et au mépris des dirigeants de l'association. Ce délégué, pour camoufler sa médiocrité et se faire valoir, non seulement subtilise le résultat de notre travail, mais nous accable de bassesses et nous fait passer aux yeux des autres pour incompétentes, prétentieuses et acariâtres. Nous avons

tenté à maintes reprises de démontrer nos capacités et notre travail mais cela ne fait qu'accroître notre rejet.
Il nous est d'autant plus difficile de nous défendre que les preuves sont inexistantes, si ce n'est notre démotivation et nos états de santé, que nous avons honte et sommes fatiguées (le comble !), je passe sur l'énumération des brimades et humiliations aussi puériles, idiotes et incohérentes. Pour un peu, nous finirions par douter de nous-mêmes. Ces faits peuvent paraître d'autant plus étonnants qu'ils vont à l'encontre de la qualité du travail et de la bonne marche de notre fédération à laquelle nous aimerions apporter tout notre dévouement. »

Le sport

Dans le monde du sport, c'est le règne de l'omerta. Le harcèlement moral commence généralement lorsqu'un sportif ne joue pas le jeu du silence et ose nommer le dopage, les agressions sexuelles ou les manipulations financières. À partir de là, il reçoit des pressions, des menaces, et est exclu des compétitions ou des matchs qui comptent. Parler reste une entreprise périlleuse. À la suite de Catherine Moyon de Baecque qui, en 1991, avait porté plainte contre son entraîneur pour des agressions sexuelles subies lors d'un stage d'entraînement national pour les championnats du monde d'athlétisme, d'autres sportives commencent à dénoncer les pratiques de harcèlement sexuel dont elles font l'objet, mais le harcèlement moral reste encore caché. Depuis janvier 1998, le site www.harassmentinsport.com a été conçu à l'initiative du Canada et représente quarante organismes pour informer les athlètes, les parents, mais aussi les entraîneurs et les dirigeants de clubs. Il offre des conseils en matière de racisme, de discrimination, de cadences trop élevées aux entraînements ou de harcèlement sexuel. Pour eux : « Le harcèlement peut prendre diverses formes, mais peut se définir de façon générale comme suit : observation, conduite ou geste à l'intention d'une personne ou d'un groupe, qui est insultant, intimidant, humiliant, malveillant, dégradant ou offensant. »

Même si la plupart des spécialistes du *mobbing* considèrent que le harcèlement moral dans le sport n'est pas grave puisqu'on peut partir, une activité sportive de haut niveau est souvent plus investie qu'une activité professionnelle, et devoir y renoncer constitue, sans aucun doute, une atteinte à l'identité du sportif ou de la sportive.

Le monde politique

Dans le monde politique, les pratiques de harcèlement sont monnaie courante. Les médias nous rapportent les mensonges, les manipulations, les calomnies de personnages politiques. Tout le monde trouve cela normal, avec juste une petite restriction par rapport à l'enrichissement personnel qui doit rester discret. C'est comme si cela faisait partie du jeu. On considère que, pour faire de la politique, il faut assez de confiance en soi et de pugnacité pour encaisser les coups sans s'écrouler, et être suffisamment solide pour répliquer sur le même mode. Pourtant, la politique est aussi un métier et, si on veut que les pratiques politiques s'assainissent, il faudrait y rétablir des règles. Jusqu'à présent, seules quelques femmes politiques et un élu homosexuel ont osé dénoncer le harcèlement moral dont ils avaient été l'objet.

III

Les conséquences sur la santé

Dans le harcèlement moral, les symptomatologies présentées par les victimes sont très stéréotypées et sont plus liées à l'intensité et la durée de l'agression qu'à leur structure psychique. Qu'une personne soit hystérique, obsessionnelle ou phobique, dans un premier temps, ce qui prédomine, c'est un tableau traumatique commun à tous les traumatismes psychiques, avec néanmoins une note d'interrogation, de doute : « Est-ce que c'est vrai ou est-ce que je suis fou (folle) ? » La structure psychique initiale ne réapparaîtra que lorsque la personne aura la possibilité de nommer ce qui se passe et sera entendue.

Cette symptomatologie spécifique est telle qu'il est possible, pour un clinicien ayant une bonne expérience de ce type de situations, de repérer le harcèlement moral uniquement à partir de ses conséquences sur la santé des personnes et de le distinguer ainsi des plaintes abusives. Il s'agit d'un mode d'adaptation, de survie, qui évolue en plusieurs étapes se succédant rapidement.

8

LES CONSÉQUENCES ASPÉCIFIQUES

Le stress et l'anxiété

LORSQUE LE HARCÈLEMENT MORAL EST RÉCENT ET QU'IL EXISTE ENCORE une possibilité de riposte ou un espoir de solution, les symptômes sont d'abord très proches du stress, avec ce que les médecins appellent des troubles fonctionnels : fatigue, nervosité, troubles du sommeil, migraines, troubles digestifs, lombalgies... C'est la réponse de l'organisme à une hyperstimulation et une tentative d'adaptation du sujet pour faire face à cette situation. Toutefois, au stress, qui provient d'une situation de harcèlement moral, s'ajoutent un sentiment d'impuissance, d'humiliation, et l'idée que « ce n'est pas normal ! ». À ce stade, la personne peut récupérer rapidement si elle est séparée de celui ou celle qui la tourmente ou si – fait assez rare – on lui fait des excuses. Elle retrouve alors son équilibre, sans plus de conséquences à long terme.

La dépression

Mais, si le harcèlement se poursuit dans le temps ou s'il se renforce, un état dépressif majeur peut s'installer. La personne harcelée présente alors une humeur triste, un sentiment de dévalorisation ou de culpabilité excessif ou inapproprié, la perte de tout désir et un manque d'intérêt pour tout ce qui l'intéressait jusqu'alors.

Selon les critères du DSM IV (*Classification internationale des maladies mentales* [1]) :

– 69 % des personnes ayant répondu au questionnaire présentent ou ont présenté un état dépressif majeur, ce qui signifie un état dépressif sévère ayant justifié une prise en charge médicale. Cela signifie également un risque suicidaire qui ne doit pas être négligé. Ces chiffres sont d'ailleurs corrélés avec la demande d'aide des personnes qui, selon mon enquête, ont consulté leur médecin généraliste dans 65 % des cas et un psychiatre dans 52 % des cas ;

– 7 % des personnes ont présenté un état dépressif modéré ;

– 24 % un état dépressif léger.

Très souvent, le salarié dépressif masque ses symptômes à son entourage et même à son médecin, car il se culpabilise de ne plus être à la hauteur des attentes de sa hiérarchie.

Il est essentiel de ne pas négliger ces états dépressifs car le risque suicidaire est important (dans l'étude réalisée en région PACA, sur 517 cas de harcèlement moral reconnus par le médecin du travail, 13 avaient abouti à une tentative de suicide).

Les troubles psychosomatiques

Des troubles psychosomatiques variés sont retrouvés dans 52 % des cas. Il est probable que ces troubles existent beaucoup plus souvent, mais ils sont traités, dans un premier temps, par l'automédication, puis par les généralistes qui prescrivent un traitement symptomatique.

Voici ce que m'écrit un confrère généraliste à propos des troubles présentés par les victimes :

> « Dans un premier temps, le médecin généraliste a face à lui un patient présentant de multiples troubles, de la "patraquerie" à composante psychosomatique au tableau psychosomatique franc. Le risque est pour lui de passer à côté de l'origine réelle de ces troubles, soit faute de l'avoir cherchée en pensant à se préoccuper de la situation professionnelle de son patient, soit parce que le patient ne l'exposera pas. La souffrance morale liée au travail peut en effet être assimilée par le patient au stigmate d'une faiblesse personnelle, à une époque où le travail et la réussite sont, paraît-il, le fait des battants. De toute évidence, la réponse

1. American psychiatric association, *DSM IV*, *Critères diagnostiques*, Washington DC, 1994, Masson pour la traduction française.

thérapeutique ne pourra pas être pleinement efficace si elle se limite à une prescription médicamenteuse. »

Après un certain temps d'évolution des procédés de harcèlement, les troubles psychosomatiques sont presque toujours au premier plan. Le corps enregistre l'agression avant le cerveau qui refuse de voir ce qu'il n'a pas compris. Plus tard, le corps se souviendra également du traumatisme, et les symptômes risquent de se poursuivre avec du stress post-traumatique. Le cortège des troubles psychosomatiques est impressionnant et est de gravité, très rapidement croissante. Ce sont des amaigrissements spectaculaires, ou bien des prises de poids rapides (quinze à vingt kilos en quelques mois), des troubles digestifs (gastralgies, colites, ulcères de l'estomac), des troubles endocriniens (problèmes thyroïdiens, troubles des règles), des poussées d'hypertension artérielle incontrôlables malgré un traitement, des malaises, des vertiges, des maladies de peau, etc.

Pierre vient me consulter car il est harcelé par son nouveau patron arrivé depuis peu. Lors de la première consultation, il est encore dynamique, actif et explique avec précision les aberrations de comportement de son chef. Il refuse toute aide médicamenteuse, car il doit partir en vacances prochainement et espère qu'à son retour les choses iront mieux. Quelques semaines après, lorsqu'il revient me voir, il a perdu neuf kilos, son teint est gris et brouillé, ses gestes sont tremblants. Au dernier moment, on lui a refusé ses congés, pourtant posés depuis plusieurs mois, en l'avertissant que, s'il prenait, ne serait-ce qu'une demi-journée, il se verrait infliger un blâme. Son patron le surcharge de travail et lui aboie dessus littéralement toute la journée en dénigrant systématiquement tout ce qu'il fait. Pierre a perdu le sommeil. Dans sa tête, il ressasse tout ce qu'il aurait dû dire et faire pour se défendre. Il ne s'endort qu'au petit matin juste avant la sonnerie du réveil. Il se force à manger mais n'a pas faim. Célibataire, il se fait réchauffer le soir un plat congelé qu'il oublie souvent de manger ; le midi, il achète un sandwich qu'il mâchonne près de la machine à café.

Devant la dégradation de son état de santé, je lui conseille de prendre rendez-vous rapidement avec son généraliste pour un bilan. On lui trouve une hypertension artérielle, du cholestérol et des troubles du rythme cardiaque. Pierre refuse toujours de se mettre en arrêt de travail car il craint de perdre son emploi.

Petit à petit, son allure générale se dégrade, ses vêtements ne sont plus aussi soignés, son corps s'avachit, il n'est plus impeccablement rasé. Son corps donne à voir l'état dépressif qu'il refuse toujours d'admettre. Ce refus explique sans doute qu'il supporte mal les effets secondaires des médicaments antidépresseurs.

Peu de temps après, je reçois un coup de téléphone d'un service hospitalier où Pierre a été admis en urgence après un malaise vagal survenu alors que son patron lui faisait, en hurlant, des reproches injurieux devant les secrétaires. L'hôpital décide de le garder quelque temps afin de l'obliger à se soigner.

Un choc physique peut avoir un retentissement psychique et un choc émotionnel peut avoir des incidences somatiques. On passe ainsi du physique au psychique et réciproquement. La représentation ou la crainte de l'événement crée à son tour le même syndrome.

Hélène consulte pour un état dépressif sévère qui évolue depuis plusieurs mois. Elle ne dort plus, ne mange plus et a perdu plusieurs kilos. Un bilan de santé pratiqué à la demande de son généraliste se révèle strictement normal. Elle attribue sa fatigue à l'ambiance « folle » qui règne à la banque où elle travaille depuis vingt ans. Depuis une restructuration, la direction met la pression sur les personnes qui ne sont pas suffisamment performantes et sur les employés de plus de 50 ans, afin de les faire partir. Certains négocient leur départ, d'autres craquent. En principe, Hélène, qui est connue comme une employée modèle et qui n'a que 40 ans, n'est pas visée mais l'ambiance générale est détestable ; c'est chacun pour soi. Sa supérieure est connue pour être une tueuse dont on ne peut attendre aucune aide. Elle s'acharne sur Hélène sans que celle-ci puisse comprendre si c'est par méchanceté ou par opportunisme. Depuis tous ces licenciements, la quantité de travail à fournir reste la même et retombe sur ceux qui restent. À bout de forces, Hélène aurait bien aimé obtenir une modification de poste, mais on lui a répondu : « On ne s'adapte pas aux désirs des salariés, c'est à eux de s'adapter ! » Après s'être épuisée vainement à tenir dans ce contexte, Hélène accepte un arrêt de travail afin de soigner son état dépressif.

Après plusieurs mois de traitement, alors qu'elle va mieux sur le plan de l'humeur, on diagnostique chez elle un cancer du sein à forte évolutivité. Singulièrement, Hélène se sent alors soulagée : « Ils ne pourront plus dire que je n'ai rien ! »

Peut-on dire que le cancer d'Hélène est lié aux difficultés professionnelles qu'elle a rencontrées ? Peut-être pas, mais on ne peut pas ne pas s'interroger sur un lien possible entre sa difficulté à gérer l'ambiance difficile de son travail et l'évolutivité très rapide de son cancer. On peut émettre l'hypothèse qu'elle a craqué là où elle était génétiquement prédisposée.

9

LES CONSÉQUENCES DU TRAUMATISME

APRÈS PLUSIEURS MOIS DE HARCÈLEMENT MORAL, les symptômes de stress, indifférenciés au début de l'agression, se transforment en un trouble psychique manifeste.

Toutes les victimes, à quelques rares exceptions près, subissent une déstabilisation durable. Dans toutes les autres formes de souffrance au travail, et en particulier en cas de trop forte pression professionnelle, si le stimulus cesse, la souffrance cesse et la personne peut recouvrer son état normal. Le harcèlement moral au contraire laisse des traces indélébiles qui peuvent aller du stress post-traumatique à un vécu de honte récurrent, ou même à des changements durables de la personnalité. La dévalorisation persiste, même si la personne est éloignée de son agresseur. Elle porte une cicatrice psychologique qui la fragilise et l'amène à vivre dans la crainte et à douter de tout et de tout le monde.

Le stress post-traumatique

Comme une attaque à main armée ou un viol, le harcèlement moral constitue incontestablement un traumatisme. En psychanalyse, le traumatisme est un concept qui inclut un événement intense, éventuellement répété, de la vie du sujet, l'incapacité dans laquelle celui-ci se trouve d'y répondre de façon adéquate et les effets durables que cet événement provoque sur le psychisme. Au départ, Freud avait lié le traumatisme à une réalité extérieure, celle de la séduction, il abandonna ensuite cette théorie pour la remplacer par celle du fantasme. Selon lui, il n'y a de trauma que dans l'enfance et le sexuel, et seuls comptent les conflits intrapsychiques. Il considère que, à l'âge adulte, l'homme est responsable de ce qui lui arrive ; s'il se maintient dans des situations de souffrance, c'est par pur masochisme. Pourtant, comme je l'avais montré dans mon livre précédent, il est des situations où, quelle que soit leur structure psychique, les victimes sont piégées par la réalité extérieure.

Les tableaux traumatiques les plus graves se rencontrent essentiellement dans les cas de harcèlement moral où la personne est isolée, « seule contre tous », et beaucoup moins souvent lorsqu'il s'agit de maltraitance managériale où la solidarité permet une mise à distance de la situation.

Se constituent alors des névroses traumatiques, plus rarement des psychoses traumatiques, ce qui correspond, dans le DSM IV, (*Classification internationale des maladies mentales*) à l'état de stress post-traumatique. Le tableau est le même, quelle que soit l'origine du traumatisme.

La reviviscence des scènes de violence et d'humiliation s'impose à la personne traumatisée qui ne peut pas ne pas y penser. Ces images, comme extérieures à la personne qui les refuse, sont comme des flashback douloureux. La nuit, les situations traumatiques sont revécues sous forme de cauchemars intrusifs. L'évocation des scènes violentes reste douloureuse longtemps et parfois même à jamais. Des années après, les victimes continuent à en rêver et à craindre d'y penser. Beaucoup de personnes disent que, même après dix ou vingt ans, elles se mettent à pleurer lorsqu'elles doivent, par exemple, regarder des papiers qui évoquent leur situation passée. Dans les lettres qui accompagnaient le retour de mon questionnaire, certaines personnes, pour qui le harcèlement moral remontait à plusieurs années, me signalaient à quel point évoquer ces blessures passées réactivait la souffrance, intacte, comme au moment des faits. Elles revivaient les scènes d'humiliation, elles ressentaient à nouveau le même coup à l'estomac, le même vertige. Beaucoup ajoutaient : « Même si c'est douloureux pour moi, il faut le faire afin que les choses changent et que ma souffrance serve à quelque chose. » En effet, ce qui est insupportable c'est de ne pas comprendre le sens de tout ce qui arrive, c'est de souffrir pour rien.

« Votre livre m'a fait un bien fou et un mal atroce. Un bien fou de me savoir compris, de pouvoir enfin nommer l'agression, reconnaître et qualifier les agresseurs, et commencer à comprendre... Un mal atroce aussi, car, à chaque page, j'ai revécu, souvent mot pour mot, les scènes passées, me rappelant que ma douleur est intacte. Et de souligner, au cours de ma lecture, des paragraphes décrivant avec une précision redoutable ce que j'ai connu, à tel point que ce livre me semble être mon histoire. À quiconque n'a pas été victime, c'est incompréhensible. À tous ceux qui l'ont été ou le sont, c'est à peine plus concevable, et pourtant ! De même que des mots peuvent tuer, votre livre peut sauver des vies, contribuer à en réhabiliter d'autres. Je crois (j'espère) que rien ne sera plus comme avant, dans les esprits, et que votre écriture vient de créer un précédent. »

C'est comme si le corps avait gardé, malgré lui, la mémoire du traumatisme et que celui-ci pouvait se rejouer éternellement et à tout moment. Les personnes ont des réactions de sursaut et des images s'imposent à elles quand elles croisent quelqu'un qui ressemble à leur harceleur ou quand elles sont dans une situation qui rappelle le passé.

Ce type d'agressions laisse toujours des traces à long terme. Des années après, persistent chez ces personnes des conduites de peur ou d'évitement. Parfois la crainte de la douleur, provoquée par l'évocation du passé, empêche les victimes de retourner sur les lieux où elles ont été agressées ou de rencontrer d'anciens collègues, cela crée une sorte de phobie.

Les traumatismes entraînent une distorsion du temps : la mémoire stagne sur l'événement traumatique, comme par hypermnésie et le présent devient irréel, entraînant un oubli ou un détachement des choses quotidiennes.

« Même mon mari et mes enfants ne comptent plus vraiment pour moi. Pourtant je sais que je les aime, mais je n'éprouve plus rien. »

Les victimes ressassent. Elles tournent dans leur tête les circonstances de leur mise à l'écart, essaient d'autres scénarios : « Si j'avais fait ça, ou dit cela... » Elles ruminent leur humiliation.

Ces ressassements peuvent donner à penser aux proches, et parfois même aux thérapeutes, que la victime se complaît dans la plainte et ne veut pas sortir de son état de souffrance. Il n'en est rien. C'est une vaine tentative pour donner du sens à ce qui leur arrive. Le harcèlement moral a ceci de particulier qu'il ne s'inscrit pas dans une logique de bon sens. Celui qui le subit ne comprend rien à ce qui lui arrive. S'il existe un traumatisme et si les symptômes stagnent, c'est parce que ces situations sont proprement inimaginables.

Les victimes expriment toutes un sentiment de solitude parce qu'il est difficile de nommer quelque chose quand on n'est pas sûr de ce que l'on ressent. Elles ont du mal à parler car il s'agit d'une violence impensable, à laquelle on n'est pas préparé. Un grand soulagement apparaît dès que les sentiments peuvent être partagés. Il faut donc les aider à mettre des mots sur leur souffrance. Encore faut-il, pour cela, reconnaître que cette souffrance puisse exister. Beaucoup de cas passent sous nos yeux sans qu'on s'en rende compte.

> Voilà dix ans que Marion a quitté son travail après une longue période de harcèlement de la part de son supérieur hiérarchique et soi-disant ami. Sur le coup, elle n'avait rien compris. Pourquoi l'attaquer alors qu'elle s'appliquait à faire tellement bien son travail ? Pourquoi une telle méchanceté alors qu'elle aurait volontiers transigé pour partir, tellement était grand son désir d'échapper à cette violence quotidienne ?
> Maintenant Marion a retrouvé un autre travail, beaucoup plus intéressant et beaucoup mieux payé. Elle se dit même que ce fut une chance d'avoir été licenciée. Pourtant, lorsqu'elle évoque ce qui s'est passé, lui vient toujours une envie de pleurer. Elle a apparemment tourné la page, s'est tout entière axée sur l'avenir, et fait tellement de choses passionnantes qu'elle ne pense plus très souvent à cette période noire de sa vie. Pourtant, le passé revient dans ses rêves, la laissant désemparée au matin, et parfois une image revient, le souvenir d'une remarque blessante. Elle continue de se reprocher de n'être pas partie plus tôt. Elle s'en veut également d'avoir été naïve et d'avoir été prise par surprise sans pouvoir réagir.
> Maintenant, elle n'en parle plus. Quand on l'interroge sur cette période, elle a une réponse toute faite et très neutre qui donne l'impression que cela ne l'affecte plus. Mais il n'en est rien, elle pleure encore à cause d'eux !

La désillusion

Des événements de vie tels que le harcèlement moral viennent raboter, user, miner les personnes, qui perdent toute illusion et tout espoir. L'écroulement narcissique est d'autant plus fort que la personne avait surinvesti son travail affectivement. Il y a là une situation de ratage, d'existence gâchée, de paradis perdu.

Depuis que François a choisi de quitter son entreprise après deux ans de harcèlement de la part de ses deux supérieurs hiérarchiques, il passe des nuits agitées avec des cauchemars et des réveils en sueur toutes les heures face aux visages violents de ses agresseurs. Il voudrait bien parvenir à vider enfin son cerveau de toutes les ordures qui ont été versées sur lui, mais il ne peut oublier les humiliations subies.
Alors qu'il était entré dans cette jeune entreprise avec beaucoup d'enthousiasme, il y a découvert un monde de magouilles, sans aucune règle, où tout est bon pour démolir celui qui refuse de tricher.
Ce qu'il ne supporte pas, c'est de s'être trompé à ce point-là sur une équipe en qui il avait toute confiance. En même temps qu'il perd son travail, il perd ses illusions. Il avait voulu croire en un type de relations qui n'existe pas. Il sait que, pour lui, désormais, toute relation aux autres sera vécue différemment.

La réactivation des blessures passées

Parfois, les agressions vécues sur le lieu de travail viennent faire écho à d'autres aléas de l'histoire privée des personnes. Ce peut être la tyrannie ou la perversité d'un père ou d'une mère, ou d'autres agressions ou humiliations de l'enfance. Les scènes violentes réveillent une angoisse passée, qui peut avoir été oubliée. Une humiliation évoque toutes les humiliations antérieures, par un parent, dans la famille, à l'école, ou bien encore dans un autre travail.

À son retour d'un congé maladie assez long, Véronique retrouve son bureau vide et personne pour l'accueillir. Comme le service avait changé de système informatique, et qu'elle n'était plus opérationnelle, sa supérieure hiérarchique l'installe dans une entrée et lui fait classer des papiers. À chaque fois qu'elle passe à côté de Véronique, et ce peut être vingt fois par jour, elle ne peut s'empêcher de lui adresser une phrase blessante qu'elle justifie en disant qu'elle ne supporte pas les gens qui ne servent à rien. Au lieu de négocier une formation qui lui permettrait de récupérer ses compétences et son poste, Véronique se focalise complètement sur l'attitude de sa responsable, y réagit de façon véhémente et fait savoir partout à quel point cette femme est méchante. Véronique sait bien que, si elle est si réactive face à l'attitude odieuse de sa chef, c'est que cela évoque en elle la violence de sa mère dont elle était le souffre-douleur. Enfant battue, elle s'était promis, en quittant la maison, de ne plus jamais se laisser faire : « Je suis réactive parce que j'ai eu ma dose de mots blessants, de coups bas, et de vacheries, mais je ne peux pas leur dire que je suis fragile, sous peine de passer pour une malade. » Pourtant, la direction considérera que la réaction de Véronique prouve qu'elle a une pathologie psychiatrique et demandera au médecin du travail de la déclarer inapte.

Ce peut être aussi un abus sexuel qu'on s'était efforcé de nier et, dans plusieurs cas que j'ai suivis personnellement, le harcèlement moral que ces personnes avaient subi et la honte qu'elles avaient ressentie avaient permis enfin d'évoquer ce lourd secret de famille.

Voici ce qu'écrit Évelyne, à la suite d'un harcèlement moral ayant conduit à son licenciement :

> « J'ai passé de nombreux jours dans le désespoir, ne sachant si j'étais folle et/ou totalement inadaptée au monde du travail, à la vie sociale et même à la vie tout simplement. Après de nombreux arrêts de travail et un traitement (inefficace) prescrit par mon médecin, je me fais aider depuis quelques mois par une psychothérapeute. Tout en essayant de m'aider à reprendre confiance en moi, en parallèle, il me faut faire le lien avec des événements douloureux remontant à ma petite enfance, puisque j'ai déjà été victime d'un pervers d'un autre genre, vers l'âge de 5 ans. Les douleurs, les émotions, les sentiments de honte, de culpabilité, de dégoût sont les mêmes aujourd'hui qu'il y a quarante ans ; ils n'en sont aujourd'hui que plus vifs et plus douloureux. Cet effort de mémoire m'aidera-t-il à comprendre et à éviter les pièges d'un éventuel autre pervers sur ma route ? Je n'en suis pas convaincue et je demeure percluse d'angoisse. »

Personne n'est sans histoire, cessons de nous leurrer et de cacher nos blessures. Il ne faudrait pas pour autant que les agresseurs essaient de se disculper en mettant en avant la fragilité antérieure de leurs victimes. Certes, certains comportements abusifs font ressurgir violemment des blessures passées qu'on aurait bien aimé oublier, mais ce ne sont pas ces traumatismes anciens qui sont à l'origine du harcèlement moral.

10

LES CONSÉQUENCES SPÉCIFIQUES AU HARCÈLEMENT MORAL

La honte et l'humiliation

CE QUI FAIT LA SINGULARITÉ DES TABLEAUX DE HARCÈLEMENT par rapport aux autres formes de souffrance au travail, c'est la prédominance de la honte et de l'humiliation. Cela va habituellement de pair avec une absence de haine envers l'agresseur. Les victimes veulent seulement être réhabilitées et récupérer leur honneur bafoué. Elles ont envie de se cacher, de se retirer du monde.

La honte explique la difficulté qu'ont les victimes à s'exprimer, surtout lorsque le harcèlement est individuel. Comme dans les cas d'abus sexuels, la réalité est souvent pire que ce que les victimes racontent dans un premier temps, car elles ne trouvent pas les mots. Comment dire, à un moment donné, que l'on se sent maltraité, alors qu'on n'en a rien laissé transparaître jusqu'alors ? Comment se justifier à ses propres yeux de n'avoir pas protesté tout de suite ? Comment expliquer aux autres pourquoi on réagit à ce moment-là ?

Une agression dont on réussit à se défendre, même tardivement, ne produit pas tant d'effets à long terme. Ce qui blesse – définitivement –, c'est de n'avoir pas su (ou pu) faire ce qu'il fallait pour stopper le processus, ce sont les humiliations subies en faisant bonne figure, les messages venimeux qu'on n'a pas décryptés à temps. La honte vient de ce qu'on n'a pas su (ou pu) réagir.

> « J'ai été victime et continue à être victime de propos insultants, dévalorisants, de la part du responsable informatique d'un service où je suis cadre.
> Je vis avec la honte des situations passées et la douleur des situations présentes. Bien que ces situations soient moins fréquentes aujourd'hui, elles réactivent une douleur importante et insondable en moi, un puits de douleur. Ces situations et ces souvenirs me bouffent et me handicapent. C'est comme une tare, comme la preuve que je mérite l'agression puisque je n'ai pas su me défendre.
> Deux exemples parmi d'autres :
> Un matin, ce monsieur entre dans mon bureau et s'installe en face de moi devant l'ordinateur de ma collègue. Je lui dis : "Bonjour Martin", il répond : "Bonjour chose". Je proteste et lui demande d'utiliser mon prénom. Il réplique : "De toute façon, tu n'es qu'un boudin !" Gênée vis-à-vis de l'autre personne présente, je réussis seulement à plaisanter : "Vous voyez, mon collègue est charmant !", alors que je suis déconfite et outragée. Je sens la haine, la violence et la rancœur monter en moi.
> Une autre fois, il parle à ma collègue, dans mon bureau, d'une personne recrutée en même temps que moi : "Tu as eu raison de l'embaucher... ce n'est pas comme celle-ci !", en me désignant. »

La perte de sens

Ce qui nous rend malades, c'est l'incompréhensible, ce sont les discours faux destinés à nous faire prendre des vessies pour des lanternes. On sait que le double langage familial peut rendre un individu schizophrène, mais le double langage dans les entreprises peut détruire les salariés ou les rendre paranoïaques. Il leur montre l'absurdité d'un travail qui a perdu son sens. Ils ne peuvent plus se fier à ce qu'ils ressentent : qu'est-ce qui est vrai, qu'est-ce qui est faux ? Suis-je aussi nul que ce qu'on me dit, aussi mauvais, aussi néfaste ? Ils subissent alors sans pouvoir se défendre. On leur dit qu'ils sont responsables de ce qui leur arrive, qu'ils ont un problème, qu'ils sont fous.

Il faut noter que des injonctions paradoxales (dire une chose et exprimer son contraire, par exemple) sont souvent utilisées dans ce qu'on pourrait appeler les « techniques de harcèlement ». Il s'agit d'empêcher l'autre de comprendre, de le paralyser. On reproche à quelqu'un de ne pas travailler, mais on ne lui donne pas les moyens de travailler ou même on l'empêche de travailler, comme on l'a vu au chapitre précédent. Ou bien encore, on prescrit à un salarié une tâche dont tout le monde sait qu'elle est inutile, comme l'héroïne d'Amélie Nothomb qui doit refaire cent fois les mêmes photocopies [1].

Douter de sa santé mentale est déjà suffisamment éprouvant, si cela est aggravé par le comportement inconscient des collègues et témoins qui font comme si rien ne s'était passé, ou qui, au contraire, laissent entendre qu'on doit bien y être pour quelque chose pour être traité ainsi, c'est invivable. Les personnes sont obligées de décompenser d'une manière ou d'une autre.

Les passages à l'acte agressifs sont la conséquence directe de la perte de sens et de l'impossibilité de se faire entendre.

On voit des salariés avoir des gestes impulsifs, de colère, qui peuvent aller jusqu'à casser du matériel sur le poste de travail, détruire toute une base de données informatiques ou téléphoner à leur agresseur pour l'injurier. Parmi ces passages à l'acte, un certain nombre apparaissent comme des actes désespérés, quasi suicidaires, car la personne sait bien qu'en agissant ainsi elle aggrave sa situation. Il va sans dire que ces actes impulsifs se retournent toujours contre le salarié, trop réactif, qui passe pour caractériel.

Les modifications psychiques

Le harcèlement moral peut provoquer une destruction de l'identité et changer de façon durable le caractère de la personne. Depuis l'enfance, notre identité se construit progressivement et n'est jamais définitivement fixée. Quand on est victime d'une agression contre laquelle on n'a pas les moyens psychiques de lutter, il peut y avoir accentuation de traits de caractère préalables ou apparition de troubles psychiatriques. Il s'agit d'une véritable aliénation, au sens où une personne est dépossédée d'elle-même, où elle devient étrangère à elle-même.

Il est effectivement des paroles ou des attitudes qui peuvent entraîner des modifications psychiques. Un proverbe chinois dit : « On peut guérir d'un coup d'épée mais pas d'un coup de langue. » Quand

1. NOTHOMB A., *Stupeur et tremblements*, Albin-Michel, Paris, 1999.

le but de l'agression est de détruire l'autre, de le priver de son identité, on n'a, pour se protéger, que deux solutions, se dédoubler, ce que les psychiatres appellent la dissociation, ou renoncer à son identité.

Ces événements provoquent une rupture, plus rien ne sera jamais pareil. On en ressort changé. Ce changement se fait parfois dans un sens positif, comme un apprentissage – lorsque la personne vivra le même type de situation, elle aura appris à s'en méfier. Mais ce n'est malheureusement pas toujours le cas, deux registres d'évolution sont possibles.

La dévitalisation

La personne harcelée peut s'installer dans une névrose traumatique et, dans ce cas, son état dépressif devient chronique. C'est comme si elle n'arrivait pas à se désengluer de l'emprise. Elle continue à penser à ce qu'elle a subi, à ressasser, et à se demander ce qu'elle a bien pu faire pour en arriver là. Elle est comme écrasée et perd tout élan et toute étincelle de vie, quelquefois de façon durable. Il n'y a plus aucun mouvement en elle puisque la personne est figée, parfois définitivement. C'est dans ce cas que l'on peut parler de « meurtre psychique » : elle est toujours en vie, mais elle est devenue un zombie. Elle porte désormais un bout de son agresseur en elle. Elle a incorporé ses paroles. Dans une autre culture, on dirait qu'elle est « possédée ».

> « Des années après, quand je dois faire quelque chose de nouveau, il y a en moi une petite voix qui me dit que je suis nul et bon à rien et que, de toute façon, je n'y arriverai pas. »

La rigidification

D'autres fois, les personnes harcelées évoluent vers une rigidification de leur personnalité et des traits paranoïaques apparaissent.

Il est facile de passer d'une méfiance légitime à une paranoïa induite. La limite est subtile et bien souvent vient fausser le diagnostic. Pourtant, ce serait un abus de savoir psychiatrique que d'attribuer ces troubles *a priori* à une pathologie antérieure. Quand la confiance a été bafouée, quand on a été trahi et manipulé, il est normal de devenir méfiant. Quand on a été surveillé, piégé, il est inévitable que l'on prenne ensuite des précautions. L'expérience nous apprend habituellement à être prudents, mais des expériences traumatisantes peuvent nous conduire à devenir exagérément méfiants. Toute situation professionnelle, où il faut être en permanence sur ses gardes, peut entraîner une méfiance généralisée et une rigidification de la personnalité. D'après mon expérience clinique, il me semble que le harcèlement moral, quand il se développe dans le secteur public, prédispose particulièrement à une évolution vers des traits paranoïaques. En effet, les procédures y sont très longues et très formalisées ; toute plainte doit suivre la voie hiérarchique, ce qui est particulièrement retors quand les griefs que l'on formule concernent cette même hiérarchie... Toute demande doit être accompagnée de notes, de dossiers, de mémoires en recours, de preuves, etc. Bref, pour se défendre, il faut devenir procédurier.

Or, il arrive que les victimes rencontrent méfiance et incrédulité, même parmi les thérapeutes ou les avocats. On leur dit qu'elles ont été bien trop naïves, et elles se reprochent de n'avoir pas vu venir l'agression. En réaction, elles peuvent s'installer dans une méfiance généralisée et en venir à douter de tout et de tout le monde. Dans leur souci de faire les bonnes démarches, elles se justifient de tout, vérifient tout, font des dossiers en triple exemplaire, et, même lorsqu'elles obtiennent gain de cause, elles n'arrivent plus à lâcher et à tourner la page. On voit alors apparaître une rigidification réactionnelle avec souvent un sentiment de persécution, qui peut aller jusqu'au délire.

> Pendant deux ans, Corinne a été l'assistante de Gérard. Au départ celui-ci s'est montré très séducteur, tentant même, dit-elle, d'établir avec elle une relation plus intime. Corinne repousse toutes les avances de Gérard, essayant, à chaque fois, de ramener la relation sur un plan strictement professionnel. Débute un harcèlement moral quotidien : critiques injustifiées concernant son travail, paroles blessantes en public, gestes de mépris, isolement, erreurs délibérées concernant la transmission des informations, etc. C'est alors que Gérard se met à la surveiller, ou tout au moins, c'est ainsi qu'elle interprète son comportement. Sous le prétexte de mesures de sécurité légitimes, il fait placer des caméras de surveillance dans les locaux. Bien sûr, cela ne lui est pas directement destiné, mais, comme par hasard, une de ces caméras pointée directement sur le bureau de Corinne permet à Gérard de surveiller toutes ses allées et venues. Comme par hasard aussi, à plusieurs reprises, Corinne croit apercevoir dans son rétroviseur Gérard qui prend le même chemin qu'elle pour rentrer chez lui après le travail. Mais est-ce si étonnant ? Ils habitent le même quartier. Si Gérard n'avait pas eu ce comportement destructeur à l'égard de Corinne, probablement ne s'inquiéterait-elle

pas de ces coïncidences, peut-être même ne les aurait-elle pas remarquées. Mais elle les a remarquées, elle s'en est inquiétée, et maintenant, elle ne peut pas ne pas y penser.
Par la suite, lorsque le harcèlement moral prend visiblement une tournure plus hostile, Corinne craque et est mise en arrêt de travail. Elle ne dort plus, pleure toute la journée, s'angoisse, est sur le qui-vive, et a en permanence le sentiment d'être épiée. Elle se méfie de tout et de tout le monde.
Le premier psychiatre consulté conclut à un délire de persécution. Pourtant des gens sont prêts à témoigner des manœuvres perverses de son patron et les caméras dirigées sur son bureau sont bien réelles. Considérant que son psychiatre lui est hostile, ce qui conforte celui-ci dans son diagnostic, Corinne veut changer de thérapeute et lui en parle. Celui-ci lui fait remarquer qu'elle se sent persécutée partout, y compris dans son cabinet de consultation, et l'encourage à poursuivre sa psychothérapie. Elle se dit qu'il a peut-être raison et continue à le voir avec réticence. Mais son état de santé ne s'améliorant guère, elle décide finalement de changer de thérapeute et va consulter une femme, dans une autre ville. Celle-ci l'encourage à poursuivre ses démarches administratives. Après plusieurs mois, Corinne finit par obtenir gain de cause : la reconnaissance par l'administration du comportement abusif de son supérieur. Elle se rassure : « Je ne suis pas folle ! » Petit à petit, elle reprend confiance en elle et cesse de se méfier de tout le monde.

On voit à travers ce cas clinique à quel point il est important d'aider la victime à obtenir la reconnaissance extérieure de la violence subie.

La défense par la psychose

Le harcèlement moral, comme tout traumatisme violent ou comme toute humiliation répétée, peut produire une effraction dans le psychisme et amener une personne à délirer de façon plus ou moins transitoire.

Maguy travaille comme comptable dans une entreprise connue depuis dix ans. Lors d'une restructuration, arrive un nouveau directeur qui, d'emblée, montre qu'il supporte mal l'ancienne équipe. Les relations entre collègues deviennent dures, les gens se méfient les uns des autres et chacun doit se justifier de tout. Une collègue fait une crise de tétanie lors d'une réunion, une autre est obligée d'envoyer plusieurs lettres recommandées pour se justifier.

Depuis que ce patron est là, Maguy a été évincée des réunions où elle était habituellement conviée, et on lui confie moins de travail.

Quand elle comprend que ce supérieur ne veut pas d'elle, elle essaie de trouver un arrangement avec lui pour quitter l'entreprise. Son patron lui dit : « Pas de problème ! », mais il ne fait rien et refuse de la recevoir. Il lui fait beaucoup de reproches sur son travail, mais, quand elle essaie de s'expliquer, il lui raccroche au nez ou tourne les talons. Puis il lui fait savoir qu'il veut bien qu'elle parte mais qu'il ne veut pas payer.

C'est à ce moment-là que des troubles délirants apparaissent chez Maguy. Elle a l'impression qu'on parle d'elle. Elle croit entendre au travail, mais aussi à la maison, des gens dire qu'elle est incompétente. Elle a la conviction que ses voisins sont des agents de renseignement de son patron et qu'ils écoutent ce qu'elle dit, pour accumuler des preuves contre elle qui l'obligeraient à démissionner. Elle pense que son téléphone est sur écoute et qu'il y a, chez elle, des caméras cachées pour la piéger.

Pour l'apaiser, son mari l'emmène quelques jours en vacances. Les troubles disparaissent et elle parvient même à rire de ce qui lui est arrivé. À son retour de vacances, quand elle reprend son travail, les idées délirantes reviennent...

Il s'agit là d'une authentique pathologie délirante, faite d'hallucinations auditives et psychiques dans une atmosphère de délire de persécution, appelée psychose hallucinatoire chronique. Les voix que Maguy entend sont critiques ou malveillantes, en écho à ce qu'elle croit vivre professionnellement. Est-ce que son délire est lié à ce qui se passe à son travail ? Il est incontestable que l'atmosphère insécurisante qui y règne a servi de déclencheur à son délire. Est-ce que l'hostilité qu'elle a cru percevoir est réelle ? Même s'il est difficile de connaître la réalité des intentions de son supérieur, le délire de Maguy n'est pas parti de rien et l'atmosphère insécurisante existait bel et bien, même si, vraisemblablement, Maguy l'a ressentie de façon exagérée.

À tort ou à raison, elle s'est sentie menacée, son équilibre psychique s'est trouvé ébranlé, et ce qu'elle a vécu était une déstabilisation suffisamment grave pour la faire basculer dans la psychose. Aurait-elle déliré si le contexte professionnel était resté stable ? Peut-être pas. Il est incontestable que l'insécurité professionnelle est un élément très perturbant, même s'il ne peut être à l'origine du trouble.

Sous traitement médicamenteux, les symptômes de Maguy disparaissent rapidement, mais l'idée de reprendre son travail l'angoisse. Sur une impulsion, elle donne finalement sa démission et s'en trouve soulagée. Mais ses employeurs exigent qu'elle fasse son préavis, or, dès qu'elle reprend contact avec son entreprise, le délire repart de plus belle. Je la convaincs d'accepter un arrêt de travail jusqu'à la fin de son préavis. Elle retrouve sa vitalité. Quelques semaines après, elle s'inscrit à une formation qu'elle suit avec enthousiasme, et un mois plus tard, elle trouve un autre travail.

Avec quelques mois de recul, Maguy n'a plus de traitement et ne délire plus.

Ce qui est plus surprenant, c'est que, peu de temps après, une autre collègue, Lisa, comptable comme elle, se retrouve dans la même situation, mais réagit de façon apparemment plus « normale ».

Elle essaie de s'adapter et encaisse quand la pression et la malveillance deviennent de plus en plus marquées. Elle tient bon, au moins en apparence, car elle développe une série impressionnante de troubles psychosomatiques. Au bout du compte, Lisa est licenciée et déprime sans vouloir le reconnaître. Son généraliste lui prescrit différentes médications sans effet et, en désespoir de cause, finit par lui donner un traitement d'antidépresseurs qu'elle ne supporte pas. Elle refuse également de faire une psychothérapie parce qu'elle dit qu'elle n'est pas folle.

À ce jour, Lisa est toujours en arrêt de travail et sans emploi et, d'ailleurs, elle n'en cherche pas, car elle ne se sent pas en état.

Les histoires de Maguy et de Lisa, outre qu'elles se passent dans la même entreprise, sont riches d'enseignement. Le passage au délire aigu a été pour l'une un moyen de défense très efficace pour sortir de l'emprise d'un milieu de travail « maltraitant ». En quelque sorte, il a fallu à Maguy ce délire pour qu'elle ait un sursaut lui permettant de réagir et de se protéger.

Il est frappant de voir que ce que l'on reproche à une personne est ce vers quoi on l'entraîne. Quand on dit à quelqu'un : « Tu es fou/folle » ou « Tu es parano », il devient effectivement fou ou parano.

Il ne faut pas toujours considérer le passage à la paranoïa comme un échec. Ce peut être une protection efficace inventée par notre psychisme pour résister.

Que l'évolution se fasse vers une fixation de la plainte ou vers une méfiance paranoïaque, il n'y a plus de rencontre possible avec le monde du travail qui a exclu la personne. Dans le premier cas, la personne est figée, engluée et ne peut plus bouger, dans le deuxième cas, elle est rigidifiée et ne peut pas lâcher sa garde sans risquer d'être attaquée. L'entreprise, par son fonctionnement rigide, a rejeté ces personnes et les a poussées vers la folie ou la maladie. C'est alors à la société de les prendre en charge par le biais de l'assurance maladie.

On voit que le harcèlement moral est un processus particulier où une personne devient ce qu'on lui reproche d'être. On lui dit : « Tu es nulle ! » et la personne perd ses moyens et se sent devenir nulle. On la traite de paranoïaque et, après un certain temps, on la pousse à devenir méfiante, rigide, procédurière. C'est le pouvoir des mots qui font acte et qui, par injonction, transforment l'autre.

IV

Les origines du harcèlement

IL EST TENTANT DE CONSIDÉRER QUE LE HARCÈLEMENT MORAL n'a qu'une seule et unique cause et d'en déduire, par conséquent, qu'une seule et unique solution peut y remédier. Mais une approche raisonnable doit voir le problème sous différents angles : l'angle psychologique, qui tient compte avant tout de la personnalité des individus et de leur histoire, et l'angle organisationnel, qui analyse essentiellement les règles de management. Il faudrait se méfier d'une approche qui se focaliserait uniquement sur la personnalité de la victime, ses faiblesses, ses défauts, en oubliant le ou les agresseurs, mais il faudrait également se méfier d'une approche qui considérerait le harcèlement comme inhérent au seul agresseur. À l'opposé, il faut se garder de dire que ce n'est la faute de personne, que les victimes sont innocentes, que les agresseurs ne sont eux-mêmes que des victimes du système, que tout est de la faute d'une entité abstraite : le capitalisme, la mondialisation. Ne considérer la violence que comme conséquence de l'organisation du travail risquerait de dédouaner les acteurs. Il faut donc éviter, d'un côté, de psychologiser à outrance et, de l'autre, de déresponsabiliser les personnes, en reportant la faute uniquement sur l'organisation (inhumaine) du travail.

Même si, sur un lieu de travail, la violence est parfois liée à la toxicité de l'organisation, elle fait écho à la violence générée par des individus, à différents niveaux.

Certes, il existe incontestablement des systèmes pervers qui favorisent la mise en place du harcèlement moral, mais tenir compte des systèmes n'empêche pas de tenir compte des personnes. Quelle que soit la volonté des entreprises de transformer les salariés en pions dociles, ils resteront des humains fragiles, marqués par leur éducation, leur milieu social, leurs traumatismes. Une situation de harcèlement ne peut pas être interprétée en dehors de l'histoire de chacun des protagonistes, des différents systèmes de pensée qui ont façonné sa vision du monde, même si ces éléments personnels sont à replacer dans un contexte professionnel qui leur donne leur sens. La manière dont quelqu'un réagit à un contexte hostile est donc fonction de son histoire mais aussi de l'histoire de l'entreprise dans laquelle il travaille, de la société dans laquelle il vit et de son économie, des microsociétés qui l'entourent.

Tous ces déterminismes sont intriqués, mais l'individu garde néanmoins la liberté d'agir ou de réagir.

11

LES CONTEXTES QUI FAVORISENT

On peut considérer que le harcèlement moral est lié à la nature humaine et qu'il a toujours existé sur les lieux de travail, il n'en reste pas moins qu'il semble être en recrudescence. Quelles peuvent en être les raisons ? Est-ce que ce ne seraient pas les changements dans la nature du travail qui favoriseraient la mise en place de tels procédés ?

Ce qui est certain, c'est que, s'il n'existe pas de profil psychologique type des victimes, il existe incontestablement des contextes professionnels où les procédés de harcèlement moral peuvent s'épanouir plus facilement. Ce ne sont pas seulement les milieux où règnent un fort niveau de stress et une mauvaise organisation, mais ce sont surtout les pratiques de management peu claires, ou même franchement perverses, qui constituent comme une autorisation implicite aux agissements pervers individuels.

La nouvelle organisation du travail

La place du stress

Toutes les enquêtes le confirment, le harcèlement moral émerge plus facilement dans des contextes particulièrement soumis au stress.

Je ne m'étendrai pas trop sur les mécanismes du stress qui sont abondamment décrits dans de nombreux ouvrages, car, même si le stress constitue une vraie usure psychique et une vraie souffrance, il ne constitue pas en soi du harcèlement moral, mais seulement le terreau qui peut favoriser sa mise en place. Ce qui crée le harcèlement moral, ce n'est pas l'excès de travail, car on peut harceler dans des services où les personnes sont sous-employées, c'est surtout une ambiance de travail où il n'y a pas de régulation interne, ni dans les comportements ni dans les méthodes ; tout semble permis, le pouvoir des chefs est sans limites, comme ce qu'ils demandent à leurs subordonnés.

> Christophe est juriste dans une association professionnelle. Sa supérieure hiérarchique voit bien qu'il est débordé de travail, qu'il finit tard le soir et qu'il emporte parfois des dossiers chez lui pour travailler le week-end. Pourtant, elle lui refuse l'adjoint qu'il réclame en vain depuis un an.
> Il supporte d'autant moins son stress qu'il sait – et tout le monde le sait – que, dans le service d'à côté, certains collègues arrivent tard, se mettent des rendez-vous fictifs et vont chez le coiffeur pendant leurs heures de travail.

Le passage aux 35 heures a certainement renforcé l'intensification du travail. On demande aux salariés de produire toujours plus, avec des équipes qui travaillent moins longtemps. Il faut donc tout faire plus vite et optimiser le temps passé à la tâche. Désormais, on fait la chasse aux temps morts : les rythmes de travail sont fixés, les pauses sont restreintes, la communication est limitée au strict minimum. L'évolution très rapide des nouvelles technologies oblige les salariés à s'adapter en permanence et à devenir polyvalents. Il leur faut enregistrer rapidement les changements de procédures sans la moindre logique, les réorganisations permanentes, les notes de service incessantes. Ce qui importe, c'est de tenir les objectifs. Celui qui ne suit pas est considéré comme inadapté.

On bouscule ainsi les salariés qui n'ont plus le temps de réfléchir à ce qu'ils font, ni celui de communiquer. Dans un monde professionnel qui fonctionne dans l'urgence, on n'a plus le temps d'écouter. Quand on est pressé, bousculé, malmené, on oublie l'autre en tant que personne, on n'a plus le temps de se laisser émouvoir par lui, on n'a plus le temps de le « rencontrer » au sens propre du terme. Il y a, certes, des contacts, mais il n'y a plus d'échanges, plus de moments à partager. Quand on arrive à ce point de négation de soi-même et de son propre corps, il est difficile de tenir compte des autres. On ne voit pas la souffrance autour de soi, ou si, par hasard, on en perçoit quelque chose, il n'est pas question de s'y attarder, car cela pourrait conduire à perdre de vue les objectifs.

Certes, les cadres surmenés participent à des séminaires de gestion du stress ou de gestion du temps, mais on ne fait que leur apprendre à repousser encore plus loin les limites de leur stress, afin qu'ils soient encore plus efficaces, encore plus rapides. On leur enseigne le développement personnel, afin de mieux résister aux atteintes narcissiques générées par les situations de travail, car, en plus de sa compétence professionnelle, on exige du salarié qu'il se construise une assise personnelle, afin de résister aux incertitudes, aux rejets, aux frustrations qu'on ne manquera pas de lui faire supporter. Lorsqu'un salarié se démotive, on ne s'interroge pas sur les raisons de son découragement, mais on le rejette pour non-conformité, parce qu'il n'est pas assez battant. Or, il est évident que le bénéfice des formations de gestion du stress, dont l'objectif est de faire que les hommes soient encore plus performants, est avant tout pour les entreprises qui veulent des salariés inaltérables. D'ailleurs, pour s'en assurer, dès les entretiens d'embauche, on teste leur fragilité éventuelle en leur tendant des pièges, afin de les déstabiliser. À un certain niveau de hiérarchie, on ne recrute pas tant les personnes sur leurs compétences que sur leur capacité à résister (théoriquement) à tout.

Ces méthodes de travail entraînent une robotisation des personnes. Certains cadres que je vois en consultation choisissent de venir me voir le matin, avant leur travail, plutôt que le soir, car, après le travail, il leur faut un temps de décompression avant de pouvoir parler d'eux. Ils arrivent le corps tendu, les mâchoires serrées et ne peuvent parler que du factuel. Il me faut les mettre en confiance : « Ça va, ici vous ne risquez rien, vous pouvez vous détendre ! », pour qu'ils puissent réintégrer leur corps. C'est comme si, pour se préserver, ils s'étaient blindés et que, à certains moments, ils n'arrivaient plus à sortir de leur armure.

On demande aux salariés d'être performants, motivés, dévoués et prêts à faire plus que ce qui est prévu dans le contrat, mais est-ce qu'on leur offre en retour la sécurité et de bonnes conditions de travail qui leur permettent de s'épanouir ?

Malgré la reprise économique, l'insécurité persiste. Chaque salarié sait que, quel que soit son niveau hiérarchique, il risque à tout moment de tout perdre et d'être licencié, s'il n'est plus assez performant ou s'il n'est plus conforme. Les dirigeants ne veulent pas entendre parler de la faiblesse ou de la fragilité des personnes : « Nous voulons les meilleurs, nous voulons les plus brillants ! », mais que deviennent les autres, les moyens, ceux qui brillent moins ? Ou, tout simplement, que deviennent ces meilleurs quand ils ont une baisse de forme ? Afin d'éliminer autant que possible l'aléatoire lié à la fragilité humaine, les entreprises se sont donné des instruments pour mesurer les salariés. Dans le but de sélectionner les plus « opérationnels », des tests supposés scientifiques, où aucune place n'est laissée à l'émotion, à l'intuition ou à la subjectivité, ont été inventés. Cela conduit chacun à être sur le qui-vive : si j'ai une baisse de forme ou une défaillance passagère, si je ne me maintiens pas parmi les meilleurs par des formations multiples, je serai exclu à mon tour. Si on ajoute à cette tension permanente, les méthodes et les objectifs qui changent rapidement, les fusions et les restructurations qui se multiplient, on comprend que certains salariés baissent les bras et se démotivent.

Bizarrement, alors qu'ils acceptent d'envisager les dimensions psychologiques dans le domaine du marketing (par exemple, prendre en compte l'irrationalité des consommateurs), les dirigeants refusent de les prendre en compte pour leurs salariés. Ils les veulent performants, responsables, avec un parcours sans faute. Le « psychologique », dans ce cas, est considéré comme un problème.

Mais les hommes tombent aussi en panne, ils se mettent en arrêt maladie et les entreprises expriment rarement de la gratitude pour le travail fourni antérieur à la « panne », car elles refusent de voir les faiblesses des individus. Dans le monde du travail, entre l'ultraperformance et la maladie, il n'y a rien.

Pourtant, les salariés motivés ne détestent pas d'être stressés si leur tâche a du sens et s'il y a une reconnaissance pour le travail fourni. L'erreur que font beaucoup d'entreprises est de ne pas savoir motiver leurs salariés, en leur donnant les moyens humains et concrets (y compris par la rémunération) d'aimer leur travail.

Qu'on ne se leurre pas, on ne fera pas disparaître le stress, mais on peut installer des signaux d'alerte pour éviter qu'il ne devienne destructeur, et on peut surtout prévoir des garde-fous pour éviter un dérapage vers la perversité.

La mauvaise communication

Alors que l'un des programmes de formation les plus proposés dans les cours de management est l'art de bien communiquer, il apparaît que les personnes se parlent de moins en moins. Une étude de l'INSEE, portant sur une longue période (1983-1997) et étudiant les échanges sur les lieux de travail ou la sociabilité de voisinage, montrait que les relations réelles avaient tendance à diminuer fortement :

> « En quinze ans, le nombre de salariés ayant eu dans la semaine une conversation extraprofessionnelle (cinéma, politique, sport...) avec un collègue s'est réduit de 12 % [1]. »

Il est incontestable que, dans le monde de l'entreprise, la communication a changé. Cela modifie de façon imperceptible la relation à l'autre : dans la communication verbale comme dans les e-mails, on parle vite, on va à l'essentiel, on limite les formules de politesse, on ne prend plus le temps d'échanger. On laisse une note de service, on envoie un mémo. D'autre part, sous l'influence des nouvelles technologies, de nouvelles formulations, bien éloignées du langage commun, sont apparues. Il faut parler « technique », utiliser un langage codé, qui exclut les non-initiés. Ce langage pseudo-savant, touche le domaine de la nouvelle économie qui fonctionne comme un clan. Mais aussi le domaine du management où, au lieu de parler un langage humain, de bon sens, on introduit des échelles de cotations, pour mieux noter les salariés, des critères de référence, pour leur dire comment ils doivent exécuter chaque tâche. On prétend ainsi être plus efficace, mais, en fait, on dissimule l'impuissance de toutes ces méthodes à améliorer les relations entre les personnes.

Certes, les méthodes de management ont essayé de pallier ce déficit de relation en développant des techniques de communication (pour motiver vos subordonnés, vous devez faire comme ci ; pour régler les conflits, vous devez faire comme ça...), mais toutes ces techniques sont très codifiées. Pour de nombreux jeunes cadres, recrutés pour leurs diplômes ou leur compétence technique et non pour leur valeur propre, la technique relationnelle et les outils d'évaluation viennent remplacer l'humain. De même qu'en médecine la multiplication des examens complémentaires fait parfois négliger l'examen clinique et l'interrogatoire du malade sur ses symptômes, ce qui disparaît, avec les techniques modernes de communication, c'est l'écoute, le dialogue et le respect de l'autre, toutes choses qui peuvent nous amener à changer de point de vue et à nous remettre en question.

---

1. Étude publiée en mars 1998 et citée dans *Le Monde* daté du 24 décembre 1999.

Les entreprises elles-mêmes, c'est-à-dire les dirigeants et, en cascade, toute la hiérarchie, ont du mal à communiquer. Lorsque l'organisation de travail est trop rigide, en particulier quand le fonctionnement est trop centralisé et trop cloisonné, les messages ne passent pas. Il y a ainsi un fossé entre le siège d'une entreprise, la direction générale et les établissements de production.

À côté de cela, trop souvent, les responsables ne savent pas valoriser ou encourager les personnes. Au contraire, aux échelons intermédiaires, on voit fleurir une abondance de messages négatifs ou dévalorisants du genre : « Qui êtes-vous pour penser que...? », « Vous qui n'êtes pas trop bête, pourriez-vous...? »

Certains cadres n'ont pas le courage d'affronter leurs subordonnés et de leur dire les choses en face, alors ils imposent ce qu'ils n'osent pas demander. Ils préfèrent mettre leurs subordonnés devant le fait accompli ou bien faire passer les messages par des notes internes, ou en réunion, à un moment où le salarié ne peut pas argumenter. Plutôt que de régler le problème, on reste dans le non-dit ou les sous-entendus, ou bien on impose une solution sans discussion. On protège aussi ses arrières en limitant les informations descendantes. On peut ainsi changer de stratégie ou d'alliance, sans que cela se repère trop facilement.

Le tort de beaucoup d'employeurs est de vouloir régler les problèmes de mésentente sans rien nommer, en évitant à tout prix le conflit, alors qu'il serait plus sain de crever une bonne fois l'abcès et de dire les choses. Tout non-dit entraîne un risque de malentendu ou de manipulation. Dans une organisation traditionnelle, plus répressive, on verra davantage de conflits directs, alors que les conflits plus intériorisés et le harcèlement moral se rencontreront plus dans les types de management participatif et libéral, jouant sur la séduction et l'adhésion aux valeurs.

En dehors des échanges imposés dans les réunions et les formations, les salariés se plaignent en général d'un manque de dialogue. On leur dit qu'ils ont la liberté de parler, de poser des questions, mais, quand ils osent le faire, ils ne sont pas entendus, ce qu'ils disent n'intéresse personne. Il ne leur est pas possible de s'exprimer sans risquer de voir leurs paroles déformées et utilisées contre eux. Beaucoup disent se méfier d'une communication à sens unique : « Je fais tout pour ne pas avoir d'ennuis et ne pas avoir à parler de ce que je fais ! »

Les salariés ne sont pas dupes du double langage habituel des entreprises. Tout comme le décrit Jean-Pierre Le Goff dans son livre *Les illusions du management* [2], ils ne peuvent que constater l'écart entre le discours tenu par leur direction et la réalité qu'ils vivent au quotidien. Ils savent que les belles paroles des chefs d'entreprise servent souvent à dissimuler des mensonges et des stratégies opportunistes. Si leurs discours comportent parfois des slogans tels que : « Notre richesse ce sont les hommes ! », dans la réalité, les dirigeants s'intéressent uniquement aux performances des salariés et à la valorisation qu'ils apportent à l'entreprise.

Partout, à côté de la communication officielle, il y a des messages implicites. Par exemple, à côté du temps de travail officiel, chacun est conscient qu'il existe un temps de travail officieux qui constitue une sorte de contrat moral avec l'entreprise. Cette obligation de faire plus que ce qui est demandé vient scinder la solidarité entre les salariés. Ceux qui ne suivent pas la règle acceptée par le groupe sont rejetés, ils se culpabilisent et finissent par partir.

Le discours de certains dirigeants de multinationales n'a pas plus de sens que les discours artificiellement savants des pervers narcissiques que je dénonçais dans le livre précédent. Il ne s'agit pas de communiquer mais, au contraire, d'empêcher de comprendre pour ne pas dévoiler les stratégies de l'entreprise. Malgré tout, il faut pénétrer au plus profond des désirs des salariés afin d'induire chez eux des comportements et des modes de penser. Il faut donc, par un discours creux, hypnotiser les personnes, les mettre sous emprise. Les salariés n'ont aucun moyen de comprendre ce qui se dit et encore moins de le vérifier, ils ne peuvent que se soumettre. D'ailleurs, si le salarié résiste, ce discours se fait contraignant et menaçant, afin de susciter la peur et la soumission. Même si ces procédés ne visent pas spécifiquement une personne pour la détruire, ils se rapprochent des procédés de harcèlement moral puisqu'il s'agit de mettre les individus sous emprise afin de les soumettre.

Puisque, pour protéger leurs stratégies, les entreprises ne communiquent pas sur la réalité des faits, mais font passer des messages paradoxaux destinés à manipuler les salariés, d'un côté, et à séduire les actionnaires, de l'autre, cela oblige les salariés à lire toute communication venant de l'entreprise entre les lignes. Pour progresser dans un

---

2. Le Goff J.-P., *Les illusions du management*, La Découverte, Paris, 1996.

grand groupe ou dans une administration, il faut savoir repérer le double langage, décoder les signes subtils et anticiper sur les changements de l'entreprise ou de l'institution.

À côté de la communication officielle, se mettent en place l'officieux, la rumeur, la « radio-moquette ». Qui croire ? Les repères sont faussés, surtout pour les « naïfs », ceux qui s'attachent à ce qui est effectivement dit. Or, les victimes de harcèlement sont avant tout les naïfs, les trop honnêtes, ceux qui s'obstinent à dire ce qu'ils ont à dire, à vouloir faire le travail qu'ils sont supposés faire.

Lorsque les personnes sont sous emprise et donc sans protection, la présence d'un individu pervers suffit pour que du harcèlement se mette en place.

Le formatage

Paradoxalement, alors que la société est de plus en plus individualiste, dans le monde du travail, les valeurs individuelles sont escamotées.

Entrer dans une entreprise, c'est accepter sa culture, c'est-à-dire ses valeurs, ses normes et sa façon de penser. Dès l'embauche, une sélection est faite de candidats conformes. Mais il existe un très grand décalage entre les annonces des entreprises qui recrutent et la réalité sur le terrain. Alors que les offres d'emploi prônent l'esprit d'initiative, l'originalité de pensée des cadres recrutés, dans la réalité, le système en place supporte mal les différences. Il faut être dans le moule de l'entreprise et du poste à pourvoir.

Par la suite, si le salarié s'éloigne trop du profil idéal, on fera en sorte de le remettre sur des rails. Mais, au gré des changements de direction et des restructurations, les références auxquelles il faut se conformer peuvent varier. Ce sont là des ajustements subtils qui nécessitent de grandes qualités d'adaptation. Ceux qui ne suivent pas peuvent se retrouver exclus sans avoir démérité.

L'autonomie des salariés est encadrée et ne doit pas sortir des normes. Tout en prônant la créativité, les entreprises traditionnelles craignent toute nouveauté de pensée et préfèrent le conformisme intellectuel ou au moins un conformisme de « forme ». Malgré les conseils des experts prédisant que le management doit changer, force est de constater que, tout en prétendant le contraire, les dirigeants craignent l'incertitude et le désordre qu'engendre le changement et hésitent à se remettre en question.

Notre société exalte les différences, mais les dirigeants cherchent des individus formatés, compatibles avec différents services et différentes tâches. Ils doivent être polyvalents et adaptables partout. Ce qu'on demandait autrefois aux cadres supérieurs est exigé maintenant à tous les niveaux. Tout doit être standardisé, les hommes doivent être conformes. Ils ne doivent pas poser trop de questions, ne pas trop penser par eux-mêmes. Il leur faut aliéner une partie de leur personnalité. Même les façons de s'habiller sont standardisées. On se rassure avec des éléments objectifs et mesurables, car on ne fait pas confiance aux personnes. Certes, on reconnaît parfois le talent de certains leaders visionnaires, mais, pour les postes subalternes, on préfère contrôler les personnes en les faisant entrer dans des grilles.

Toutefois le formatage n'est pas la vie. Ce n'est qu'une imitation de la vie. Les salariés ne sont pas dupes bien longtemps. Dès qu'ils sont en difficulté, en souffrance ou en baisse de performance passagère et qu'ils réapparaissent humains, ils se font jeter. Vouloir tout normaliser est un mauvais calcul si le salarié ne s'épanouit pas dans son travail. Les conséquences seront des troubles psychosomatiques, des accidents de travail et de l'absentéisme. Toutes choses qui ont un coût non négligeable pour l'entreprise.

Les salariés eux-mêmes veulent éviter d'être exclus du groupe et sont prêts à se censurer afin de ne pas détoner. Ils savent qu'ils ont plus de chances d'être acceptés par les autres s'ils expriment des opinions admissibles à l'intérieur de ce groupe. Il ne s'agit pas seulement de garder son emploi mais aussi d'appartenir à un groupe. Ils redoutent d'être pris en flagrant délit d'inadéquation aux valeurs qui font autorité dans leur profession, ils redoutent de parler seuls contre tous.

En entrant dans une entreprise, on apprend à refouler toute critique car, après la dure période du recrutement, on est trop content d'avoir trouvé une certaine sécurité. Si on n'adhère pas complètement à l'esprit d'entreprise, la position est inconfortable et même angoissante et, très vite, on se marginalise. Il faut alors fonctionner avec un système de pensée qui ne nous appartient pas en propre. Ceux qui investissent tout dans le travail sont prêts à se nier eux-mêmes pour continuer à coller au discours collectif, afin de rester dans le groupe. Se met ainsi en place une sélection naturelle de salariés calibrés.

On demande aux collaborateurs de prendre des initiatives, d'être responsables, mais, plus ils s'autonomisent, plus ils fragilisent leurs supérieurs hiérarchiques qui craignent de perdre leur pouvoir et qui peuvent entrer en rivalité. Le lien de subordination paraissait plus simple dans un système plus pyramidal. Comment diriger quelqu'un qui est autonome ? Pour répondre à ce dilemme, les recettes miracles de management se sont succédé. Il suffit de compter, dans les kiosques des gares ou des aéroports, le nombre de livres ou de publications traitant de méthodes de management, pour voir à quel point les cadres se sentent désarmés face à leurs subordonnés et combien ils ont peur de l'échec. Ils attendent qu'on les gave par des formations multiples reçues passivement, formations où on ne leur apprend pas à douter, mais où on les abreuve de techniques et de certitudes.

Pour progresser dans une entreprise, il faudrait être caméléon et adapter son apparence extérieure aux changements d'objectifs et aux changements de culture de l'entreprise. Mais, est-ce que les normes imposées par le monde du travail, au nom de l'intérêt général, ne viennent pas remplacer les valeurs ? Le nivellement de la personnalité, s'il est associé au non-respect d'autrui, constitue une forme de suggestion quotidienne, qui conduit les individus à la passivité. C'est cette passivité qui peut les amener à suivre les comportements destructeurs d'un leader pervers ou, tout au moins, à les accepter comme une fatalité et à ne pas les dénoncer.

Le seul moyen de lutter contre ce formatage permanent est de maintenir sa liberté d'esprit et son esprit critique. Au lieu de vouloir à tout prix normaliser les personnes, les entreprises feraient mieux d'accepter leurs différences comme une richesse, et même de les valoriser, car, en refusant leur spécificité, elles gâchent de la créativité et du talent.

Le manque de reconnaissance

Le travail joue un rôle central dans la structuration de l'identité, on y affirme ses compétences, on y réalise ses projets de vie ou ses rêves.

Dans ce sens, la reconnaissance au travail de son identité professionnelle est essentielle. Une personne qui n'existerait aucunement dans le regard des autres ne pourrait que s'éteindre et déprimer. C'est d'ailleurs ce à quoi aboutit le harcèlement moral, en procédant à la disparition symbolique d'une personne. Lorsque les salariés ont le sentiment de ne pas être reconnus, quelles que soient leurs performances, ils se démotivent et n'ont plus envie de s'investir autant dans leur travail.

> Dans cette entreprise privatisée, à la suite du passage aux 35 heures, les assistantes de direction ont vu brusquement leurs heures supplémen-

taires supprimées, ce qui, outre que cela amputait considérablement leur salaire, entraînait une perte de responsabilité et un morcellement de leurs tâches. Démotivées, réduites à n'être plus que de simples secrétaires intérimaires, certaines d'entre elles, jusque-là très dévouées ont commencé à refuser tout ce qui ne faisait pas strictement partie de leurs attributions, mais qui, auparavant, permettait une bonne ambiance de travail. Le climat s'est alors dégradé, et elles furent tenues pour responsables de cette dégradation. Quelques dirigeants n'ont pas compris pourquoi elles n'étaient plus aussi dévouées et ont cherché à les prendre en faute.

Lorsque les directions ne sont concernées que par les résultats financiers et oublient de tenir compte des salariés en tant qu'êtres humains, pour les considérer seulement sous l'angle de leur technicité ou de leur utilité, les salariés, simples pions, ont un sentiment de non-existence qui peut les amener à des conduites de soumission ou de révolte.

La même instrumentalisation se retrouve dans la relation de subordination où il existe de moins en moins de réciprocité. Les collaborateurs sont de simples « ressources », à peine humaines. Le subordonné est là pour donner ; nul besoin de le remercier, ou de le féliciter, nul besoin de faire attention à lui. En dehors de son utilité pratique, on ne voit pas son collaborateur :

C'est ainsi que Marie, qui n'avait jamais pris une seule journée d'arrêt maladie en dix ans et n'avait jamais ménagé ses heures de présence, n'a même pas reçu un coup de téléphone de son supérieur hiérarchique, avec qui elle travaillait depuis sept ans, lorsqu'elle l'a averti qu'elle était hospitalisée dans un centre anticancéreux...

On exige une implication du salarié à sa tâche, on lui demande de s'investir personnellement, de s'engager à tout mettre en œuvre, y compris lui-même, pour résoudre un problème ou faire face à une situation, mais il n'y a pas de reconnaissance du travail fourni. Il y a un déni des difficultés du travail : « Débrouillez-vous, je ne veux pas le savoir ! », et aussi un déni du travail lui-même. On peut ainsi retirer à quelqu'un un projet sur lequel il s'était beaucoup investi pour le confier, sans un mot de remerciement, à quelqu'un d'autre. Il arrive aussi que la hiérarchie s'approprie le travail de l'employé et s'en serve pour se valoriser.

> « Non seulement je ne suis pas invité aux réunions de travail qui correspondent au projet que j'ai mis sur pied, mais je ne suis même pas informé de ce qui s'y décide.
> Le travail que je fais ne m'appartient pas. Il appartient à la "maison" qui peut le remodeler. »

On ne sait plus pourquoi on travaille, on ne sait plus à quoi sert ce travail car il nous échappe, on perd le sens de ce que l'on fait. On s'interroge sur l'utilité de sa tâche, sur son utilité...

Non seulement il n'y a pas de reconnaissance pour le travail fait, mais le salarié n'est même pas vu en tant qu'être humain. Par exemple, quand une personne envoie un avis de décès d'un proche pour prendre une journée, il est rare qu'elle reçoive en retour un mot de condoléances. Comment être motivé dans un système qui ne vous voit pas, où vous n'êtes qu'un pion, un matricule. En permanence, les salariés subissent des blessures qui peuvent faire écho à leur manque de confiance personnel. Le milieu professionnel, au lieu de rassurer, attaque l'estime de soi des individus.

Le respect de la personne varie selon les entreprises et leurs dirigeants. Il est des entreprises où on essaie de tenir compte de l'humain, des difficultés familiales, sociales ou personnelles, mais cela peut se faire de manière tellement intrusive que les salariés craignent d'exposer leur vie privée.

Les entreprises ne peuvent pas ignorer la personne humaine et laisser de côté sa dignité. L'écho que mon livre a reçu est comme une mise en garde pour les dirigeants, car la plupart des grèves qui avaient pour motif le harcèlement moral avaient comme slogan premier : « Nous voulons être respectés ! » Toutes avaient en commun une exigence de respect pour la dignité des personnes.

Voici ce que m'écrit un de mes lecteurs :

> « Lorsque l'expression "ressources humaines" est apparue, j'ai ressenti comme une humiliation profonde, me sentant ravalé au rang de ressource énergétique, comme le charbon, l'eau des barrages ou l'énergie nucléaire. À la même époque, on s'est mis à exprimer le temps nécessaire à l'exécution d'une tâche en "heures homme" ou en "jours homme". Et cela aussi, je l'ai considéré comme une sorte de dénigrement et de mépris des humains.
> Je suis peut-être dans l'erreur, mais je considère qu'au-dessus de la notion d'"être humain" il y a celle d'"individu" auquel on reconnaît

certaines qualités, et encore au-dessus, celle de "personne" qui a droit à du respect.
Pour moi la situation se résume en quatre mots : personne = respect, ressource = exploitation. »

Pourtant, la performance d'une entreprise est indissociable du souci qu'a la direction du bien-être de ses salariés. Des études faites dans des sociétés américaines ont montré que c'est l'attention portée aux personnes par l'organisation, bien plus que les conditions de travail proprement dites, qui a le plus d'impact sur le rendement. L'économiste Daniel Cohen[3], dans *Nos temps modernes*, nous le confirme : « La moitié de la valeur boursière d'une entreprise vient du capital humain qui la compose, l'autre moitié (seulement) du capital tout court. C'est l'importance de ce facteur humain qui est systématiquement sous-estimée. »

À l'heure où le marché de l'emploi est en pleine effervescence et où les postulants à l'embauche deviennent exigeants, de nombreuses entreprises le redécouvrent et font des efforts opportunistes pour mieux accueillir les nouveaux embauchés, pour leur offrir de meilleures conditions de travail ou faciliter leur organisation de vie. Beaucoup de dirigeants ont une vision extrêmement instrumentale, voire cynique du management. On attire les jeunes diplômés avec du clinquant pour masquer un manque de sens. On leur fait miroiter un modèle mondialisé de société, de faux bien-être, avec la promesse de bonheurs virtuels, ce qui n'empêchera pas de les jeter sans aucun scrupule, lorsqu'ils cesseront de plaire. Tout est bon pour séduire les jeunes diplômés : plus grand confort des bureaux, meilleurs programmes de formation, horaires à la carte. Certaines entreprises vont jusqu'à offrir des services (pressing, pharmacie, aide aux démarches administratives…) pour éviter à leurs cadres de perdre un temps précieux. Mais, ne nous y trompons pas, il ne s'agit pas de rendre les salariés plus heureux, il s'agit de les rendre plus disponibles, plus performants et aussi plus dépendants.

En revanche, ces procédés de séduction ne se tournent que vers les salariés les plus qualifiés. Les autres, ceux qui sont interchangeables, nul besoin de les séduire, il suffit de les contraindre sans que cela fasse trop de vagues. Cela accentue, bien évidemment, l'inégalité

3. COHEN D., *Nos temps modernes*, Flammarion, Paris, 1999.

entre les diplômés et le personnel non qualifié qui a le sentiment d'être laissé pour compte.

Tout le monde sait bien que ces petites attentions sont dérisoires : ce qui incite un salarié à rester dans une entreprise, outre un bon niveau de salaire, c'est un environnement professionnel motivant et agréable, dans lequel il peut progresser, et où son travail est reconnu.

Lors d'un colloque au CNAM, intitulé : *La gestion des personnes, le pouvoir et la loyauté dans l'entreprise,* l'orateur, centralien, consultant d'un grand cabinet d'audit, réussit l'exploit de ne jamais parler de loyauté. Il parla abondamment des différences de management entre l'économie traditionnelle et la nouvelle économie, et des avantages matériels et financiers (essentiellement les *stock-options*) qui permettaient de fidéliser les salariés. Où étaient la loyauté et le respect de la personne ?

Le mépris de l'autre est le premier pas vers le harcèlement et la violence. C'est une tactique inconsciente pour maintenir l'emprise et disqualifier les personnes.

Le cynisme du système

De même qu'il existe des pathologies individuelles, il existe des pathologies collectives. À côté des individus pervers et des individus amenés à utiliser des procédés pervers, il existe des formes d'organisation (entreprise, organisme, etc.) qui peuvent être en elles-mêmes toxiques. On retrouve, au niveau des entreprises, les mêmes profils qu'au niveau des personnes. Certaines organisations ne se soucient pas de protéger les gens qu'elles emploient et laissent s'installer un climat de harcèlement moral par indifférence. D'autres fonctionnent de façon cynique et n'hésitent pas à utiliser la manipulation et le mensonge, pour obtenir un meilleur rendement de leurs salariés et augmenter leurs chiffres. D'autres encore sont structurellement perverses et sont prêtes à tricher et à détruire leurs adversaires, mais aussi leurs salariés, si cela est utile à leur progression.

D'une façon générale, de plus en plus d'entreprises laissent s'installer un climat délétère où il est difficile de désigner nommément un agresseur. On peut seulement parler d'une ambiance, d'un état d'esprit déplaisant ou toxique.

Les enquêtes réalisées à ce jour ne montrent pas clairement si certaines formes d'organisation seraient, en elles-mêmes, plus porteuses de harcèlement moral que d'autres. On sait, néanmoins, que plus une organisation est hiérarchisée, plus la dépendance est forte, et plus cela augmente le risque de harcèlement moral. De même, certaines orientations stratégiques, comme des dégraissages systématiques, peuvent porter en elles-mêmes des germes de destructivité. Il est vrai que le discours managérial sur la rentabilité qui justifie tout constitue un despotisme organisationnel bien plus contraignant qu'une autorité directe. En revanche, ce qui apparaît clairement, c'est que, si un dirigeant ou quelqu'un de la direction est pervers, cela entraînera des comportements pervers tout au long de l'échelle. Il y a une dérégulation des relations et tous les coups sont permis. Le système devient alors pervers en lui-même, puisqu'il y a au sommet une absence totale de morale.

L'objectif de rentabilité ne conduit pas en soi au harcèlement moral, ce sont les moyens pour y parvenir qui peuvent le faire. La volonté de pouvoir ou de réussite matérielle immédiate est un ingrédient indispensable au harcèlement. D'ailleurs, nous l'avons dit, la pire malveillance se rencontre souvent dans les associations caritatives sans but lucratif, dont on ne peut pas dire que l'objectif principal soit le profit. Une entreprise qui affiche clairement ses objectifs de rentabilité et de profit, tout en respectant ses salariés, se prémunit, au contraire, contre le harcèlement moral.

Les entreprises qui sont prêtes à toutes les tricheries pour masquer leurs défaillances sont souvent aussi celles qui traitent mal leurs employés et ne les considèrent que comme des moyens pour arriver à une fin. Ce sont également ces mêmes entreprises qui, d'une façon très cynique, se plaignent de la disparition du talent et de la loyauté. Par une sorte de sélection naturelle, on y retrouve souvent, aux postes de direction, des individus particulièrement retors. Les salariés, eux, n'ont pas le choix, et doivent bien accepter d'y rester s'ils veulent garder leur emploi.

La déresponsabilisation

Il existe un malaise général de la société où personne ne veut plus être tenu pour responsable de quoi que se soit et trouve un moyen de reporter la responsabilité sur les autres, et où chacun se pose en victime même s'il ne traverse pas d'épreuve particulière. À une époque où, dans les entreprises, la hiérarchie pyramidale a laissé place à la hiérarchie en réseau, il est facile de ne pas se sentir responsable : « Ce n'est pas moi, c'est l'autre ! » ou bien : « C'est la loi du marché ! » C'est ainsi que les dirigeants qui ont été responsables d'échecs spectaculaires n'en ont jamais assumé les conséquences. C'est ainsi aussi que ceux qui harcèlent leurs collègues ou leurs subordonnés ont tendance à accuser les autres ou le système.

Même pour licencier, on se déresponsabilise. Pour s'éviter ce qui pourrait ressembler à des états d'âme, les dirigeants chargent des cabinets d'audit de chiffrer, dans la plus grande abstraction et la plus grande distance affective, les économies de personnel. La finalité en est toujours une réduction des effectifs. Il est certes plus facile de déclarer quelqu'un en surnombre sans le connaître et quand il est un simple pion sur un organigramme ! Les dirigeants peuvent ainsi dire qu'ils n'y sont pour rien, que leur décision a été dictée par les chiffres.

La mégalomanie des dirigeants

Derrière l'objectif affiché de résister à la concurrence, il y a, chez certains dirigeants une mégalomanie terrifiante ; la recherche d'une réussite immédiate et visible leur fait oublier l'intérêt de l'entreprise à long terme, qui devrait passer par la sauvegarde du personnel. Seul le cours de l'action mobilise leur énergie.

La crise économique a pendant plus de dix ans servi à justifier les mesures de restrictions salariales et de réductions d'effectifs, faisant taire toutes les revendications des salariés. Actuellement, malgré la reprise économique, on continue à contraindre les salariés sous le prétexte de la mondialisation et du cours de l'action. Avec un certain cynisme, les dirigeants des multinationales se comportent en maîtres du monde, au-dessus même du pouvoir politique, et bien loin du petit salarié de base. Leur priorité est de devenir toujours plus gros, toujours plus puissants. Ils se justifient en disant que, s'ils n'attaquent pas les premiers, ils seront écrasés par les concurrents et devront disparaître. Est-ce une réalité ou sont-ce leur paranoïa et leur mégalomanie qui se déploient ?

La lutte « à mort » entre concurrents semble être une règle du jeu acceptée par tous les dirigeants. Voici ce qu'en dit Andrew Grove, fondateur d'Intel : « Plus on réussit, plus on se trouve entouré de prédateurs cherchant à vous arracher bribe après bribe vos activités, jusqu'à ce qu'il n'en reste rien. Je crois qu'une des premières responsabilités d'un patron est de savoir se prémunir constamment contre ces attaques et d'inculquer cette attitude de défense à tous ceux qui travaillent sous sa direction [4]. » Il parle peut-être d'attitude de défense saine mais, derrière ses propos, il faut entendre aussi l'offensive qui consiste à tuer l'adversaire. Pour Andrew Grove, dans le monde du travail, c'est chacun pour soi. Il ajoute à propos des salariés : « Qui peut affirmer que ce salarié aura encore un emploi et, très franchement, qui s'en préoccupe, à part lui ? » C'est bien là le cynisme des tout-puissants !

Ces dirigeants narcissiques de grands groupes internationaux règnent en maîtres sur le reste du monde. Ils organisent la vie des autres, forgent leurs désirs et leurs besoins par l'intermédiaire de la publicité et des médias, ils savent ce qui est bon pour le peuple et ont les moyens de l'imposer. Comme le dit Jean-Marie Messier [5] : « Les entreprises sont souvent mieux placées que les hommes politiques pour savoir ce qui est bon pour le consommateur. » Les consommateurs, les salariés ne comptent pas en tant qu'individus, il poursuit : « C'est le marché qui décide en faisant varier le cours de la Bourse à la hausse ou à la baisse. »

Pour réduire les coûts, on se débarrasse des personnes comme on liquiderait un stock. Il est plus facile, semble-t-il, de sacrifier l'humain isolé, en le réduisant à l'impuissance, que de remettre en question les lois économiques. Dans les multinationales l'abus de pouvoir vient de ce qu'un individu seul n'a aucun moyen de se faire entendre. On lui oppose un intérêt supérieur et des objectifs à court terme : les cours de l'action, le marché, etc.

Ces procédés sont ressentis même à l'extérieur de l'entreprise par les clients et les consommateurs, ce qui prouve bien qu'on n'a rien à y gagner.

> Cette entreprise internationale en pleine réussite possède un réseau de commerciaux très motivés et très enthousiastes. Bizarrement, alors qu'on affiche d'excellents résultats, que de nouveaux produits sont lancés, le personnel donne soudainement l'impression de déprimer. Les gens perdent leur élan, l'enthousiasme tombe. Ils en viennent presque à s'excuser de faire leur métier. Deux ans plus tard, alors que l'entreprise a toujours des résultats corrects, les mêmes commerciaux reprennent vie...

---

4. GROVE A., *Seuls les paranoïaques survivent*, Édition Village Mondial, Paris, 1997.
5. MESSIER J.-M., *j6m.com*. Hachette, Paris, 2000.

Que s'est-il passé ? Simplement un changement à la direction générale. Pendant deux ans, pour des raisons politiques et stratégiques, un homme de pouvoir, qui ne s'intéressait ni aux produits ni aux hommes, avait été « parachuté » à la direction générale. Les clients n'en avaient rien su, mais ils en avaient constaté les effets sur les commerciaux. Deux ans plus tard, un directeur général humain revient et le personnel a l'impression d'exister à nouveau.

Bien sûr ce type de management toxique est, dans les faits, difficile à distinguer du stress, de la pression pour la productivité. Mais, la différence essentielle, repérée par les salariés est le respect de la personne. À partir du moment où on laisse s'installer de l'irrespect dans une entreprise, on risque fort de se trouver confronté à des cas de harcèlement moral.

Dans une entreprise saine, quand il y a un dérapage qui pourrait évoquer du harcèlement moral, il est possible de se faire entendre, en interpellant directement quelqu'un de la hiérarchie. Nous verrons, dans le dernier chapitre, comment mettre en place des mesures de prévention.

La perversité du système

Si la perversité consiste à entraîner les individus vers ce qu'ils ont de pire en eux et d'induire des comportements pervers, on peut dire qu'incontestablement il existe des entreprises perverses. Au lieu d'inciter chaque salarié à donner le meilleur de lui-même, dans son intérêt propre et dans celui de l'entreprise, elles exacerbent les rivalités et entraînent les personnes à utiliser des procédés déloyaux. Cela part de l'idée fausse que, si les personnes mettent de côté leur propre intérêt, elles seront plus performantes dans l'intérêt exclusif de l'entreprise, cela part aussi de l'idée que, plutôt que d'assumer des licenciements, avec les risques que cela comporte de mouvements sociaux, il vaut mieux pousser les salariés à partir d'eux-mêmes.

C'est ainsi que, lors de fusions ou de restructurations, on place, par exemple, des personnes en doublon, avec quelques paroles d'encouragement à la rivalité et quelques médisances distillées çà et là, et on attend que l'un des deux faiblisse et se mette en difficulté professionnelle, ou bien craque, tombe malade ou donne sa démission. On peut aussi semer le trouble délibérément, en prenant soin de placer quelqu'un sous les ordres d'un collègue de niveau hiérarchique inférieur, au prétexte de l'ancienneté, ou en ne tenant compte ni des compétences ni de l'ancienneté pour promouvoir un salarié. Le sentiment d'insécurité ainsi provoqué chez les salariés peut inciter certains à des comportements déloyaux.

Dans une entreprise toxique, il existe des règles occultes « perverses » : aucune limite n'est imposée au pouvoir des dirigeants et on ne respecte pas les personnes. On y utilise le double langage et le paradoxe pour mieux mettre les salariés sous emprise, on ment pour mieux dissimuler des procédés illégaux.

Dans certaines entreprises, le cynisme, le mensonge et le non-respect de la parole donnée deviennent monnaie courante.

> Francis travaille depuis sept ans dans une entreprise où il y a un certain nombre d'avantages acquis : treizième mois, comité d'entreprise, mutuelle... Son travail stagne un peu et il est ravi quand on lui propose de le détacher à un poste de direction dans une filiale. Il conservera ses avantages acquis et obtiendra une augmentation de salaire. Alors qu'il est bien installé dans son nouveau poste, l'augmentation de salaire attendue n'arrive pas. On lui fait savoir que cette augmentation ne sera effective que s'il accepte de perdre tout lien avec l'entreprise mère et donc de perdre ses avantages acquis...
> Il fait valoir que ce n'est pas ce qui lui a été promis. On lui répond avec mauvaise foi : « On ne vous a jamais dit cela ! »

On peut rapprocher ces mensonges anodins (pour celui qui les dit) des mensonges habituels de certains hommes politiques. Ce qui est dit n'a pas d'importance. Entre le mensonge et la langue de bois, personne ne peut plus avoir confiance.

La banalisation de ce genre de procédés fait qu'on accepte des attitudes cyniques, empreintes de dérision. Puisque tout le monde le fait, pourquoi pas moi ? Il y a ainsi une façon d'anticiper sur les forfaitures que ne manqueront pas de commettre les autres : « De toute façon, ils mentiront, ils manipuleront, alors autant commencer le premier ! » Il y a une démission, un renoncement à imposer ses valeurs morales. On considère d'abord comme inévitables, puis on finit par considérer comme normaux les abus de pouvoir, les manipulations, la corruption, les dérives mafieuses.

Quand chacun est centré sur ses propres intérêts, et non sur l'intérêt collectif, il y a comme une autorisation implicite à faire de même.

L'accumulation de petites combines ou de passe-droits qui peuvent paraître insignifiants convainc les salariés que tout est possible. Une exaction d'un côté entraîne une exaction de l'autre.

En juillet 2000, pour faire entendre leurs revendications, les ouvriers licenciés de la filature de rayonne Cellatex, à Givet dans les Ardennes, ont déversé 5 000 litres d'acide dans un ruisseau qui se jetait dans la Meuse. Ce geste de désespoir et d'automutilation, puisqu'ils vivent à côté de l'usine, ne s'est pas mis en place par hasard. Leur geste est conforme au fonctionnement de l'usine qui ne respectait pas les normes antipollution, en rejetant dans l'air et l'eau des produits très toxiques.

Il n'est pas étonnant que, dans une même entreprise, on rencontre corruption, harcèlement moral et mensonge, car cela provient d'un même laxisme et d'un même manque de rigueur morale.

Nous avons appris récemment, à la suite d'une dénonciation par un employé de la firme, que, pendant plus de trente ans, le groupe Mitsubishi avait dissimulé des défauts de fabrication sur des centaines de milliers de voitures, dont certains avaient été la cause d'accidents. Un logiciel informatique avait même été créé pour dissimuler l'existence des véhicules défectueux. Le groupe aura à payer une amende importante puisqu'il s'agit d'une infraction à la législation. Mais, est-ce que cela amènera un changement de mentalité au sein d'une entreprise qui avait déjà été éclaboussée par des affaires de harcèlement sexuel et des affaires de corruption [6] ?

Dans un contexte aussi pervers, il n'est pas rare que le groupe exerce des pressions sur les nouveaux arrivés pour qu'ils se plient aux règles communes, même si elles impliquent une parfaite illégalité. Soit ceux-ci acceptent et adoptent le comportement commun par cynisme ou par peur, soit ils refusent, et, dans ce cas, leur résistance s'apparente à de l'héroïsme car ils courent alors le risque d'être mis à l'écart ou harcelés.

Cependant, ce qui est imposé par la force, par la pression, n'est pas fondamentalement accepté. Les personnes se soumettent parce qu'elles n'ont pas le choix, mais, à la première occasion, elles partiront. Si on soudoie les personnes en achetant leur silence ou leur doci-

6. SHIMBUN Nihon Keizai, cité dans *Courrier international*, n° 514, 7 septembre 2000.

lité, on peut être sûr que ce comportement se répercutera ultérieurement à un échelon inférieur. La manipulation entraîne la manipulation. Comme, dans un tel contexte, aucune confiance n'est possible, il y aura risque, à chaque instant, de trahison ou de sabotage.

La destruction des personnes

À un certain niveau dans les affaires, on nage dans un monde de requins. Les OPA, qu'elles soient amicales ou hostiles, n'ont rien d'amical. On ne cherche pas seulement à dépasser un concurrent, on veut le détruire. D'ailleurs, le vocabulaire de l'économie mondiale est d'une extrême violence et très proche du vocabulaire que j'ai utilisé dans la description des agissements des pervers narcissiques : on parle de « prédateurs » qui lancent un « raid » sur un concurrent, d'entreprises « cibles » qui finissent par devenir des « proies », etc.

Lorsqu'une entreprise est en difficulté, il arrive qu'elle embauche un « nettoyeur », pour ne pas dire un tueur, qu'elle fait venir de l'extérieur. Il vient pour faire le ménage sans état d'âme : fermetures d'usines, suppressions d'emplois.

C'est parfois fait d'une façon brutale et annoncé avec provocation, comme cela avait été montré dans le téléfilm *De gré ou de force*, où l'on voit un *cost-killer* procéder à l'« élagage » des salariés jugés insuffisamment rentables.

Un *cost-killer* (réducteur de coût) a pour objectif de se débarrasser d'un certain nombre de salariés en un minimum de temps, en dehors de tout plan social. Il s'agit d'une personne que les entreprises recrutent de façon cynique pour faire le sale boulot. Cette personne vient déranger le système en place, licencier les employés qui ne correspondent plus aux nouveaux critères, puis, lorsque la place est nette, elle part exercer ses talents destructeurs ailleurs.

L'entreprise ainsi *nettoyée* fait alors venir un leader perçu positivement par les équipes, pour réinjecter cohésion et motivation dans le groupe. L'alternance du management par la peur et du management par la séduction permet la soumission des salariés.

Cela peut être fait aussi de façon plus subtile mais également plus cynique. Noël Goutard, ex-patron de Valeo, n'avait-il pas été surnommé le « boucher de Montrouge » ? Il faut dire qu'il avait une vision darwinienne et cynique de l'entreprise : « Il y a ceux qui y trouvent leur compte et qui cherchent à valoriser leur parcours et ceux qui n'y arrivent pas, ceux qui sont terrorisés par les responsabilités. La performance conduit à une sélection naturelle. Il faut que ça crache [7]. »

L'intervention d'un « nettoyeur », en dehors de toute restructuration, peut être une demande inconsciente d'un management ambivalent qui a besoin de faire des coupes franches avant de reconstruire, partant du principe que, pour qu'il y ait de la vie, il faut qu'il y ait eu de la mort. On détruit pour apporter un sang nouveau.

Il faut faire attention, car tout système qui ne se contrôle pas risque de glisser vers la perversité.

Les dérapages qui donnent lieu à du harcèlement moral ne sont pas une fatalité et les organisations ont tout à gagner en assainissant leurs méthodes de management. Il faudra donc les obliger, si elles ne le font pas d'elles-mêmes, à mettre en place des politiques de prévention.

Une entreprise ne peut pas faire sans les hommes et les femmes qui la composent. Il est des entreprises qui privilégient le respect et l'écoute des salariés et qui s'efforcent de fonctionner sainement malgré le stress et la pression du marché. Elles ne fonctionnent pas plus mal.

Le rôle facilitateur d'une société narcissique

Si ce type de comportement est possible dans les entreprises, c'est que les valeurs de notre société ont changé. Ou est-ce le contraire ? Peut-être que les valeurs de notre société ont été dévoyées par un cynisme économique justifié par la mondialisation ? De toute façon, on ne peut faire une critique des méthodes de management sans les replacer dans un contexte social.

Il est incontestable que nous sommes dans une société narcissique qui nous invite au culte de l'ego. Il faut réussir sa vie, devenir riche et puissant, et le montrer. Les dirigeants des multinationales ont d'ailleurs remplacé les rois et les reines à la première page des magazines. Dans cette société fondée sur l'image, on se soucie peu de la valeur réelle des personnes, ce qui compte, c'est l'apparence.

Les médias, et en particulier la télévision, favorisent ce genre de fonctionnement. Il ne sert à rien d'être bon dans son domaine si on n'est pas médiatique, c'est-à-dire suffisamment beau suivant les critères de notre époque, beau parleur, à l'aise devant les caméras.

7. *Le Monde*, mercredi 31 mai 2000.

Il ne suffit pas, par exemple, d'être un scientifique honnête ou un chef d'entreprise sérieux, il faut le faire savoir et faire sa publicité.

Dans une société de plus en plus superficielle, ce qui compte c'est l'argent, la réussite, un bon *curriculum vitae*, afin de monter au sommet. Que ce soit dans le domaine professionnel ou le domaine privé, chacun a une peur panique de se laisser distancer. Il faut paraître, faire illusion ou se baigner d'illusions à défaut d'être le meilleur. Il faut « assurer ». Suivant la formulation d'Alain Ehrenberg : « Nous sommes tous contraints à une société de performance [8]. » Ceux qui n'y parviennent pas doivent au moins faire semblant, donner le change, et éventuellement tricher.

Nous avons appris à accepter le système, même si ce système nous pousse vers l'abîme. Dans une société où règne le mensonge, chacun apprend à s'accommoder de cette hypocrisie quotidienne. Cela devient une norme consacrée par le temps. Cela ne pose plus de problèmes de conscience à quiconque de dire une chose et de faire le contraire ou de renier sa parole, puisque les personnages importants, ceux qui servent de modèles aux jeunes, savent passer si facilement de la vérité au mensonge.

Les personnes qui ont été harcelées perdent leurs illusions sur le monde du travail et la société en général. Toutes ces désillusions individuelles s'additionnent et on assiste à un véritable changement des mentalités : désormais, il est normal de se méfier de tout le monde. On crée ainsi une société où chaque être humain est un adversaire potentiel qui peut prendre votre place.

Pour venir à bout de la violence, il faut la replacer dans son contexte. Une société violente et méprisante entraînera des individus violents et méprisants. Pour que la société change, il faut que chaque individu qui la compose se remette en question et s'efforce de changer.

---

8. EHRENBERG A., *La fatigue d'être soi*, Odile Jacob, Paris, 1998.

12

CE QUI SE PASSE ENTRE LES PERSONNES

Éloge du mouvement

LORSQU'ON ÉTUDIE LE HARCÈLEMENT MORAL DU CÔTÉ DES PROTAGONISTES, il faut se méfier de toute caricature ; il n'y a pas d'un côté les méchants harceleurs et de l'autre les gentilles victimes. Nous entrons ici dans les subtilités de la relation où rien n'est figé d'avance, et l'attitude de l'un peut modifier l'attitude de l'autre. Une même personne peut être très performante et charmante dans un contexte favorable et devenir stupide et désagréable si l'environnement est hostile. Chacun a sa pathologie ou sa vulnérabilité, mais la pathologie des dirigeants est tolérée plus longtemps que celle des salariés.

Ce serait une erreur de croire que les processus de violence sont différents selon qu'ils se situent dans des relations privées ou dans un contexte professionnel. Aucune violence, dès lors qu'elle se situe dans notre société, n'est strictement individuelle. Simplement, sur le lieu de travail, la composante collective est plus importante, puisque les protagonistes sont dans un système et une hiérarchie, et qu'ainsi se met en place une double victimisation, par le harceleur d'abord, puis par les témoins ou la hiérarchie qui n'interviennent pas.

Malgré tout, les étapes qui visent à écraser une personne puis à la détruire sont les mêmes dans tous les contextes : la violence est distillée d'abord à doses homéopathiques et paralyse, par des procédés d'emprise, la victime qui ne peut plus se défendre. Ensuite un individu, ou un groupe d'individus, exerce son pouvoir sur la personne sans qu'elle puisse répliquer. C'est l'asymétrie imposée qui crée la violence. Dans le monde du travail, une confusion peut venir de ce que des abus sont difficiles à différencier des prérogatives de la hiérarchie et du lien de subordination. Dans la relation de subordination, il y a une asymétrie, mais elle est fixée par un contrat et ne devrait concerner que le travail à fournir. Bien sûr, il peut y avoir tentation pour le supérieur hiérarchique d'abuser de son pouvoir. Celui-ci peut avoir aussi la tentation de ne pas considérer son subordonné comme un égal au niveau humain : « Il est inférieur, je n'ai pas à le respecter ! »

Le harcèlement est une notion subjective

La difficulté qu'il y a à analyser les situations de harcèlement moral et à y trouver remède vient de ce que la réalité extérieure, visible des témoins ou intervenants, n'est pas la réalité psychique de chacun des protagonistes. Une situation ne prend sens qu'au travers de la subjectivité des personnes. Ce qui est considéré comme offensant par la personne harcelée, et l'effet que cette offense produit sur elle, est peut-être disproportionné par rapport à ce qui a été fait. Notre ressenti dépend de notre histoire, de notre éducation et de nos blessures passées. La personnalité d'un individu, liée à son caractère mais aussi à son histoire, influe sur ses réactions. Une personne, par ses comportements, peut provoquer chez nous des réactions agressives dont consciemment nous essayons de nous défendre, mais qui s'imposent à nous : « Je ne peux pas le supporter ! », ou pire... « Je ne peux pas le sentir ! » Ce qui ne veut pas dire qu'il faille en rester là ; il y a, en permanence, des ajustements possibles dans une relation. Quand on aboutit à du harcèlement, c'est que ces tentatives d'adaptation ont échoué.

Dans toute situation conflictuelle, chaque protagoniste a son point de vue et son intérêt à défendre. On pourrait, quand ils évoquent leur différend, presque dire qu'ils ne parlent pas de la même chose. Chacun va stéréotyper l'autre ; les actes hostiles lui seront d'emblée attribués, et rarement les tentatives de conciliation. On se justifie en le considérant comme l'agresseur.

Quand le harcèlement moral est le fait d'un individu pervers, celui-ci estime toujours qu'il a raison d'agir comme il le fait car sa victime le mérite, mais la personne visée, au moins dans un premier temps, n'est pas sûre de ne pas être responsable de ce qui lui arrive.

Comment une rencontre nous amène à changer

On ne peut penser la réalité uniquement d'un point de vue relationnel, ou bien uniquement d'un point de vue intrapsychique, car il y a en permanence une interaction entre le monde extérieur et notre monde intérieur, ce qui nous amène à changer. Lorsque quelqu'un nous déplaît, cela entraîne un changement intérieur en nous. L'autre le sent, on pourrait dire dans son corps, mais ne sait pas toujours le décrypter ou, plutôt, ne sait pas le mettre en mots. Ces sensations-là reposent sur quelque chose de réel et de subtil qui est dans l'air et qui varie. Entre deux personnes, il se produit un perpétuel mouvement, mais il suffit d'un rien (un battement d'ailes de papillon !), pour que ce mouvement se fixe et que la relation se rigidifie. Pour qu'une relation entre deux personnes se passe bien, il faut qu'il y ait un minimum de souplesse et de mouvement. C'est parfois l'environnement professionnel qui, par sa dureté et le stress qu'il engendre, supprime cette possibilité de mouvement entre les personnes, les amenant à figer leurs réactions. À l'inverse, on peut penser qu'un environnement managérial attentif pourrait permettre, par son intervention, de débloquer une situation qui se rigidifie.

Une rencontre se fait autour de petites choses impalpables, ce que Leibniz appelait les « petites perceptions ». Il y a les perceptions d'ensemble et les perceptions minimes. Le harcèlement moral se situe, au moins au début, autour des perceptions minimes, et c'est pour cela qu'il est si difficile à prouver au sens juridique du terme. Ces signes sont perçus par la personne visée mais pas par l'entourage, qui n'intervient pas parce qu'il ne voit pas.

José Gil, dans un article paru dans la revue *Chimères*, exprime très bien cette idée : « Prenons un visage et, sur ce visage, un sourire. Le sourire se veut amical et, pourtant, nous y percevons un *je ne sais quoi* qui nous révèle tout le contraire : il cache une antipathie profonde, voire une hostilité. Mais seul un regard perçant saisit ce décalage entre ce que le sourire prétend exprimer et ce qu'il exprime réellement. Ce décalage est perçu grâce aux petites perceptions : c'est un sourire *imperceptiblement* hypocrite [1]. »

C'est la même chose avec les mots : des paroles apparemment suaves et bienveillantes, si on s'en tient au sens, peuvent être chargées d'une agressivité qui ne pourra être ressentie que par la personne à qui

1. GIL J., « Les enjeux du sensible », *Chimères*, n° 39.

s'adressent ces paroles. L'entourage ne percevra peut-être rien. C'est la communication paradoxale, dont je disais dans le livre précédent qu'elle était un des éléments de la communication perverse.

Malheureusement, les contextes professionnels trop stressants ou malsains peuvent bloquer ces petites perceptions, soit en plaçant les personnes sous emprise par des processus de double contrainte, ce qui aboutit à les anesthésier, soit en les contraignant par un fonctionnement rigide. De toute façon, les subtilités relationnelles sont laissées de côté dans le monde du travail où on se rencontre de moins en moins. L'évaporation du sens est devenue une constante de la vie professionnelle.

Ce sont ces modifications de contexte qui, en changeant le sens d'une situation, constituent un préalable à la plupart des situations de harcèlement. Elles constituent une faille dans laquelle un individu pervers ou manipulateur pourra s'engouffrer.

Y a-t-il une spécificité de la victime ?

On m'a souvent demandé s'il y avait un profil psychologique qui prédestinerait à la position de victime. Je confirme ce que j'ai déjà écrit, à savoir que n'importe qui peut être victime de harcèlement moral. Pourtant, les agresseurs et les témoins incrédules continuent à dire que ce type de problèmes ne s'adresse qu'à des personnes fragiles ou porteuses d'une pathologie particulière, des victimes nées en quelque sorte.

S'il n'y a pas de profil psychologique spécifique aux personnes qu'on harcèle, il y a incontestablement, comme nous venons de le voir, des contextes professionnels où le harcèlement moral se développe plus facilement. Il y a aussi des situations où les personnes ont un plus grand risque d'être visées.

Les situations qui prêtent au harcèlement

Un salarié a plus de risque d'être visé lorsque, par ce qu'il est ou ce qu'il paraît être, il vient déranger une autre personne ou l'équilibre du groupe.

- *Les personnes atypiques*

Comme nous l'avons vu dans le premier chapitre, un des éléments déclencheurs du harcèlement moral est le fait de ne pas accepter la différence chez l'autre, qu'il s'agisse d'une personne ou d'un groupe. Ce rejet peut être proche de la discrimination et concerner des différences visibles, telles que le sexe ou la couleur de peau, mais il concerne beaucoup plus souvent des différences subtiles, difficilement repérables par d'autres.

Nicole est très investie dans un travail qui mêle activités commerciales et artistiques. Partie de rien, elle a sacrifié sa vie privée pour « réussir ». Elle a la chance d'avoir une supérieure hiérarchique respectueuse et valorisante avec qui elle s'entend bien. Mais, lorsque la direction décide de mettre l'accent sur le marketing, on la remplace par Annie, une femme connue pour être dure mais dont les résultats en marketing sont exceptionnels.

D'emblée, Annie signifie à Nicole que sa façon de travailler est entièrement à revoir et elle suspend tous ses projets.

Nicole a conscience qu'elle ne correspond pas à ce que sa supérieure attend d'elle. Elle n'a pas la façon de parler qui correspond à son poste. Elle n'a pas le « style ». Elle est spontanée et extravertie, alors qu'Annie est plus inhibée. Elle sait aussi que sa beauté et son élégance naturelle gênent Annie qui n'est pas à l'aise dans son corps.

De son côté, Nicole a besoin d'admirer sa hiérarchie et d'être appréciée en retour. Annie n'a aucune considération pour Nicole et ne l'informe pas sur les projets en cours.

Petit à petit, Nicole perd toute confiance en elle. Elle se sent oppressée en permanence et, à plusieurs reprises, fait des malaises, le matin, en se rendant à son travail. Depuis l'arrivée d'Annie, elle est souvent de mauvaise humeur et ses enfants et son mari commencent à se plaindre de son manque de disponibilité. Voyant que même les collègues avec qui elle s'entendait bien commencent à se plaindre d'elle, Nicole se décide à demander une mutation.

- *Les personnes trop compétentes ou qui prennent trop de place*

De par leur personnalité, certaines personnes risquent de faire de l'ombre à un supérieur ou un collègue. La tentation peut être grande alors de les rabaisser ou de les éloigner. Comme il a été dit : « L'incompétence est une menace pour soi-même, la compétence est une menace pour les autres [2]. »

Les responsables qui ne sont pas trop sûrs d'eux craignent les personnes trop libres ou qui ont une trop forte personnalité, redoutant qu'elles ne pointent leur propre faiblesse.

2. Amiel P., Marchio C., projet pour le concours Seita « Violence, réalité, obsession, fantasme ».

Marita est une personne franche, directe, claire. Il y a chez elle une insolence qui peut être vue comme une liberté de parole, mais qui est souvent vécue comme une agression par ses supérieurs hiérarchiques. Effectivement, elle n'a pas peur des patrons et est souvent la seule à parler en réunion pour signaler ce qui ne va pas.
Lorsqu'un plan de licenciement est annoncé, son patron se met à agresser verbalement Marita tous les jours. Il s'arrange pour la mettre à l'écart en la faisant travailler seule dans un autre bâtiment et en la disqualifiant auprès de ses collègues, suggérant qu'elle aurait « balancé » les tire-au-flanc.
Il expliquera plus tard que, connaissant sa force de conviction, il craignait qu'elle entraîne ses collègues à refuser un reclassement...

- *Ceux qui résistent au formatage*

Il s'agit là de toutes les personnes dont la personnalité dérange, les atypiques. Ce sont, par exemple, des salariés trop honnêtes, trop scrupuleux ou trop dynamiques. Un reproche qui leur est fréquemment adressé, comme une justification à ce qui arrive, est : « Vous êtes trop idéaliste ! »

Il y aurait chez ces personnes un défaut d'adaptabilité au groupe ou à la structure. Mais est-ce un défaut ? Est-ce que ce n'est pas simplement une résistance à perdre sa personnalité et à devenir comme les autres ?

Françoise est fille d'un chef d'entreprise. Après des études chaotiques, elle se dirige un peu par hasard vers le secteur médico-social. Comme elle est compétente, on lui donne plus de responsabilité qu'il n'est habituel à son échelon hiérarchique. Dans son service, elle est la seule femme d'âge intermédiaire ; les autres sont plutôt jeunes et parents depuis peu ou proches de la retraite. Comme elle aime travailler avec efficacité, « vite et bien », elle se sent déplacée dans ce grand groupe un peu léthargique. Les autres le ressentent aussi. Certains la rejettent, d'autres la craignent ; de toute façon, elle génère de la jalousie.
Lorsque sa supérieure hiérarchique accumule plusieurs erreurs graves dans un dossier important et que Françoise le pointe, c'est elle qui est stigmatisée et considérée comme une fauteuse de troubles. Tout le monde se ligue alors contre elle. Elle est exclue.

On voit que Françoise n'est pas assez souple, pas assez caméléon pour travailler dans un grand groupe. Elle a une forte personnalité qui la dessert. Officiellement, on l'a embauchée pour apporter du changement, mais personne n'a envie de bouger quoi que ce soit.

Les personnes comme Françoise en ont conscience et savent très bien que ce qui est leur richesse est aussi ce qui fait leur perte.

Voici la lettre que j'ai reçue de Lydie :

« Je vis dans une petite ville enclavée où tous les gens qui "comptent" au plan administratif ou économique se connaissent. Il se pourrait qu'une réputation de forte personnalité (entendez bien sûr : mauvais caractère) me précède. Cela a déjà été le cas dans mes changements d'affectation précédents.
Il faudra que je songe à donner aux académiciens de nouvelles définitions au mauvais caractère :
– défendre son point de vue ;
– se défendre tout simplement ;
– refuser d'entrer dans le jeu des manipulations et de la mauvaise foi ;
– ne pas accepter le mensonge, la calomnie d'autrui ;
– ne pas accepter les injustices. »

On supporte mal celui qui « nomme » les problèmes. Bien souvent, il est tenu pour responsable de ce qu'il essaie de dénoncer.

- *Ceux qui ont fait la mauvaise alliance ou qui n'ont pas le bon réseau*

Le harcèlement moral est indiscutablement une pathologie de la solitude. On attaque de préférence les salariés isolés, et, pour ceux qui ont des alliés, on s'arrange pour les désolidariser. Lorsqu'on a des alliances, encore faut-il qu'elles conviennent. Des personnes sont parfois « sacrifiées » au nom d'une rivalité de groupe.

Bernard est chercheur dans le domaine des technologies nouvelles. Il a été débauché du secteur public où il travaillait auparavant, pour être embauché par le P-DG d'un laboratoire privé américain afin de promouvoir la recherche en Europe. Celui-ci nomme également deux directeurs généraux pour chapeauter Bernard.
Le travail marche bien, Bernard a la confiance du P-DG et communique régulièrement avec lui par e-mail. Mais, après quelques mois, les deux directeurs européens veulent faire scission. Le sachant proche du P-DG américain, ils craignent que Bernard ne trahisse leurs projets.
Ils « boycottent » alors Bernard, cessent de lui parler même pour lui dire bonjour, ne lui passent aucune information et l'excluent de toute réunion. Son nom est même gommé de l'annuaire de l'entreprise et la standardiste a reçu l'ordre de ne lui passer aucune communication. On continue à lui donner du travail, parce qu'on a besoin de lui, mais on ne lui fournit pas les informations pour lui permettre de bien le faire.

Alors qu'il est chercheur et, en principe, autonome, on le surveille en permanence, on le critique et on lui envoie des lettres recommandées pour des motifs futiles.
Bernard a beau savoir qu'il n'est visé que parce qu'il est un pion gênant dans la prise de pouvoir des deux autres, il en est très affecté. N'osant pas attaquer directement le P-DG américain, les deux directeurs s'acharnent sur Bernard dont la santé se détériore et qui perd confiance en lui.

• *Les salariés protégés*

Comme nous l'avons vu dans l'enquête, les représentants du personnel, les personnes de plus de 50 ans, les femmes enceintes (on craint qu'elles ne soient plus aussi disponibles !) sont plus souvent victimes que d'autres de harcèlement moral. C'est ce qui se passe également dans certaines branches du secteur public, où non seulement les employés ne peuvent pas être licenciés à moins d'une faute particulièrement grave, mais où les mutations sont très encadrées.

Le risque est grand de voir le nombre de cas de harcèlement augmenter, ce qui revient, dans bien des cas, à détourner les procédures légales qui protègent les salariés. Dans les pays où ceux-ci ne sont pas ou peu protégés, la violence est plus directe. Là où il est impossible de licencier quelqu'un sans motif sérieux, des patrons « découragent » les salariés indésirables en portant atteinte, d'abord, à leurs conditions de travail puis en les attaquant personnellement.

Alors qu'elle est salariée d'une entreprise de confection depuis dix ans, les soucis commencent pour Lolita lorsqu'elle devient représentante syndicale CGT, avec trois autres collègues, pour négocier les 35 heures. Dès lors, la direction ne cesse de harceler les quatre syndicalistes. Trois d'entre elles, dont une en longue maladie, sont finalement licenciées, la troisième trouve du travail ailleurs.
Restée seule, Lolita est mise à l'écart de ses collègues qui, sous la pression directoriale, optent pour l'indifférence. Épiée en permanence, menacée à plusieurs reprises de « déqualification », accusée de commettre des fautes professionnelles, Lolita fait l'objet d'une troisième procédure de licenciement pour faute grave, les deux premières ayant été rejetées par l'inspection du travail.

• *Les personnes moins « performantes »*

Lorsqu'un salarié n'est pas suffisamment compétent, pas assez rapide ou qu'il tarde à s'adapter, il est facile pour la hiérarchie de lui en faire le reproche. Nul besoin de le harceler, sauf s'il s'agit d'un salarié protégé.

Mais les collègues, pris dans l'engrenage de la performance et de la conformité, peuvent aussi en venir à isoler, puis rejeter, celui qui nuit à la performance collective. C'est ainsi que, lors de restructurations et de plans sociaux, lorsque la pression se fait plus forte, on voit parfois apparaître des rejets violents de la part de collègues devenus moins tolérants à l'égard de ceux qui sont moins performants.

- *Les personnes temporairement fragilisées*

Quand un salarié est en difficulté personnelle, il arrive que l'entourage professionnel profite de cette fragilité. Des directions peu scrupuleuses, qui ont besoin de « dégraisser », peuvent chercher à mettre en faute celui qui n'est pas en état de se défendre. Des collègues en mal de promotion peuvent également en profiter pour marquer des points, prendre sa place ou lui passer devant :

> David est directeur commercial dans la même société depuis dix ans. Il est reconnu comme particulièrement travailleur et performant, et sa réussite fait des envieux. Lors d'une fusion, un nouveau directeur commercial arrive. David et son nouveau collègue se retrouvent en doublon avec un secrétariat, des outils informatiques et des clients communs. La même année, le père de David décède et sa femme doit entreprendre une chimiothérapie pour un cancer du sein.
> David est bien évidemment moins disponible, il reste moins tard le soir et il lui arrive à plusieurs reprises de s'absenter de façon impromptue. Son collègue en profite pour capter sa clientèle et faire le vide autour de lui. Pour des raisons soi-disant administratives, il s'installe dans son bureau, et David est relégué au fond d'un couloir. Comme il proteste, on lui fait une réputation de mauvais caractère. Son collègue discrédite également David à l'extérieur auprès des clients. La direction, qui a comme principe de ne travailler qu'avec les meilleurs, n'intervient à aucun moment pour le défendre, et lui reproche même ses erreurs de management.

Le monde du travail ressemble parfois à une véritable jungle où il est normal d'avoir peur et d'être angoissé.

La victime innocente

De nombreuses situations de harcèlement évoquent aussi la pratique du bouc émissaire, où un collectif humain fait retomber les torts sur un individu ou un groupe qui n'est pas concerné. C'est quelque chose qui se joue en dehors de lui, quoi qu'il fasse.

Selon René Girard [3], l'acte fondamental des sociétés primitives, est de désigner une victime, un bouc émissaire, et de cultiver l'illusion de sa culpabilité, afin de permettre d'évacuer toutes sortes de tensions collectives. Il s'agit d'une véritable entreprise de pacification par l'intermédiaire d'une personne qui, lorsqu'elle réunit contre elle tout le groupe, produit de façon mimétique un apaisement, voire une réconciliation. Le bouc émissaire a pour origine un rituel sacré de type sacrificiel, dont l'exemple le plus connu est décrit dans le Lévitique. Le jour de la fête des Expiations, le prêtre pose les mains sur un bouc afin de le charger de tous les péchés d'Israël. Ce bouc est ensuite chassé dans le désert, à destination du démon Azazel, emportant avec lui toutes les difficultés de la communauté.

Il est des situations professionnelles où la colère que l'on éprouve, individuellement ou en groupe, contre quelqu'un ne peut pas s'exprimer ; elle est alors transférée sur une victime prise apparemment au hasard. Par exemple, quand deux groupes s'affrontent et que l'enjeu est trop important, la violence peut être détournée sur une personne dont tout le monde s'accorde à dire qu'elle n'y est pour rien.

> Juriste dans une association à but humanitaire, Yolande est prise en sandwich entre deux groupes de personnes influentes : d'un côté les hommes du président, de l'autre ceux du secrétaire général. Quand la rivalité entre les deux groupes s'exacerbe, elle devient un objet de chantage entre eux. N'osant pas s'affronter directement, chaque groupe tente de faire passer les messages agressifs par Yolande. On essaie de la séduire pour la monter contre les autres.
>
> Comme elle résiste, elle devient finalement la cible de l'agressivité des deux clans. On la trouve indocile et on le lui fait savoir par des remarques caustiques. On critique son travail, on trouve qu'elle n'en fait pas assez, chacun refusant de tenir compte du fait qu'elle ne travaille pas pour lui seul. Yolande est isolée. Quoi qu'elle dise, quoi qu'elle fasse, on le lui reproche. Petit à petit, sa santé s'altère car elle va travailler le matin avec la peur au ventre.
>
> Les groupes finissent par s'entendre pour lui envoyer une lettre d'avertissement où se mêlent reproches professionnels et critiques personnelles (on lui reproche, entre autres, sa tenue vestimentaire qui ne serait pas conforme au poste qu'elle occupe).

3. GIRARD R., *Je vois satan tomber comme l'éclair*, Grasset, Paris, 1999.

En analyse systémique, on parle alors d'« intégrateur négatif ». La fonction de cette personne est de réunir contre elle toute l'agressivité du groupe ; ainsi « déchargé », celui-ci peut mieux fonctionner.

La fonction d'intégrateur négatif est, en principe, tenue à tour de rôle dans un groupe. Quand une même personne se retrouve de façon constante dans cette position, et que cela n'est pas contrôlé par le groupe, on peut parler de harcèlement moral. Il faut préciser qu'il s'agit là d'un phénomène collectif et inconscient qui est plus facilement analysable de l'extérieur, par un observateur, que de l'intérieur par les protagonistes.

Il ne faut pas confondre ces situations, qui sont du ressort de l'inconscient, avec les tactiques délibérées émanant d'individus pervers pour rendre quelqu'un d'autre responsable de leurs erreurs ou de leurs fautes.

De même, certaines personnes, pour des raisons névrotiques, se mettent constamment en faute et font en sorte qu'on ait en permanence quelque chose à leur reprocher. Elles se placent ainsi d'elles-mêmes dans la position d'être rejetées, quelle que soit la bienveillance du groupe.

Les facteurs prédictifs d'une moins bonne défense

Nous ne sommes pas égaux dans nos réactions face à des situations de harcèlement moral. Certaines personnes, de par leur histoire ou leur personnalité, sauront moins bien se protéger, souffriront plus et auront plus de mal à se défendre.

Par ailleurs, un agresseur pervers sait utiliser avec habileté une spécificité ou un trait de caractère, pour le retourner contre la personne. Toute vulnérabilité liée à une histoire plus intime sera également repérée. De toute façon, il s'agit de viser là où ça fait mal et, si possible, d'atteindre l'identité ou l'estime de soi de la personne.

- *La mauvaise estime de soi*

Personne n'aime se faire critiquer, mais les individus qui ont une mauvaise estime de soi y sont plus sensibles que les autres [4]. Par exemple, émettre des doutes sur la propreté d'une personne particuliè-

4. André C., Lelord F., *L'estime de soi*, Odile Jacob, Paris, 1999.

rement maniaque de la propreté ou accuser de dilettantisme un salarié très consciencieux sont des moyens sûrs pour blesser.

Lorsqu'une personne a au départ peu confiance en elle, mais qu'elle a su acquérir grâce à son travail une bonne image, il est incontestable que, pour la déstabiliser, il suffira de dévaloriser son travail, de ne pas lui donner la possibilité de montrer le meilleur d'elle-même, ou tout simplement de l'empêcher de travailler. Les personnes qui ont placé leurs investissements ailleurs que dans le travail ne seront pas autant atteintes par ce type de procédés. Un agresseur pervers trouvera autre chose pour les déstabiliser.

Une mauvaise estime de soi est de plus en plus fréquente dans un monde où les exigences d'apparence sont de plus en plus grandes. Dans une société narcissique, les individus deviennent de plus en plus fragiles et ont besoin de se rassurer dans le regard de l'autre. L'insécurité distillée dans le monde du travail vient faire écho à une insécurité plus profonde et peut les amener à basculer.

Harceler quelqu'un moralement, c'est pointer ses faiblesses, ses erreurs et ses défaillances jusqu'à ce qu'il s'en sente coupable et qu'il perde confiance en lui. Plus la personne doute d'elle, plus ce travail de sape sera facilité.

- *Un besoin exacerbé de reconnaissance*

Nous l'avons vu, le travail joue un rôle central dans la structuration de l'identité d'une personne. Être apprécié, estimé ou aimé, aide à avoir une bonne image de soi. À l'inverse, être rejeté, critiqué, humilié, introduit inévitablement le doute.

Beaucoup de malentendus, dans le monde du travail, viennent de ce que les gens prennent pour des critiques personnelles ce qui s'adresse à leur fonction. Pourtant, on peut être en désaccord avec quelqu'un sur le plan professionnel et maintenir une bonne relation personnelle avec lui.

Mais, lorsqu'on s'identifie à sa fonction et que l'on n'est plus que monsieur Dupont, ingénieur, ou mademoiselle Durand, infirmière, il est certain qu'on est plus vulnérable aux critiques professionnelles.

À une époque où les personnes sont de plus en plus seules dans leur vie de tous les jours, elles peuvent être tentées de surinvestir leur vie professionnelle. Tout va bien lorsqu'elles réussissent et tout va bien aussi si elles ont la chance de travailler dans une petite structure qui les valorise. Mais aujourd'hui l'entreprise est devenue un univers froid qui exige des résultats. Le « vrai » patron n'est souvent plus une personne mais un groupe. Comment, dans ces conditions, attendre un quelconque retour « affectif », une quelconque considération ?

René apprend par une secrétaire que son patron veut profiter du passage aux 35 heures pour lui diminuer un certain nombre d'avantages, ce qui constituerait pour lui une perte de salaire effective. Furieux, au lieu d'essayer de négocier, il envisage, d'emblée, de donner sa démission.

Dans ces nouveaux contextes, les salariés sont déçus et parfois même blessés de ne pas avoir de reconnaissance, ce qui peut les faire réagir de façon agressive et avec dépit, comme René.

La gravité du traumatisme est d'autant plus grande que la personne avait énormément investi son travail. C'est ainsi que, très souvent, les personnes sont mises de côté avant d'être licenciées. Elles ont l'impression d'être mises en quarantaine, on les critique, on médit sur leur compte, comme pour justifier la décision prise.

Brigitte, 59 ans au moment des faits, secrétaire de direction, a été mise de côté, critiquée, calomniée, puis a « bénéficié » d'un départ négocié, après vingt-trois ans dans la même entreprise. C'est la troisième secrétaire à qui pareille mésaventure arrive. Une autre s'est suicidée peu avant.

Voici ce qu'elle en dit :

« Après avoir été avertie de ma mise à pied, se sont ajoutés des propos visant, à l'évidence, à me déstabiliser profondément avant toute négociation pour pouvoir me léser plus facilement. De mon côté, après avoir admis, difficilement, de devoir partir, j'ai fait entièrement confiance aux directeurs chargés de mon départ. J'ai d'abord cru que le "désaccord" nécessaire pour la transaction était "sur le papier seulement", comme cela m'avait été dit, et je l'avais accepté. Puis j'ai compris que le motif fabriqué pour l'occasion correspondait, en fait, à un rejet de moi-même par la compagnie en remerciement de mes vingt-trois années de "bons et loyaux services".
Sans aucune formation juridique, j'ai dû faire face, isolée de tous par la maison (pas d'avocat, ni de prud'hommes, ni d'inspection du travail, « Ce n'est pas le style de la maison ! »), à toute une avalanche de concepts précis pour tous, sauf pour moi. Comment, sans expérience, peut-on se défendre, surtout dans un tel climat d'hostilité, de surcharge

de travail et de stress parfaitement orchestré et en face d'une hiérarchie détenant pouvoir, savoir et savoir-faire ?
Cette signature restera pour moi l'acte le moins libre de toute ma vie et un gravissime point de rupture. Elle a été obtenue par pression psychologique intolérable. J'étais anéantie, brisée, anesthésiée, suicidaire. Je l'ai vécue comme sous hypnose, n'ayant plus la capacité d'apprécier. Pour preuve, j'ai tout de suite été certaine qu'on aurait pu me faire signer, séance tenante, l'arrêt de mort d'une autre personne, après le mien. Je l'aurais signé. Cette conviction reste gravée en moi et revient périodiquement dans mes réflexions.
De tels procédés sont-ils conformes à l'éthique d'une grande maison et à la qualité de ses dirigeants ? L'arrêt brutal du travail, le chômage, la retraite plus tôt que souhaitée ne sont-ils pas amplement suffisants à créer un traumatisme ? Pourquoi vilipender en plus les secrétaires pour des fautes non commises et mépriser à ce point leur travail ?
Si je ne suis pas allée jusqu'au suicide, dont l'idée m'a cependant fortement habitée, mettant ma vie en danger pendant près de deux ans, les conséquences pour moi de ce licenciement furent tout de même très lourdes : "état de choc" physique et psychologique long et important, précédé et suivi d'un état dépressif tout aussi grave dont je commence à peine à sortir. Je vous fais grâce de toute la souffrance, l'angoisse... (sans compter les frais) qu'occasionnent ces états, de l'impossibilité de mener une vie normale, de s'engager quelque part... ce qui retarde d'autant mon entrée dans la retraite active et sereine que je souhaitais.
Pour résoudre des problèmes d'organisation interne à l'entreprise, on sacrifie les collaboratrices en fin de carrière. J'étais personnellement très attachée à cette entreprise et très impliquée dans mon travail. La charge assumée, ces dernières années, l'a bien prouvé. A-t-on le droit d'"exécuter" de façon aussi traumatisante des personnes qui, au fil des ans, avaient tissé avec l'entreprise, du moins le croyaient-elles, des relations de confiance ? »
Selon la direction de Brigitte, « la négociation a été menée selon les règles, avec le temps et les précautions psychologiques nécessaires à ce type d'évolution personnelle, dont on conçoit qu'elle engendre toujours, à des degrés divers, une confrontation plus ou moins malaisée à une réalité nouvelle ».
Pourquoi un tel décalage entre les propos de la direction et la réalité perçue par la personne licenciée ? Y avait-il volonté délibérée de « casser » Brigitte ? Probablement pas. Mais il fallait surtout se débarrasser d'elle à moindres frais car elle avait vingt-trois ans de carrière, un certain niveau de salaire, etc. On peut ensuite justifier la décision de la licencier à cause d'habitudes de travail acquises avec le temps qui ne convenaient plus. La direction a eu probablement l'impression de régler « proprement » ce « problème », mais personne, à aucun moment,

ne s'est demandé ce que pouvait ressentir Brigitte. On a cherché, consciemment ou non, à la manipuler pour qu'elle ne fasse pas d'histoires : pas de procès, pas de prud'hommes. C'est ce manque de considération pour le travail fourni et la manipulation pour la faire taire qui lui laissent un goût amer.

Lorsqu'il existe un surinvestissement affectif dans le travail, en cas de mise à l'écart ou d'exclusion, il se produit, ce qu'on appelle dans notre jargon, un écroulement narcissique.

Je suis extrêmement frappée, et l'enquête le confirme, de rencontrer en consultation un nombre important de personnes particulièrement consciencieuses et très (trop) investies dans leur travail parmi les victimes de harcèlement. Ces personnes adhèrent complètement à la mythologie de l'entreprise, s'y dissolvent et n'existent pas par elles-mêmes. Il est alors facile de les mettre sous emprise, de les entraîner en dehors d'elles-mêmes, puisque leurs limites sont déjà floues.

Il y a plus de risque d'être harcelé quand on est un idéaliste, très motivé par le travail, et moins si on est un pragmatique, intéressé avant tout par le salaire et les avantages matériels. L'investissement affectif, dans ce cas, se fait ailleurs, dans la vie privée ou associative.

Beaucoup de salariés attendent trop des relations professionnelles. Il est vrai que les méthodes de management actuelles jouent sur la corde affective en individualisant de plus en plus la relation salarié-patron... Pour les personnes trop impliquées affectivement dans leur travail, la confusion est aisée entre leur fonction et leur personne, et la moindre critique concernant leur travail est vécue comme un désaveu. Ceux qui se contentent de relations formelles sont moins facilement atteints.

On constate que les jeunes diplômés s'impliquent de façon moins affective dans l'entreprise : ils négocient leurs conditions de travail, leur salaire et n'hésitent pas à partir si l'entreprise les déçoit. Ils s'investissent dans leur travail, mais pas dans l'entreprise.

Contrairement au discours de certains dirigeants, les personnes n'ont pas uniquement besoin de sécurité et de confort dans leur travail, elles aspirent aussi à se réaliser, à se sentir utiles...

- *Les personnes trop scrupuleuses*

Le point de départ du harcèlement est souvent un conflit de valeurs. Il suffit qu'une personne trop scrupuleuse, ayant un sens éthique très développé – trop honnête par rapport au groupe – ne cautionne pas certains agissements du groupe pour qu'on veuille se débarrasser d'elle.

Dans une entreprise, il est difficile de définir précisément le moment où on passe de la tolérance normale (accepter qu'un employé passe des coups de téléphone privés sur ses heures de travail, par exemple) à un excès de tolérance (chacun peut téléphoner sans contrôle à ses amis à l'étranger). On peut passer ensuite aux petits arrangements plus douteux : « Je ferme les yeux sur tes retards, mais tu ne dis rien sur mes fautes de service ! », pour ensuite arriver à des pratiques courantes acceptées par le groupe, telles que les petites fraudes comptables, difficiles à repérer.

Il est des administrations où ces arrangements sont « institutionnalisés » de façon officieuse... Par exemple, personne ne fait son temps de travail, mais cela est considéré comme une compensation au fait que le travail est mal payé. Celui qui dénonce cet état de fait est vite stigmatisé et considéré comme un « donneur de leçons ».

En n'acceptant pas ces compromis, même si elle ne les dénonce pas officiellement, la personne se mettra en marge du groupe, et, par son attitude, pointera la malhonnêteté des autres. Son comportement peut alors être interprété comme un reproche ou une leçon de morale. En refusant d'entrer dans le cynisme des personnes ou de l'entreprise, la personne devient le grain de sable qui dérange le fonctionnement habituel. On va la harceler pour obtenir sa soumission et la mettre aux normes ambiantes. C'est la situation des *whistleblowers* dont j'ai parlé dans la première partie.

Jean-Pierre est fonctionnaire dans un grand service public. Lors d'une nouvelle affectation, il constate que les fonctionnaires en poste « s'arrangent » avec les entreprises locales pour des attributions de marchés.
Il fait connaître sa désapprobation à ses collègues, interroge sa hiérarchie, et menace d'en parler à la presse. Immédiatement, il est mis à l'écart, à la fois par ses collègues qui ne lui parlent plus, et par sa hiérarchie qui demande sa mutation pour raison disciplinaire.

- *Les personnes très investies dans leur travail*

Les salariés harcelés sont souvent également très investis dans leur travail. Ils ont une vision idéalisée du travail. Ils ne veulent pas seulement être productifs, mais aussi donner un sens à leur activité.

Marc est harcelé par sa supérieure hiérarchique et mis de côté pour avoir refusé de faire un faux témoignage destiné à licencier quelqu'un. Il tient bon car, financièrement, il ne peut pas se permettre de partir. On lui envoie environ une lettre recommandée par semaine sous des prétextes futiles. Personne ne le défend, car ses collègues craignent de se mettre en avant et d'être harcelés à leur tour.

Finalement sa supérieure hiérarchique est mutée ailleurs et Marc, progressivement, retrouve un peu de sérénité dans son travail. Mais il reste toujours aussi intraitable sur la qualité de son travail. Quand un prestataire fait un travail qu'il juge inacceptable, même s'il sait que son patron ne le soutiendra pas, car le prestataire est « quelqu'un avec qui il ne faut pas se fâcher », il fait quand même une note de service, avec copie au directeur.

Plus tard, il rencontre à nouveau les mêmes procédés destructeurs, mais indirectement, cette fois. Une jeune collègue, partie en congé maternité, est remplacée par quelqu'un qui convient mieux au supérieur hiérarchique. Avant même le retour de la jeune maman, celui-ci fait savoir à qui veut l'entendre qu'il ne lui donne pas quinze jours pour partir. Dès son arrivée, il lui mène la vie impossible : petites remarques désobligeantes, critiques permanentes. Marc réagit pour défendre sa collègue. Il met les pieds dans le plat et pointe tout ce qui ne va pas. Il suggère à sa collègue de faire une note interne, par e-mail, pour protester contre ce traitement. Il prend conscience que ce qui lui était arrivé précédemment n'était pas lié uniquement au comportement de sa supérieure, mais tenait aussi au désir de sa hiérarchie de faire partir ceux qui dérangent. Il comprend que, pour espérer un changement, chacun doit réagir individuellement, mais que cela ne sert à rien s'il n'y a pas d'action collective.

Malheureusement, il reste isolé et ne réussit pas à mobiliser ses collègues.

Bien évidemment les salariés visés ne sont pas suffisamment politiques. Ils ne savent pas se protéger. Certains diront qu'ils sont inadaptés dans une société où on valorise avant tout la « débrouille » et où on tolère les mensonges opportunistes des dirigeants et des hommes politiques. Mais est-ce qu'on peut considérer le fait de refuser le mensonge ou le compromis, ou de garder un esprit critique, comme un trouble de l'adaptation ? Est-ce qu'on ne peut pas plutôt penser qu'il est rassurant que certains réagissent et ne suivent pas aveuglément le groupe, s'il a des agissements qu'on réprouve ? Les personnes qui savent imposer leurs valeurs sont forcément plus exposées à se heurter et à s'opposer, elles doivent s'affirmer. Elles apparaissent effectivement *anormales* dans un tel contexte.

• *Les sensitifs*

Un degré de plus dans la vulnérabilité au harcèlement moral est obtenu chez les personnalités sensitives.

Les « sensitifs » (appellation donnée par Kretschmer, psychiatre du début du siècle) sont des sujets timides, hyperémotifs, sensibles et souvent anxieux. Ils sont enclins aux débats de conscience et sensibles aux réactions d'autrui. Ils ont ce que les psychiatres appellent une « hyperesthésie » des contacts sociaux, c'est-à-dire qu'ils réagissent de façon exacerbée aux agressions de la vie. Ils ont souvent une mauvaise image d'eux-mêmes. Je précise qu'il ne s'agit pas d'une pathologie psychiatrique mais d'une fragilité caractérielle.

Un sensitif est sensible aux fautes éthiques. Il n'accepte pas les imperfections des choses et encore moins des relations, et ne passe sur rien. Pour lui, les rumeurs, les on-dit ont de l'importance.

Il ressent les humiliations plus qu'un autre. Les personnes qui ont un caractère sensitif, en cas d'agression, passent de la conscience douloureuse d'un événement à un sentiment dépressif ou à une névrose dépressive ordinaire, pour aller éventuellement jusqu'au délire.

Par là même, elles présentent un terrain d'hypersensibilité et de frustration propice au harcèlement. Effectivement harcelées, elles peuvent décompenser sur un mode psychotique. C'est ce mécanisme qui est à l'origine d'un certain nombre de bascules dans la paranoïa, faisant suite à du harcèlement moral, comme nous avons pu le voir dans le chapitre sur les conséquences du harcèlement sur la santé.

D'une façon générale, les personnes qui ont une structure mentale plus rigide auront plus de difficultés à s'adapter aux changements d'une organisation, à plus forte raison si cette organisation a des stratégies plus opportunistes que productives.

Ce qui permet de résister

Certains facteurs personnels ou sociaux permettent de mieux « tenir ». Heinz Leymann [5] en a distingué huit, pourtant aucun de ces facteurs, pris séparément, ne peut être prédictif de la capacité de résistance d'un salarié. Certains ayant apparemment une bonne constitution physique et mentale vont sombrer rapidement dans une dépression sévère, alors que d'autres, donnant l'impression d'être plus

5. H. LEYMAN., *op. cit.*

fragiles vont résister plus longtemps. D'autre part, un seul de ces facteurs de résistance se révèle insuffisant, si l'agression est forte.

Si la confiance en soi – deuxième facteur de résistance selon H. Leymann – est une aide, encore faut-il qu'il s'agisse d'une réelle estime de soi et non une attitude de façade. De toute façon, si les personnes craquent, c'est que les procédés de harcèlement moral, fondés sur une communication perverse, ont pour premier objectif d'ôter toute confiance en soi à la personne visée, afin de mieux la soumettre.

Quant au soutien sans faille des proches, retenu également comme facilitant la résistance, il est bien entendu important, mais, encore faudrait-il que les conjoints ou les familles comprennent le processus en cours. La personne ciblée est habituellement bien trop déstabilisée pour transmettre les informations adéquates à son entourage. Et, même si, au début, le conjoint et les amis sont très réconfortants, il peut se faire qu'ils se découragent ensuite lorsque les arrêts maladie se succèdent, que la personne est durablement déstabilisée, et qu'aucun espoir de solution n'apparaît.

> Sébastien travaille depuis deux ans dans le secteur de la nouvelle économie. Brillant informaticien, il avait été recruté pour ses compétences techniques. Mais ces qualités se retournent contre lui lorsque l'entreprise, qui a pris de l'ampleur, fusionne avec sa concurrente. Désormais il gêne et on le lui fait sentir. Partout on fait savoir qu'il est incompétent et qu'il a un caractère difficile. Arrivent ensuite les lettres recommandées avec des reproches futiles.
>
> Dès le début, Sébastien s'est senti très affecté, car, dans son précédent emploi, il a toujours été très apprécié et respecté. Il est marié depuis peu. Sa femme a quitté sa région d'origine et un emploi intéressant pour le suivre à Paris. Lorsqu'il essaie de lui parler de ce qu'il vit au travail, elle ne le supporte pas et lui fait des reproches. Elle ne comprend pas qu'un homme aussi brillant se laisse écraser par des personnes qui, certes, lui sont supérieures sur le plan hiérarchique, mais sont très loin d'avoir ses compétences.
>
> Sébastien prend sur lui et, pour éviter les disputes avec sa femme, cesse de parler de ses difficultés. Il devient très irritable, au travail mais aussi à la maison, perd complètement le sommeil, ne réussissant à somnoler que quelques heures au petit matin. Il n'a plus envie de sortir, plus envie de faire l'amour, ne fait plus de projets. Sa femme ne reconnaît plus l'homme qu'elle a épousé et envisage une séparation. Sébastien est maintenant tout à fait déprimé. Il doute de lui non seulement sur le plan

professionnel, mais aussi sur le plan personnel : « Je ne suis bon à rien, je rate tout ! » Il souffre d'oppression respiratoire, de palpitations, il a des nausées en permanence et des maux de ventre quand il doit aller à son travail. Malgré les objections de sa femme qui s'oppose à ce qu'il prenne un traitement, il finit par accepter un arrêt de travail et un traitement antidépresseur. Il envisage de chercher un autre travail, mais il doute de lui et ne se sent pas en état d'être recruté.

Après un mois de traitement, Sébastien commence à aller mieux et peut se présenter à des entretiens d'embauche. Il demande alors à être licencié, ce que ses employeurs refusent car ils n'ont rien à lui reprocher (!). Sébastien donne alors sa démission. Il a plusieurs pistes sérieuses pour un nouvel emploi, et surtout, il a retrouvé confiance en lui.

Sa femme peut dire alors à quel point elle avait été déstabilisée lorsqu'elle avait craint que son mari, comme son père, se retrouve chômeur de longue durée.

Idéalement, il faudrait, bien sûr, avoir des appuis à l'intérieur de l'entreprise, mais les collègues ont peur de manifester leur sympathie, car les manœuvres perverses les entraînent à douter : « Il n'y a pas de fumée sans feu ! Si on le traite comme ça, il doit bien y avoir une raison ! » Il leur faut aussi se protéger car, reconnaître que la victime n'est pas responsable de ce qui lui arrive, c'est aussi reconnaître qu'une autre cible peut être choisie de façon aléatoire. Alors pourquoi pas eux ? Il est beaucoup plus rassurant de se dire que cela n'arrive qu'aux autres. Même s'ils jugent le traitement infligé à leur collègue injuste, ils préfèrent se désolidariser de lui ou d'elle, pour préserver leur emploi.

Pourtant, nos patients nous disent tous comment un message de sympathie, une parole d'encouragement, même minime, les ont aidés, car le plus difficile à vivre dans ces situations est certainement l'isolement.

Jennifer est engagée comme chef de projet dans une agence de tourisme. On attend d'elle qu'elle ouvre des contacts avec son pays d'origine. Elle participe à la mise en place de plusieurs projets, mais, lorsque l'entreprise décide de changer de stratégie et de miser sur d'autres régions, elle est mise à l'écart petit à petit. On ne lui confie plus que des tâches sans intérêt, et ce qu'elle fait ne convient jamais.

Un matin, sa supérieure hiérarchique, sous prétexte de travaux dans les bureaux lui demande de rendre ses clefs. Désormais, Jennifer devra attendre l'arrivée de ses collègues pour pénétrer dans les bureaux.

À partir de ce jour, elle est complètement exclue. Plus personne ne lui adresse la parole même pour des raisons professionnelles. Plus personne ne la regarde. Les consignes sont transmises par Post-it ou par e-mail, et, pour clore le tout, il y a un périmètre décrété interdit autour de son bureau. Le plus gênant, c'est l'évitement des regards. Comment faire pour ne pas regarder quelqu'un qui travaille dans les mêmes locaux et qu'il faut attendre le soir parce qu'elle n'a pas la clef ? Toutes les tentatives de Jennifer pour renouer le contact sont vaines. Quand elle parle, personne ne réagit. Elle en est même venue à douter du son de sa voix. Elle a envie de crier : « Si je crie, ils ne vont pas pouvoir faire comme s'ils ne m'entendaient pas ! »

Un jour, une collègue, en passant, lui colle un Post-it dans la main. Dessus est écrit : « Rendez-vous à 19 heures au café du coin. » Le soir, la collègue lui explique qu'elle n'a rien contre elle, mais qu'elle a reçu l'ordre de ne pas lui parler. Elle explique que ni elle ni les autres collègues ne sont d'accord, mais qu'ils tiennent à leur place et ils ont l'impression que la direction sera intraitable en cas de contact avec celle qui est bannie. On leur a fait croire que Jennifer était payée par la concurrence pour moucharder.

Même si ce contact avec une collègue n'a rien changé dans les faits à la situation de Jennifer, elle est soulagée car, dit-elle : « Même si je sais qu'à terme je vais perdre mon emploi, cela m'affecte moins d'avoir la hiérarchie contre moi que d'avoir tout le monde, y compris les collègues que j'aimais bien, contre moi. Quand vous avez l'impression que tout le monde vous déteste, même si vous êtes sûre d'être honnête et de n'avoir rien à vous reprocher, vous finissez par croire que quelque chose en vous est mauvais, et vous n'osez plus parler à qui que ce soit ! »

Dans de telles situations, l'appui d'une personne responsable dans l'entreprise, médecin du travail ou délégué du personnel, est certainement l'élément le plus positif, leur soutien peut aussi apporter des changements effectifs, mais nous y reviendrons. On peut se sentir capable de réagir seul en théorie, parce qu'on est sûr de son bon droit, mais il faut se méfier de l'état de confusion dans lequel nous laisse le harcèlement moral – même les juristes sont désemparés lorsqu'ils sont harcelés –, d'où l'importance d'avoir le soutien du collectif.

Par ailleurs, nous ne cesserons d'y insister, un événement comme un licenciement peut ne pas apparaître catastrophique sur un plan objectif, mais représenter une blessure narcissique telle que la personne aura énormément de mal à s'en remettre. À l'inverse, pour quelqu'un d'autre, n'importe quoi vaut mieux que de vivre une situation professionnelle intenable et il donnera sa démission en ignorant de quoi demain sera fait. Il n'en reste pas moins que les personnes qui sont bloquées par leur situation matérielle (femme seule avec un enfant à charge, par exemple), et n'ont donc pas le choix, sont harcelées plus longtemps que celles qui peuvent partir facilement.

> Lors d'une conférence que je donnais à Montréal une jeune fille prit la parole : « Je vous ai entendu parler hier à la radio et ce que vous décriviez correspondait exactement à ce que je vivais dans mon précédent emploi. Sans savoir que cela s'appelait du harcèlement moral, j'ai donné ma démission il y a quelques jours, en leur disant que je n'étais pas heureuse avec eux, et que je préférais partir avant de tomber malade. »

À 20 ans, sans charge de famille, il est plus facile de préserver sa dignité et de refuser d'être maltraité. C'est aussi possible lorsque la situation du conjoint autorise une période sans emploi. Dans ce cas, l'agresseur a moins de prise sur sa cible, puisqu'elle peut partir sans trop de dommages.

La complexité du problème

Je vais analyser ici plus en détail un cas clinique qui me paraît être assez représentatif de différentes situations de harcèlement. Analysons le cas d'Émile :

> Émile est technicien chef de projet dans une entreprise industrielle qui est à la jonction de plusieurs corps de métier. Il a une relative autonomie dans son travail, y compris dans ses contacts avec l'étranger. L'entreprise est en pleine mutation et intègre de plus en plus de robots. Il y travaille depuis six ans et n'a jamais eu de problème ni avec ses collègues ni avec sa hiérarchie. Depuis un an, Émile est délégué du personnel.
> Quand le précédent P-DG est parti, il y a eu une restructuration et on a demandé à Émile de changer de service et de travailler sous les ordres de Raymond qui avait jusqu'alors le même niveau hiérarchique que lui. Pour Émile, pas de problème, dans un service ou un autre, cela ne le dérange pas car il aime son travail.
> Assez rapidement les choses se passent mal avec Raymond. Prudent et scrupuleux, Émile pose toujours des questions sur la faisabilité des choses avant de démarrer un projet. Cela dérange, et on ne lui donne pas de réponse. Après quelques semaines de travail commun, Raymond lui dit : « Tu es un mauvais, on va te casser ! » Il met en doute sa bonne

volonté : « Si tu poses autant de questions, c'est que tu ne veux pas travailler avec nous ! » Un matin, Émile apprend par une note de service qu'il doit dorénavant demander une autorisation à Raymond avant toute prise de décision. Il a alors le sentiment que l'on met en doute ses compétences professionnelles, aussi il affiche cette note de service au-dessus de son bureau et demande désormais ostensiblement confirmation de tout ce qu'il doit faire. Raymond l'accuse alors d'être un emmerdeur et lui propose d'aller se battre sur le parking. Émile répond par le mépris et en parle au DRH qui lui rétorque : « Débrouillez-vous avec lui, vous êtes grand ! » Émile envoie alors une lettre recommandée au DRH signalant qu'il ne peut laisser passer de tels comportements et exige un minimum de respect et de reconnaissance. Le DRH répond, également par lettre recommandée, qu'il ne peut trancher rapidement entre la version de Raymond et la sienne et propose une réunion formelle, où chacun pourrait se faire accompagner d'une personne de son choix, pour tirer cette affaire au clair.

La réunion n'aura jamais lieu, sans qu'Émile puisse savoir pourquoi. Il continue à travailler sous les ordres de Raymond qui ne lui parle plus mais dénigre systématiquement son travail.

Lors de la réunion annuelle d'évaluation, on ne fait aucune critique sur le travail d'Émile, mais on diminue par deux sa prime d'intéressement : « Comme cela, tu comprendras ! »

Quelques mois plus tard, Émile demande à retarder une réunion de service car il doit participer à une discussion sur les 35 heures à l'extérieur. Raymond refuse. Émile y va quand même et arrive en retard à la réunion de service. Il reçoit un avertissement. C'en est trop, Émile avertit l'inspection du travail qui, après enquête, somme la direction d'annuler l'avertissement.

L'ambiance devient invivable pour Émile qui craque et doit être mis en arrêt de travail par son généraliste.

On peut analyser ce cas sous différents angles :

– l'angle de l'organisation du travail : c'est effectivement au décours d'un plan de restructuration, lié à la robotisation que des compressions de service ont amené Émile à travailler sous les ordres de Raymond ;

– l'angle individuel qu'on pourrait résumer ainsi : Raymond n'aime pas Émile et cherche à le casser, mais Raymond n'est pas particulièrement pervers.

Ce serait trop réducteur. Il faut entrer plus dans les détails. L'analyse d'une situation de harcèlement moral ne peut se contenter d'observer des individus isolément, il faut les replacer dans leurs différents systèmes de relations.

Il faut apporter quelques précisions supplémentaires concernant les deux protagonistes. Non seulement Émile est délégué du personnel, mais, en plus, il est noir. Par ailleurs, il est scrupuleux, irréprochable et probablement assez obsessionnel. Il parle toujours calmement, d'un air très raisonnable. Raymond est blanc, sanguin, colérique, et plus impulsif.

Émile est né en Afrique. Sa mère décède alors qu'il a 11 ans. Il est élevé par ses grands-parents. Ceux-ci sont des personnes très écoutées et entourées qui lui apprennent le respect, l'honnêteté, le goût du travail bien fait. Quand il a 20 ans son père meurt et il vient en France.

Il est divorcé depuis cinq ans et son fils de 16 ans a demandé à vivre avec lui. Un conflit l'a opposé à sa nouvelle compagne à propos de l'éducation des enfants.

Faut-il envisager le racisme ? Étonnamment, Émile ne l'évoque pas. Pourtant, on ne peut complètement l'écarter, autant du point de vue d'Émile que de celui de Raymond. Il serait assez hypocrite de faire comme si l'appartenance culturelle n'avait joué aucun rôle ici. Avoir une couleur de peau différente (ou être femme dans un monde d'hommes, par exemple) peut conduire à en faire plus pour être irréprochable, ou peut faire naître une plus grande susceptibilité face aux injures et aux sous-entendus. Ce n'est donc pas anodin. De même, pour un supérieur hiérarchique, recevoir des leçons d'un subordonné, qui plus est noir, peut être intolérable. Dans un précédent poste, quelqu'un avait dit à Émile : « C'est tout de même pas un Noir qui va me donner des ordres ! » Selon lui, tout le monde pense que le directeur est raciste (car il s'était fait casser le nez par un Noir qu'il avait insulté), tout le monde le pense mais personne n'en parle, c'est un sujet tabou, on préfère parler de problèmes d'organisation ou de problèmes de personnes...

Proposer d'aller se battre « entre hommes » était une façon de rétablir une égalité, mais Émile refuse, se mettant par là même en position de supériorité : « Je ne me bats pas comme un voyou ! » Émile dit : « S'ils sont racistes, ça ne me dérange pas, ils n'ont qu'à le dire clairement ! » Ce qui est blessant, ce sont les injures non formulées qui, de façon sous-jacente, parasitent la relation.

Émile en tant que délégué du personnel est là pour représenter les autres et les aider. Cela lui donne une supériorité et des avantages que d'autres peuvent envier. Quand il préfère aller à une réunion sur les 35 heures plutôt qu'à une réunion de service, certains peuvent en être agacés. Cela non plus on ne le nomme pas, parce que ce serait discriminatoire. Émile raconte que, pendant les négociations sur les 35 heures, la direction a essayé de mettre le délégué syndical de la CFDT en position d'infériorité et de faiblesse, en lui faisant des reproches sur son travail. Un jour, cet homme s'est fait tellement insulter par son supérieur hiérarchique qu'il a fait un malaise et a dû être hospitalisé.

Mais, en plus de cela, Émile est perfectionniste. Il veille à être irréprochable. D'ailleurs, aucun reproche ne lui est fait précisément sur son travail, ni lors de l'entretien d'évaluation, ni à d'autres moments. Pourtant, Raymond lui dit en permanence qu'il est nul, qu'il est mauvais. Émile ne devrait pas en être affecté puisque ces reproches ne sont visiblement pas fondés. Mais, justement, parce qu'Émile est scrupuleux et très investi dans son travail, cela l'affecte énormément. Officiellement, on demande aux salariés de la qualité, mais, quand ils sont trop perfectionnistes, ils deviennent gênants. La note de service dans laquelle on demande à Émile de rendre des comptes ne fait que renforcer sa vigilance ou sa méfiance. De peur d'être pris en faute, il devient encore plus scrupuleux et, donc, encore plus agaçant. Sans doute y a-t-il de sa part, dans ce comportement, une bonne dose de provocation : « Ils veulent que je rende des comptes, eh bien, ils vont voir ! » Nous entrons là dans un cercle vicieux. Aucun ne voudra plus céder. On peut se demander aussi si, face à un subordonné irréprochable qui pourrait lui faire de l'ombre, Raymond ne s'est pas senti agressé et n'a pas craint pour sa place.

Que dire de l'attitude du DRH ? Sa première réaction, qui consiste à dire que ça ne le regarde pas, puisqu'il s'agit d'une affaire privée, est très habituelle chez les DRH. Par la suite, il propose une médiation devant témoins. C'était une bonne idée qui, d'ailleurs, a été accueillie très favorablement par Émile ; une façon noble de régler les choses. La méfiance du DRH vis-à-vis des deux protagonistes était légitime. Effectivement, il fallait entendre les deux versions. Pourquoi cette réunion n'a-t-elle pas eu lieu ? Je l'ignore. Est-ce que le DRH a eu peur de ne pas être à la hauteur pour régler ce conflit ? Est-ce que cela ne lui a pas paru important ? Toujours est-il qu'Émile s'est senti trahi et a intenté une action aux prud'hommes.

Qu'aurait pu faire le DRH ? Il aurait dû intervenir plus tôt pour rassurer les deux protagonistes et surtout ménager la susceptibilité de chacun. En infligeant un avertissement à Émile pour son absence syndicale, Raymond a commis une erreur, ce qui a fragilisé sa position hiérarchique. Pour l'aider à reprendre pied, sans avoir recours à des procédés violents, le DRH aurait dû le conforter dans sa position hiérarchique.

Y a-t-il un profil d'agresseur ?

En écrivant le livre précédent, je m'étais interrogée sur l'opportunité d'utiliser dans un ouvrage grand public le terme de « pervers narcissique ». N'y aurait-il pas un risque de confusion avec la perversion sexuelle ? Les nombreux courriers reçus m'ont montré que le terme « pervers » renvoyait très clairement à une façon sinueuse de communiquer pour manipuler l'autre, afin d'obtenir de lui quelque chose à son insu. Pourtant, je l'ai dit, il ne faudrait pas séparer le monde en deux avec d'un côté les méchants pervers et de l'autre les victimes innocentes. Même sans malveillance, nous pouvons tous, dans certains contextes, face à certaines personnes avoir des attitudes perverses. Ce qui pose problème, ce n'est pas l'individu lui-même, mais un certain type de comportements qu'il faut dénoncer.

Par ailleurs, j'ai parfois entendu dire que, si dans le monde du travail on rencontre des pervers narcissiques, ce n'est qu'exceptionnellement, et que, d'une façon générale, les harceleurs ne sont que des victimes d'un système qui les entraînerait à maltraiter les autres. En quelque sorte, s'ils maltraitent, c'est qu'ils sont maltraités par le système. La réalité me paraît plus complexe et ne peut être étudiée uniquement à l'échelle de l'entreprise.

Dans un chapitre précédent, nous avons vu que le harcèlement moral se caractérisait par une agression et non par un conflit. Alors qu'un conflit est la rencontre d'éléments ou de sentiments contraires qui s'opposent, dans le harcèlement moral, comme dans toute agression, il y une volonté de blesser l'autre. Le but du harcèlement est de contrôler et de dominer l'autre en empiétant sur son territoire psychique. Il ne s'agit pas d'une décharge d'agressivité d'un individu soumis à trop de stress ou à de mauvaises conditions de travail. Ce n'est pas une perte de contrôle de soi, mais au contraire une volonté de contrôle de l'autre.

Certains sociologues, par un usage abusif de la thèse d'Hannah Arendt sur la banalité du mal, avancent que la pression psychologique de la nouvelle organisation du travail peut transformer tout individu *ordinaire* en persécuteur. Mon expérience de ces situations me conduit à dire que, si certains contextes peuvent être déstabilisants pour tout le monde, n'importe qui ne peut pas devenir harceleur. Certains profils psychologiques y sont plus disposés. D'autres savent résister, sans doute parce que leurs valeurs morales sont plus solides.

Certains de mes lecteurs se sont reconnus dans des comportements que je décrivais, tout en ne se reconnaissant pas comme structurellement pervers. Ils attribuaient leur comportement à la difficulté qu'ils avaient à gérer du personnel. Nous verrons que l'on peut tout à fait être dans la rude confrontation managériale et néanmoins respecter les personnes, les écouter, et accepter leurs critiques et se remettre en question.

Pour éviter les abus dans l'utilisation du terme, et la diabolisation de certains agresseurs pouvant conduire à les transformer en victimes de leurs victimes, il me paraît important de faire une distinction entre les situations qui ressemblent à du harcèlement mais qui n'en sont pas (essentiellement parce qu'il n'y a pas de volonté de nuire), et les situations où il y a malveillance. Entre les deux, il y a divers degrés qui ne peuvent être analysés qu'au cas par cas.

Pour clarifier les choses, j'ai ainsi établi une classification arbitraire, allant de la situation la plus bénigne à la plus malveillante :

– ce qui n'est pas du harcèlement, même si les apparences sont trompeuses ;
– ce qui est destructeur mais pas toujours malveillant ;
– ce qui est malveillant mais pas toujours consciemment ;
– ce qui est vraiment du harcèlement.

Bien sûr, les choses ne sont pas aussi figées, et des passages peuvent se faire d'une situation à l'autre. Ces distinctions conditionnent la conduite à tenir tant sur le plan de la sanction que sur le plan de la prévention, comme nous le verrons plus loin.

Ce qui ressemble à du harcèlement mais n'en est pas

Les malentendus et erreurs de management

On peut placer dans cette catégorie les maladresses ou les erreurs de management émanant de personnes qui, quelles que soient leurs compétences techniques, ne savent pas diriger une équipe. Certains, par faiblesse, par manque d'assurance ou par vulnérabilité, ont besoin de soumettre les salariés. D'autres n'osent pas affronter les problèmes et formuler ce qui ne va pas. Ils sont ainsi conduits à mentir et à manipuler. Lorsqu'on manque de confiance en soi par rapport à ses subordonnés, il est tentant de se cacher derrière des techniques de management. Mais ces méthodes, au titre alléchant comme « L'art de persuader » ou « Gérer les conflits », aussi bonnes soient-elles, ne sont d'aucune efficacité si elles sont appliquées sans sensibilité et sans bon sens.

Diriger les autres n'est pas chose facile : si on est trop sûr de soi, on risque de paraître arrogant, mais, si on ne l'est pas assez, on peut être tellement sur la défensive qu'on peut en venir à agresser les autres. Certaines personnes entrent dans leur costume de cadre comme dans une armure protectrice pour éviter de rencontrer l'autre. Elles dirigent sans scrupules pour ne pas se poser de questions et éviter des poussées d'angoisse qui mettraient à nu leur fragilité.

Il est aussi des responsables qui, ayant atteint leur niveau d'incompétence, essaient de masquer celle-ci par des comportements autoritaires ou manipulateurs. Pour bien diriger, il faudrait quelque chose en plus (une compétence supplémentaire ou une personnalité plus forte, par exemple) pour que la personne que l'on doit commander nous respecte. Ceux qui n'ont ni l'envergure ni la compétence peuvent avoir la tentation de diriger par la peur et la menace.

Il est aussi des chefs qui, de par leur caractère ou leur éducation, ne savent pas communiquer. Ils n'ont jamais un mot aimable, aucun savoir-vivre. Ils n'ont pas appris les quelques formules de politesse qui peuvent faciliter les relations. Ils n'ont pas plus appris à respecter les autres, en tenant compte de leur vulnérabilité éventuelle ou de leur réactivité. C'est désagréable, mais il n'y a pas malveillance et les autres n'en sont pas atteints profondément. Pourtant, l'entreprise a la responsabilité d'intervenir, afin qu'ils apprennent à assouplir leur comportement pour éviter des dérapages qui pourraient blesser des subordonnés plus vulnérables.

Un certain nombre de situations qui se transforment en harcèlement ne sont, au départ, que des malentendus ou des erreurs de management qui dégénèrent.

> Quand Judith arrive à son nouveau poste, elle a l'impression que son chef ne l'apprécie pas. Il semble mal à l'aise avec elle, jamais il ne lui parle, et, à chaque fois qu'elle a un renseignement à lui demander sur le projet sur lequel elle travaille, il s'esquive. Une collègue plus ancienne lui dit qu'il est évident que le chef ne l'aime pas.

Le jour où ils se retrouvent seuls, par hasard, dans le service et qu'enfin ils ont l'occasion de se parler, elle découvre qu'en réalité il connaît mal le projet sur lequel elle travaille. Il est arrivé récemment dans le service, prenant la succession d'une personne qui, s'estimant irremplaçable, avait, avant de partir, veillé à ne lui transmettre aucune information. Cette personne continue de loin à médire sur son successeur auprès de ses anciens subordonnés et ceux-ci se montrent réticents à travailler avec le nouveau. C'est ainsi qu'il est tenu à l'écart des projets intéressants par ses subordonnés plus anciens dans la maison. Judith, récemment recrutée, finit par comprendre l'attitude de son chef.

Dans cet exemple, c'est Judith qui se sent rejetée et qui consulte, mais c'est son chef qui est victime de manipulation. Il gêne son prédécesseur qui, sans le connaître, s'arrange pour le disqualifier, d'une part en ne lui communiquant pas les informations dont il a besoin, mais aussi en faisant en sorte que son équipe n'ait pas confiance en lui. Ce qui explique l'attitude de la collègue de Judith.

La mésentente

Qu'est-ce qui fait qu'on ne supporte pas quelqu'un ? Ou qu'est-ce qui fait qu'on ne supporte plus quelqu'un avec qui on s'était entendu pendant un moment ?

Il me semble qu'il faut distinguer la mésentente personnelle de la mésentente professionnelle. Il est indéniable qu'il est plus agréable de travailler avec quelqu'un avec qui on a une connivence personnelle, mais, si la manière de diriger est saine, et si on se met d'accord sur un objectif commun, les éventuelles inimitiés personnelles peuvent être laissées de côté. On peut être indifférent à quelqu'un et même ne pas l'apprécier, et réussir néanmoins à travailler avec lui.

Les mésententes professionnelles sont souvent des désaccords portant sur la façon de mener à bien une tâche. Dans ce cas, la mésentente met l'objectif en péril. Aussi, l'entreprise a tout intérêt à aider les salariés à régler leur désaccord, afin de leur permettre de continuer à travailler ensemble. Tout ce qui est différence de point de vue par rapport au travail, en particulier tout ce qui est conflit de valeurs, ou tout ce qui se passe dans le registre du lien de subordination doit être réglé par la hiérarchie.

Il arrive aussi que des personnes qui travaillent ensemble n'aient pas les mêmes attentes de leur relation professionnelle : l'un souhaite plus de proximité, et l'autre veut garder ses distances, par exemple. Cela peut être source de mésentente personnelle.

Que la mésentente soit privée ou professionnelle, si elle dure, c'est qu'à l'origine il y a une histoire personnelle. Ces situations pourraient s'améliorer si les personnes avaient l'occasion de se parler, de se rencontrer au sens propre du terme, ou si quelqu'un les aidait à le faire. C'est le rôle des cadres de remettre les choses à leur place. Mais, si la mésentente est exploitée par un groupe manipulateur ou un individu pervers, celle-ci peut très bien dégénérer en harcèlement moral car les protagonistes rigidifient leur position. Voici la lettre que m'a adressée Ghislaine :

> « À 34 ans j'ai trouvé un emploi de secrétaire dans un cabinet d'assurance. Pendant mon mois d'essai mes employeurs (un couple) étaient tout à fait charmants, recherchant le contact, n'ayant rien à dire sur mon travail. Passé ce mois, on me demanda de ne pas mettre de bouteille d'eau dans mon tiroir, pas de biscuits non plus ; puis on me reprocha de ne pas savoir accueillir les clients. Les réflexions s'espaçaient de quinze jours puis, entre deux, tout allait bien. Plus tard mon employeur me demanda de mettre mes lunettes prétextant que je faisais des erreurs. Lorsque je lui demandais des preuves, il me disait : "Mettez vos lunettes, on ne va pas passer la vie là-dessus !" Ce qu'il ignorait, c'est que mes lunettes n'étaient que des verres de repos. Quelques semaines après, je m'entendis dire que je ne devais pas déplacer le clavier de l'ordinateur. Il fallait donc que je travaille les bras tendus. Je supportais en disant que je pourrais faire le vide pendant le week-end. Mais mon employeur devait trouver que je n'étais pas assez soumise car le pire restait à venir.
> Un jour, alors que nous étions seuls, il me demanda quel était mon parfum. Je lui demandais pourquoi. Il me dit : "Vous sentez mauvais !" Je vous laisse imaginer dans quel état il m'a laissée.
> Ensuite, à raison de deux fois par mois environ, j'étais convoquée dans son bureau et il me démolissait psychologiquement. Je finissais par ne plus dormir et par pleurer en allant au bureau.
> Mon mari m'a poussée à négocier mon licenciement. J'étais d'accord pour l'incompatibilité d'humeur, mais la lettre envoyée spécifiait faute d'hygiène. J'engageais une procédure que je gagnais avec une indemnité de six mois de salaire. Depuis je ne travaille plus. Je ne peux pas supporter de travailler auprès d'un homme dont je mets l'intégrité en doute. Le jugement des prud'hommes m'a permis de marcher la tête haute dans ma petite ville, mais au fond de moi persiste une profonde blessure. »

Le patron de Ghislaine ne la supporte pas pour des raisons qui ne sont pas « nommables ». Il est difficile de dire à quelqu'un directement : « Je ne peux pas vous sentir ! », alors ce qui ne peut pas être dit est agi par un comportement odieux. Il arrive à tout le monde de ne pas supporter un trait de caractère ou une spécificité d'un autre, mais, avant de prendre l'autre en grippe définitivement, il serait bon d'apprendre à le connaître et d'essayer avec lui de comprendre ce qui pose problème.

Lorsqu'un patron ne supporte pas un employé qu'il a recruté, il ne peut s'en prendre qu'à lui-même et assumer le coût d'un licenciement. Il s'agit alors d'une erreur de recrutement, et la personne à qui on ne peut rien reprocher d'autre que d'être ce qu'elle est doit être indemnisée. Dans le cas de Ghislaine, un licenciement rapide pour incompatibilité d'humeur aurait été la solution la plus simple. À condition que les termes en aient été respectueux, cela aurait pu sauver l'amour-propre de chacun. Mais le patron a voulu avoir le dernier mot, et peut-être aussi trouver une faute dans l'espoir de payer moins, et, ce faisant, il a humilié Ghislaine. Elle a eu raison de l'attaquer aux prud'hommes, même si, comme elle le dit, la blessure est définitive.

Dans les situations de mésentente, il est rare de pouvoir en énoncer les causes ouvertement. On fait savoir à l'autre qu'on ne l'aime pas, par des non-dits, des sous-entendus ou des petites mesquineries. On agit au lieu de parler. Quand on interroge des personnes sur ce qui les amène à ne pas supporter quelqu'un, les réponses paraissent souvent anecdotiques et on ne repère que le petit détail qui sert de déclencheur.

> Jean-Pierre, Thomas et Julie, tous trois récemment diplômés en architecture, ont été embauchés au même moment dans un grand cabinet. Au départ, ils sont tous copains, mais, assez rapidement, Jean-Pierre et Thomas ne supportent plus Julie. Ils sont agacés par son comportement en général, mais surtout par le cliquetis de ses bracelets. Ce bruit est devenu comme un réflexe conditionné négatif : tout cliquetis de bracelets évoque Julie et les horripile. Pourtant, jamais ils ne lui en parlent. Ils se contentent de l'exclure et de lui balancer régulièrement des vacheries. Mais surtout, dès qu'elle s'éloigne, ils commentent, pour les critiquer, tous ses faits et gestes.
>
> Qu'en disent Jean-Pierre et Thomas plusieurs années après ? « Il faut reconnaître qu'on a été durs avec elle, car, à part ses bracelets, c'était une fille plutôt sympa, et elle travaillait bien ! » Ce qui apparaît, c'est que,

alors qu'eux étaient célibataires et joyeux fêtards, Julie était mariée à un homme plus âgé et avait le projet d'avoir un enfant. Même s'ils faisaient le même métier, ils n'étaient pas du même monde.

Dans le film *Le jouet*, Pierre Richard se fait licencier brusquement par son patron. L'explication qu'il lui donne : « Je vous licencie parce que vous avez les mains moites »...

Ce qui nous attire ou ce qui nous repousse chez l'autre est toujours éminemment subjectif : une façon d'être qui nous rappelle quelque chose de notre histoire qu'on aimerait oublier (par exemple, le ton que prenait notre mère quand elle allait nous punir), ou un trait de caractère que nous n'aimons pas en nous-mêmes.

Les mauvaises conditions de travail (promiscuité dans des bureaux exigus par exemple) peuvent exacerber ces petits détails et entraîner des réactions caractérielles qui vont faire que l'un va s'énerver au moindre raclement de gorge du collègue de bureau ou que l'autre va se sentir agressé à chaque fois que son collègue va ouvrir la fenêtre, sans lui avoir demandé son avis. Pour autant, il ne s'agit pas de harcèlement moral.

Les troubles psychiatriques transitoires

Certains troubles psychiatriques, dans des moments de crise, peuvent se manifester par des comportements qui ressemblent à du harcèlement. Je parle ici d'états destructeurs transitoires qui pourraient être soignés s'ils étaient repérés par le médecin du travail.

Dans la psychose maniaco-dépressive, par exemple, les patients présentent des alternances de phases dépressives et d'accès maniaques. Lors des accès maniaques, apparaît une augmentation de l'estime de soi, un état d'agitation avec euphorie ou irritabilité, une fuite des idées et une augmentation de l'activité, orientée vers un but (sexuel, professionnel, social...). Pendant ces accès de toute-puissance, il n'y a plus aucun contrôle, et la personne maniaque peut en venir à maltraiter les autres sans en avoir conscience. Tous les accès maniaco-dépressifs ne prennent pas des allures aussi spectaculaires et ne conduisent pas forcément ceux qui en souffrent à l'hôpital. Bien souvent, les épisodes dépressifs ne sont repérés que par une baisse de forme. Les épisodes d'hypomanie (c'est-à-dire d'états maniaques atténués) sont, au contraire, perçus par les personnes comme un état de forme enfin retrouvé. Il n'en est pas de même pour leur entourage qui ne comprend pas l'origine de ces sautes d'humeur, particulièrement difficiles à vivre pour les autres.

Il y a quelques années, Daniel avait été hospitalisé pour un état dépressif grave. À la suite d'un traitement antidépresseur qui lui avait été prescrit, de déprimé il était devenu brusquement maniaque. La banque où il est cadre actuellement vient de vivre une fusion et Daniel, âgé de 50 ans, s'inquiète pour son emploi.
Depuis quelques semaines cependant, il se sent plus intelligent que tout le monde, plus courageux, et il affirme même être capable de résoudre rapidement tous les problèmes du service, si on veut bien suivre ses idées. Arrivé tôt au bureau, il abat une masse de travail considérable et s'énerve quand ses subordonnés ne suivent pas son rythme. Lui qui est habituellement très distant, interpelle son assistante de façon familière, ce sont des petits noms gentils quand il est de bonne humeur, des injures grossières quand il n'est pas content d'elle. Son air arrogant irrite ses collègues qui se sentent méprisés. Au restaurant d'entreprise, quand il est en présence d'une femme, il ne peut résister au plaisir de raconter des histoires salaces jusqu'à ce qu'elle rougisse ou qu'offusquée elle quitte la table.
La femme de Daniel s'inquiète de cet état d'excitation permanent et le pousse à consulter son psychiatre. Il apparaît que, par cet état d'hypomanie, Daniel se défend contre un état dépressif latent. Il pense que sa direction, qui a annoncé des effectifs excédentaires de 20 %, va s'arranger pour faire partir les plus vieux et les moins bons. À défaut d'être jeune, il s'efforce d'être bon. Après quelques jours de traitement antidépresseur et anxiolytique, Daniel se calme et cesse d'importuner son assistante et ses collègues.

Là aussi, il ne s'agit pas de harcèlement moral. Il s'agit seulement d'un trouble psychiatrique qui peut être soigné. Il suffit qu'un médecin fasse le diagnostic.

Ce qui est destructeur mais pas forcément malveillant

On peut classer ici tout ce qui est du registre de la *maltraitance managériale* dont j'ai parlé brièvement dans la première partie. Un individu, en raison d'une pathologie de caractère, traite mal tout son entourage. S'il est en position de pouvoir, il peut ainsi tyranniser ses subordonnés qui ont beaucoup de mal à se défendre. Il s'agit d'une maltraitance collective où, en principe, tout le monde est à la même enseigne. Ce sont des procédés qui ne se cachent pas et qui sont repérables par tous.

Bien sûr, tout cela est à nuancer et doit être étudié au cas par cas, car des passages se font parfois de la maltraitance managériale au harcèlement moral.

La transmission du stress

Un certain nombre de petits chefs ne font que répercuter sur leurs subordonnés la pression qui leur est imposée. Ils sont tellement angoissés par la multiplicité des tâches à accomplir qu'ils paniquent et houspillent les autres. Ils se justifient en disant qu'ils sont débordés car ils craignent de ne pas atteindre leurs objectifs, et ils ne peuvent pas, en plus, tenir compte des états d'âme de chacun. Tant que les salariés ne disent rien, ce comportement, qui ne se veut pas méchant mais qui est destructeur, passe inaperçu car la hiérarchie ne s'intéresse qu'aux résultats. La pression se transmet ainsi en cascade du haut de la hiérarchie vers le bas, chacun transmettant son stress à ses subordonnés mais aussi à ses collègues. Comme chacun se retranche derrière la pression qu'il subit, personne ne se sent vraiment responsable. « C'est la faute du système ! Je n'ai fait qu'appliquer les consignes ! » Il est certain qu'un tel contexte, surtout s'il est hostile, rend plus réactif et, par conséquent, plus intolérant aux fragilités ou aux erreurs des autres.

Il peut arriver qu'un salarié soit lui-même maltraité par sa hiérarchie sans oser en parler et ne trouve pas d'autre échappatoire que de répercuter à l'échelon inférieur ce qu'on lui fait subir. Dans la transmission de la violence, il y a, fixé dans la mémoire du corps, quelque chose qui se joue malgré nous, comme un phénomène réflexe. Parce que nous avons été humilié, nous allons humilier en retour. Il n'est pas facile de constater que l'on reproduit des comportements que d'autres nous ont fait subir, ou de retrouver en nous ce qu'on a détesté chez le voisin.

Mais il faut faire attention à ne pas normaliser la violence. Ce n'est pas parce qu'on a vécu des choses difficiles que cela justifie d'en faire pâtir d'autres. Cela équivaudrait à accepter comme naturelle la réaction en chaîne qui consiste à maltraiter parce qu'on a été soi-même maltraité.

« Effectivement, je balance des trucs monstrueux mais je ne regrette rien. En fait je ne dis pas le dixième des vacheries que j'ai envie de dire ! Il y a une arrogance des gens qui consiste à penser qu'ils n'ont pas besoin de faire des efforts pour l'autre, eh bien je ferai comme eux ! Personne ne tient ses promesses. En disant une chose et en faisant le contraire, je ne ferai que ce que font la plupart des gens. Depuis mon enfance, on me reproche d'être agressif, mais je ne faisais que me défendre contre la violence des adultes à mon égard. Je continue à me défendre, un point, c'est tout. Je ne changerai pas ! »

La pression du travail ou la mauvaise ambiance ne sont pas des excuses et chaque salarié, quel que soit son niveau hiérarchique, doit réagir pour sortir de cet engrenage.

Il me paraît important tout de même de distinguer le stress et l'agressivité réactive de la violence perverse, qui s'exerce à froid, même si cette perversité trouve sa source dans une violence autrefois subie.

L'anxiété névrotique

Il faut constater que les humains ne réagissent pas toujours d'une façon logique. Les incohérences de comportement d'une personne à son travail ne sont pas toujours à rechercher du côté de l'entreprise mais peuvent être la conséquence de son fonctionnement émotionnel.

L'angoisse ou les pathologies névrotiques peuvent induire des comportements difficiles à supporter pour les autres. Un névrosé est souvent d'humeur instable, intolérant, contradicteur ; il peut avoir, comme on dit, « mauvais caractère ». Ses difficultés affectives peuvent l'amener à des conduites agressives compliquées et dissimulées, s'il a peur de sa propre violence et de son propre désir.

Les névrosés rejouent souvent, dans leurs relations aux autres, les parties inachevées de leur enfance. Un collègue « difficile » n'est peut-être qu'un individu blessé qui transmet les peurs et les humiliations qu'il a lui-même vécues enfant.

L'agressivité névrotique demeure le plus souvent inconsciente, et se manifeste volontiers dans des conduites indirectes d'ironie, de sarcasmes, de taquineries, de rejet, ou bien dans des conduites d'actes manqués, d'indifférence, d'asthénie, d'inaction, d'indécision. Elle ne peut être vécue comme telle sans angoisse. Cette agressivité névrotique, dont le point de départ se situe dans l'histoire personnelle du sujet, peut ensuite se déplacer et s'exprimer sur le lieu de travail. Par exemple, l'agressivité qui vise la mère peut être projetée sur toutes les femmes, ce qui explique certains comportements machistes ou sexistes.

Cette même agressivité peut aussi s'inverser et être ressentie comme de la peur, ce qui explique que l'on peut se sentir agressé lorsqu'on agresse l'autre. D'une façon générale, par un phénomène de projection, nous avons tendance à attribuer à autrui les sentiments que nous refusons de reconnaître comme nôtres, car on déteste chez ses semblables ce que l'on refuse de voir en soi. C'est la haine de soi qui mène à la haine d'autrui.

Il est certain qu'il faut bien s'aimer pour bien fonctionner avec les autres et que, quand on n'a pas confiance en soi, on peut être amené à fonctionner de façon défensive en permanence. On se méfie des autres, on pense qu'ils vous jugent et qu'ils sont prêts à vous critiquer. On devient violent parce qu'on se sent en péril. Si, en plus, on n'assume pas sa violence, on peut la dissimuler en utilisant des procédés pervers. C'est un cercle vicieux : pour se protéger, il faut toujours agresser plus. « Sans cesse se vérifie cette règle générale que quiconque a eu recours à la violence doit continuer à en user[6]. »

Les dirigeants caractériels

Il y a beaucoup plus de dirigeants qu'on ne croit qui se comportent en tyrans. Ils invectivent leurs salariés, se moquent d'eux, les humilient et, comme ils ont le pouvoir, ils peuvent le faire impunément. Ces caractériels impossibles à vivre agissent parfois de la même façon, dans d'autres contextes, avec les personnes qui ont moins de pouvoir qu'eux. Ce sont des petits chefs qui sont insultants avec tout le monde mais, surtout avec les femmes, en toute bonne conscience.

Alors que les procédés de harcèlement sont occultes, ces tyrans caractériels sont reconnus comme tels par tout leur entourage, qui ne peut que subir et qui n'ose pas toujours réagir.

> Le président de cette entreprise de publicité est appelé *Dieu* par tout son personnel. C'est un pervers tyrannique qui prend plaisir à faire publiquement des remontrances à ses directeurs quand ceux-ci ne peuvent pas réagir de crainte de se déconsidérer devant leurs subalternes. Sa

6. ZWEIG S., *Science contre conscience, ou Castellin contre Calvin*, Castor Astral, Paris, 1997.

phrase clef, c'est : « Les crabes, je ne les ébouillante pas, je les écrase d'abord ! » Son personnel a l'impression de marcher sur des œufs car, sans qu'on sache pourquoi, il glorifie quelqu'un un jour pour le démolir le lendemain. Dès qu'on s'oppose à lui, il utilise des pirouettes ou des mensonges. Il sait que, de toute façon, quelle que soit l'énormité du mensonge, personne ne pourra lui dire : « Vous mentez ! » Parfois il fait des réunions à n'en plus finir. Les salariés doivent alors écouter leur « seigneur et maître » parler de tout sauf du sujet de la réunion. S'il doit s'absenter pendant la réunion, quand il revient, même après une heure, il exige que l'on reprenne depuis le début.

À ses directeurs, il prône des méthodes de management violentes, faites de répression et de lettres recommandées. Il dit à ses cadres qu'ils ont les mains libres, mais il intervient pour casser ce qu'ils viennent de négocier auprès des clients ou des fournisseurs. Alors, pour éviter les ennuis, les gens se déresponsabilisent et se couvrent par des notes. Malgré tout, il tient un discours paternaliste : « Mon bureau est ouvert ! Je suis là pour vous aider ! », et, alors qu'il étale sa fortune de façon ostentatoire, il tient à son personnel des discours moralisateurs sur le danger de l'argent.

Aux postes stratégiques le *turn-over* est rapide car les cadres ne tiennent pas plus d'un an. Lorsque la dernière personne lynchée publiquement a osé riposter, ceux qui avaient échappé à l'agression se sont mis à griffonner frénétiquement sur leurs papiers ou à regarder le plafond. Cette fois-ci, le jeu a duré un peu plus longtemps que d'habitude, mais il s'est terminé comme à chaque fois par un licenciement. Bien sûr cette personne ira aux prud'hommes et elle gagnera ; mais le président ira en appel et, s'il le faut, jusqu'en cassation. Il serait évidemment plus simple et moins onéreux pour l'entreprise de payer un licenciement, mais, ce qui compte pour ce dirigeant, c'est d'avoir le dernier mot et de pouvoir dire : « Il m'a résisté, je l'ai cassé ! »

Dans cette entreprise, pour le moment, un mouvement de masse de personnel est improbable parce que les gens ont peur et qu'il y a quelques anciens qui sont manipulés et qui s'opposent aux nouveaux arrivés.

Cet homme est si visiblement pathologique que ses collaborateurs en sont peu affectés. Ils assistent, en spectateurs, à ses agissements intolérables et se rassurent entre eux. Voici ce qu'en dit un de ses cadres :

« Son comportement ne me déstabilise pas parce que je sais qu'il est fou, et tout le monde le sait. Ce n'est pas catastrophique car j'aime ce que je fais, et j'aime les gens avec qui je travaille. Si je décide de partir, c'est qu'avec un patron comme ça on va à l'échec. Déjà les chiffres commencent à baisser et mes primes aussi. »

Ce président n'a pas réussi à casser la solidarité cachée entre les personnes, ce qui est déjà bien, mais il y a encore fort à faire pour que les salariés puissent l'utiliser ouvertement comme arme contre la direction.

Pourtant, un individu seul ne peut rien contre un patron. Seule l'action commune de tous les salariés peut quelque chose. Le groupe tout entier doit agir de façon collective, afin de faire savoir que ce comportement est inadmissible. C'est ce qui s'est passé à Montauban où les salariés de la société Bouyer, après une grève dure, ont fait partir leur P-DG, dont tout le monde connaissait depuis longtemps les agissements caractériels.

Ces comportements, visibles de tous, sont beaucoup plus souvent le fait de patrons que de subordonnés. Quand on a affaire à un salarié caractériel, c'est à la hiérarchie d'intervenir, c'est elle qui est responsable et qui doit sanctionner.

Les chefs paranoïaques

La particularité de ces individus, c'est qu'ils se disent détenteurs de vérités irréfutables. Ils savent tout mieux que tout le monde et ne se remettent jamais en question. Leur besoin de ramener tout à eux les fait s'épanouir dans les positions de pouvoir. Il leur faut tout contrôler, tout dominer.

Lorsqu'on parle de harcèlement moral, pourquoi se pose-t-on uniquement la question de la paranoïa chez la victime, sans s'interroger sur l'agresseur ? Certes, on reconnaît parfois que tel ou tel dirigeant, accusé de harcèlement moral par ses subordonnés, présente un caractère difficile, que les psychiatres qualifieraient, s'ils avaient l'occasion de les rencontrer, de paranoïaques, mais, dans les cas les plus courants, on ne reconnaît la pathologie que chez celui qui se plaint.

Or, le plus persécuté des deux n'est pas toujours la victime. Il est des managers méfiants, qui voient des espions partout, qui ne font confiance à personne, et qui ne voient d'autre vérité que la leur. Il est des collègues qui régentent tout et qui agressent les autres dans l'idée que l'autre a forcément quelque chose à se reprocher. Une des caractéristiques des personnalités paranoïaques est la méfiance. Au départ du harcèlement moral, il y a très souvent une peur quasi délirante que l'autre (celui qui sera visé) se révèle nuisible. Ces chefs paranoïaques peuvent être envahis par des pensées obsédantes, centrées sur un préjudice supposé, alors que les faits eux-mêmes contredisent cette impression. Par exemple, ils peuvent craindre qu'un collaborateur ait des intentions malveillantes. Quoi qu'il fasse, ce dernier sera suspect. S'il est trop doué, il peut faire de l'ombre, s'il est trop honnête, c'est inquiétant, etc.

> Xavier est un patron tyrannique qui est craint de tous ses salariés. Il ne fait confiance à personne et va même jusqu'à jeter un œil sur les papiers qui traînent sur les bureaux et écouter les boîtes vocales de ses subordonnés.
> À chaque fois qu'il est en mauvaise posture ou qu'un marché ne se fait pas comme il le souhaitait, il est persuadé que c'est parce que quelqu'un a médit sur son compte auprès de ses partenaires extérieurs.
> Après un salon, une lettre avait été écrite spontanément par tout son personnel afin de réclamer le paiement des heures supplémentaires. Résultat : il agresse très violemment son adjoint, l'accusant d'être à l'origine de la mutinerie.
> Dans un tel contexte, chacun est amené à se méfier de tout le monde et se sent faux et hypocrite. Ceux qui s'en sortent le mieux sont ceux qui savent dire oui à tout et qui feignent l'amabilité.

Mais, comme les paranoïaques sont souvent également tyranniques, les autres, collègues, supérieurs ou subordonnés, ne font pas toujours la distinction avec les caractériels. Seul le médecin du travail peut faire le diagnostic, mais, tant qu'il s'agit de traits de caractère et non d'une pathologie délirante, il est rare qu'il soit consulté sur ce point. Quand bien même le serait-il, à moins d'une mesure juridique, on ne peut pas obliger quelqu'un à se faire soigner, s'il ne le veut pas.

Les personnalités obsessionnelles

On ne peut pas parler de harcèlement sans parler d'obsession et d'obsessionnalité. Une obsession est une idée fixe qui s'impose de manière lancinante et pénible à un sujet qui ne peut pas la supprimer par sa seule volonté. Si, à la suite d'une agression perverse, la personne harcelée est envahie par l'image de son agresseur et par le souvenir de la violence subie, il est indéniable que l'agresseur aussi, pendant et après l'agression, est complètement envahi par l'image de la personne qu'il harcèle.

Étymologiquement les termes « obséder » et « harceler » sont très proches. Dans son acception ancienne, « obséder » veut dire « être assidu auprès de quelqu'un, de manière à l'isoler des autres personnes ;

importuner par ses assiduités », et, par extension, « en parlant de certaines idées, tourmenter assidûment » *(Littré)*. Le sens psychiatrique actuel d'idée ou d'image qui s'impose à l'esprit de façon répétée et incoercible n'apparaît qu'en 1799. Ces pensées imposées constituent une sorte de parasite interne dont l'obsédé aimerait bien se débarrasser.

À côté des idées fixes, les personnalités obsessionnelles présentent un fonds dépressif particulier, appelé « psychasthénie » par Janet[7], psychiatre du début du siècle. Cela les maintient à distance des préoccupations des autres, retirés dans les abstractions ou les grandes théories. Comme ce sont des personnes qui manifestent une certaine froideur dans les gestes ou les paroles, ainsi qu'une absence manifeste d'émotivité, les collègues ou partenaires peuvent se sentir rejetés. Janet parlait à leur propos de « sentiment d'incomplétude » qui fait que ces obsessionnels sont dans une insatisfaction constante, jamais contents ni d'eux, ni des autres.

Les individus qui ont un caractère obsessionnel ont un immense besoin de maîtrise, car ils ont horreur de tout ce qui est fluide ou mouvant ou spontané. Ils cherchent à maîtriser la vie en la figeant. Il leur faut ranger, organiser, dominer, contrôler. Ils s'attachent exagérément aux détails, souvent au détriment du résultat final. Ils veulent que les choses soient faites d'une certaine façon et pas autrement et ne lâchent pas l'autre, tant que tout n'est pas exactement comme ils le souhaitent. Ils ont souvent un caractère têtu, obstiné et un autoritarisme rigide qui peut agacer les collègues ou les subordonnés. Ils pensent agir au nom du bien et ne supportent pas les défaillances d'autrui. Les erreurs, les retards, les imprévus de l'autre sont vécus comme de véritables agressions, qui se transforment en idées fixes et en ruminations.

Plus on les bouscule et plus ils se rigidifient. Les obsessionnels ne lâchent pas l'autre, ils l'envahissent de leur présence en lui téléphonant sans arrêt, l'empêchant ainsi d'avancer. Leur vie pulsionnelle est imprégnée d'agressivité qu'ils combattent en s'efforçant d'être polis, agréables, conformes, car ils aimeraient être appréciés.

Dans les entreprises ou les institutions, ces obsessionnels fonctionnent très bien dans des situations de numéro deux, de responsable en second, pourvu qu'ils aient au-dessus d'eux un chef qu'ils admirent et qui leur fait confiance. Ils peuvent ainsi organiser et tyranniser mais,

7. JANET P., *Les obsessions et la psychasthénie*, Flammarion, Paris, 1903.

par procuration, c'est-à-dire en se dégageant de la responsabilité de leurs actes.

Il est rassurant pour eux de commander tout en obéissant, car ils peuvent ainsi trouver un juste équilibre entre leur besoin de soumission et leur agressivité.

Le monde du travail – et la caricature en est l'administration – fonctionne d'une façon obsessionnelle. Les procédures sont très strictes, on établit des normes, on réalise des évaluations afin d'avoir des chiffres, des statistiques, des projets chiffrés. Les salariés doivent respecter strictement les protocoles. Dans un monde tellement calibré, les personnes qui ne sont pas suffisamment obsessionnelles se sentent contraintes et souffrent de ne pas pouvoir créer, improviser, et se sentent bridées. Mais, d'un autre côté, les personnes qui sont trop obsessionnelles supportent mal les changements d'organisation et la pression du temps et risquent de répercuter sur les autres les contraintes résultant de leur manque d'adaptabilité.

Aussi bien la paranoïa que la névrose obsessionnelle sont des organisations mentales structurées de façon rigide. Il y a dans ces deux pathologies une accentuation des symptômes, si la personne qu'ils idéalisent et qui leur sert de modèle les rejette. Celle-ci est considérée alors comme un persécuteur par le paranoïaque ou l'obsessionnel. Ils font une fixation sur elle et ne la lâcheront pas tant qu'ils n'auront pas obtenu sa perte.

Il peut arriver à n'importe qui de se sentir obsédé par une idée qui ne trouve pas sa formulation ou par la pensée envahissante d'un autre, par exemple dans le cadre d'un amour passionnel, sans qu'il s'agisse d'une pathologie. C'est pourquoi il est important d'apprendre à repérer en chacun de nous ces fonctionnements psychiques, avant qu'ils ne dégénèrent en harcèlement véritable. On le verra avec Pierre, les personnalités obsessionnelles sont tout à fait capables de se remettre en question.

> Après plusieurs années dans un grand groupe, salarié parmi d'autres salariés, Pierre est promu chef de service d'une petite entité qui comprend des jeunes en contrat de qualification ou des CDD. Seul professionnel du service, il est un chef incontesté.
>
> Après quelque temps, il prend conscience qu'il ne supporte plus Amélie qui pourtant fait correctement son travail. Elle l'agace dans tout ce qu'elle fait ou ce qu'elle dit, elle l'agace surtout quand elle demande à partir plus tôt. Il a l'impression qu'elle n'est plus intéressée par ce qu'elle

fait (ou par lui !). Il se met à guetter ses allées et venues, la surveille pour lui donner du travail supplémentaire dès qu'elle a le nez en l'air. À peine fait-elle une erreur, qu'il hurle contre elle. Il a envie de lui faire du mal. Il a conscience que, sur un plan strictement professionnel, la harceler n'est pas la méthode la plus efficace, mais il est pris dans un engrenage qui lui échappe : cette femme l'obsède. Comme dans une jalousie amoureuse inversée, elle occupe toutes ses pensées. Il est persuadé qu'elle a envie d'être ailleurs.

Cette situation le renvoie d'emblée à toutes les autres similaires qu'il a vécues dans d'autres contextes, en tant qu'agresseur ou agressé. Il croyait avoir oublié ces souffrances, elles reviennent en masse. Il sait qu'à chaque fois qu'il a choisi la solution de la violence il a perdu. Il se remémore tous les cas où il a eu conscience d'être méprisant ou délibérément méchant. Il ressasse toute cette haine, tous ces fantasmes qui lui font beaucoup de mal.

Après en avoir parlé longuement en psychothérapie, il décide de déjeuner avec Amélie pour lui dire tout ce qu'il lui reproche. Elle admet qu'elle a effectivement désinvesti son travail, car elle estime que son poste ne lui permet pas d'avancer. Elle voudrait plus d'autonomie et de responsabilités. Pierre l'écoute, reconnaît que son contrat n'est pas très satisfaisant et en analyse avec elle les avantages et les inconvénients. Il décide néanmoins de maintenir sa position concernant la répartition des responsabilités, mais il en explicite les raisons. Amélie sort satisfaite de leur entretien.

Par la suite, Pierre aura, de nouveau, la tentation de la houspiller, mais il saura à chaque fois se dominer. Amélie ne sera plus l'objet de ses obsessions.

Chez les obsessionnels, l'envahissement par l'autre est un symptôme dont ils aimeraient bien se débarrasser. Ils ne prennent pas plaisir à faire souffrir les autres et, s'ils se font aider, ils peuvent changer leur comportement. Mais parfois un passage peut se faire vers du sadisme et une jouissance à faire souffrir.

Bernard est un jeune homme sage à la présentation impeccable : pantalon bien repassé, pull bleu marine, chaussures parfaitement cirées. Il vient d'obtenir par concours un poste de directeur comptable, responsable d'un service où ne travaillent que des femmes. Cela lui plaît bien, car il a l'impression que des femmes ne contesteront pas son autorité. Il dit que c'est son caractère obsessionnel qui l'a amené à choisir ce métier, car il a beaucoup de plaisir à faire des comptes. Son temps libre est essentiellement occupé par la création d'un réseau de trains électriques.

Le côté organisé des trains le rassure. Enfant, il était timide et impulsif, et, à plusieurs reprises, il a été cruel avec les animaux. Il lui arrive encore maintenant d'avoir des pulsions violentes, quand un SDF obstrue son passage ou que quelqu'un à son travail lui fait remarquer ses erreurs. Bernard reconnaît qu'il n'est bien que dans les rapports de domination, que ce soit sur le plan professionnel ou sur le plan personnel, mais, de façon paradoxale, il se laisse complètement dominer par son épouse, une forte femme qui le trompe ouvertement.

Lorsqu'arrive un nouveau collègue, de même niveau hiérarchique mais plus brillant et surtout plus à l'aise avec les femmes, Bernard se sent rejeté. Il a l'impression que ses supérieurs préfèrent le nouveau venu et que ses subordonnées ne lui accordent plus la même attention. Il décide alors de lui compliquer la vie. Pour cela, il ne lui passe pas les informations qui pourraient lui être utiles, il égare les papiers qu'il doit lui transmettre et, surtout, il pointe la moindre erreur de son collègue à la hiérarchie. Jamais il n'attaque directement, mais s'il a, par hasard, l'opportunité de mettre son collègue en faute, il n'hésite pas un instant.

Comme beaucoup d'obsessionnels, Bernard a un grand besoin de contrôler les autres. Cela ne présente pas trop de difficultés dans un système hiérarchique vertical : il suffit d'obéir à ses supérieurs et de dominer ses subordonnés. En revanche, il est plus difficile de contrôler un collègue, surtout si celui-ci apparaît brillant ou tout simplement vivant.

Même s'ils sont souvent difficiles à vivre, tous les obsessionnels ne sont pas aussi caricaturaux que Bernard qui présente également des traits pervers. Le souci de l'ordre ou un certain autoritarisme ne sont, en général, assortis d'aucune malveillance. Dans la relation avec eux, il est donc important de les rassurer, en respectant autant que possible leur rigidité.

Ce qui est malveillant mais pas toujours conscient

Le harcèlement par intrusion

Un cas particulier de harcèlement par un paranoïaque est le harcèlement par un (ou une) érotomane. L'érotomanie est la conviction délirante qu'a un individu d'être aimé d'un autre, généralement d'un niveau plus élevé. Les érotomanes sont considérés comme des personnes potentiellement dangereuses, car la phase d'espoir amoureux est habituellement suivie d'une phase de rancœur, quand la personne comprend qu'elle n'est pas aimée en retour.

Même si l'érotomanie est reconnue comme un trouble psychiatrique grave, il existe des formes plus insidieuses de « réactions érotomanes » qui sont rarement prises en compte. On peut qualifier ce comportement de harcèlement par intrusion, ce qui correspond au *stalking* américain.

Aux États-Unis et dans les pays anglo-saxons, des lois ont été votées pour protéger les victimes de *stalking* qui se définit comme un « comportement impliquant explicitement ou implicitement une menace de mort, avec l'intention de provoquer la peur », la personne visée peut raisonnablement craindre pour sa vie ou, du moins, craindre des blessures physiques.

En France, la police ne peut pas intervenir tant qu'il n'y a pas de preuve ni d'acte illicite, ce qui veut dire que les personnes ciblées vivent dans la peur et n'ont aucun recours.

Ce type particulier de comportement provient le plus souvent d'un ex-partenaire amoureux. Il peut aussi se produire, quand on avait espéré une relation plus intime avec quelqu'un envahissant par dépit.

Éric travaille pendant un an avec Jeanne dans un service d'informatique. De temps en temps, ils déjeunent ensemble car ils ont en commun un même intérêt pour la musique de jazz. Lorsque Jeanne est mutée dans une filiale de banlieue, elle continue à passer, de temps en temps, dans son ancien service, et, dans ce cas, elle déjeune avec Éric.

Quand elle lui fait comprendre qu'elle est amoureuse de lui, il remet les choses au clair en précisant qu'il est déjà marié.

Un mois après, il reçoit à son bureau un coup de téléphone de Jeanne qui lui reproche de l'avoir utilisée comme un faire-valoir quand ils travaillaient dans le même service. Elle lui explique que, désormais, il sera son objet de haine car elle n'est pas prête d'oublier l'affront.

Depuis ce jour, les appels anonymes ne cessent pas ; quand il décroche, il entend simplement une respiration forte. Il reçoit aussi des lettres inquiétantes, pleines de sous-entendus et de menaces : « Tout cela finira mal ! », mais pas suffisamment explicites pour qu'il puisse porter plainte. En début d'année, elle fait irruption dans son bureau pour lui souhaiter, avec un grand sourire, une mauvaise année. Quand il retrouve les pneus de sa voiture crevés, il ne peut pas imaginer une simple coïncidence.

Éric hésite à en parler à sa hiérarchie car il se sent ridicule d'avoir peur d'une femme. Pourtant, lorsque son chef de service reçoit une lettre

anonyme décrivant les turpitudes d'Éric avec ses collègues femmes, celui-ci essaie d'expliquer la situation, mais le chef ne veut rien entendre car, pour lui, il s'agit d'une histoire privée.
À plusieurs reprises, Éric a déposé en vain des mains courantes. Lorsqu'il se décide à porter plainte, il lui faut se justifier car, comme ils étaient de bons collègues auparavant, le juge s'interroge sur une éventuelle attitude séductrice de sa part. L'explication retenue par la justice se résume à un aléa relationnel, entretenu par la trop grande réactivité d'Éric.

Ceux qui suivent la perversité du groupe

Quand on entre dans un grand groupe, on entre dans un système de pensée tout fait. Suivre les ordres, les méthodes de management, le système de pensée de l'entreprise évite de se confronter à sa propre liberté et à sa propre fragilité. Cela évite de penser par soi-même et de douter. Certes, l'entreprise demande aux cadres de se dévouer corps et âme, mais, en contrepartie, elle leur donne une image sociale valorisante. Les choses se compliquent lorsque les valeurs de cette entreprise ne correspondent plus aux idéaux de la personne, par exemple, quand elle utilise des procédés déloyaux que le cadre réprouve.

Comment faire quand on est obligé de participer contre son gré à un système pervers ?

On rencontre trois cas de figure : il y a les purs et durs qui souffrent et réagissent, prenant ainsi le risque d'être mis de côté ou harcelés, il y a les craintifs qui suivent par peur, et les collabos qui se font embrigader et participent à la perversité du groupe.

Les moutons

Dans les groupes, les individus fonctionnent parfois comme des sujets immatures qui ont besoin de dépendre d'un autre. Ils manquent de courage, et ne réussissent pas à se démarquer des autres et à penser par eux-mêmes.

On les voit ainsi suivre aveuglément la hiérarchie, obéissant à toutes les consignes, même les plus absurdes, sans s'interroger sur le sens de ce qu'ils font, dans l'espoir que, s'ils sont conformes, et même hyperconformes, en anticipant sur la conformité attendue, ils seront protégés.

Gisèle est une assistante de direction dévouée à son poste. Elle est appréciée de tous, car, consciencieuse dans son travail, elle n'hésite pas à avoir des petites attentions pour chacun.

Lorsqu'à la suite d'un conflit elle entre en disgrâce auprès de son patron, elle constate que les autres directeurs en profitent et deviennent déplaisants avec elle. Ils ne lui disent plus bonjour, ne la regardent plus et ne lui donnent pas les dossiers pour préparer les réunions.
Officiellement rien n'a changé, mais, parce qu'elle est rejetée par le chef, elle est devenue indésirable pour les autres.

Plus la culture du groupe est forte, et plus il est inconfortable de ne pas y adhérer. On risque d'être mis à l'écart ou même d'être harcelé, alors on préfère penser comme les autres, ou plutôt comme ce que l'on croit que les autres pensent. Comme le dit Aristote[8] : « Il n'y a aucune opinion, aussi absurde soit-elle, que les hommes n'aient pas rapidement adoptée dès qu'on a réussi à les persuader qu'elle était généralement acceptée. »

Les groupes ont tendance à choisir un leader qu'ils mettent en avant pour le suivre de façon passive, comme des moutons, sans aucun esprit critique. « Ce que l'on appelle l'opinion commune est, à y bien regarder, l'opinion de deux ou trois personnes », nous dit Schopenhauer. Ce syndrome du mouton se retrouve à tous les niveaux de la hiérarchie. Les chefs d'entreprise ne sont pas épargnés, qui demandent l'avis d'experts, de consultants ou de gourous.

La transmission de la perversité

Lorsqu'un groupe de salariés se voit imposer par la hiérarchie des objectifs difficilement réalisables, il peut avoir la tentation d'exclure les moins performants du groupe.

Quand une direction désire se débarrasser d'un salarié, elle se contente parfois de suggérer au groupe que cette personne est indésirable. Les collègues, par esprit d'obéissance ou par peur, s'éloignent d'elle, l'isolent et, par un processus maintenant bien connu, la harcèlent.

On sait, depuis les expériences de Milgram[9], que, lorsqu'un individu entre dans une structure hiérarchique, s'il a confiance en sa direction, il ne se voit plus comme l'auteur de ses propres actes et responsable de ceux-ci, mais comme l'exécutant des volontés de cette hiérarchie et, comme tel, déchargé de toute responsabilité.

---

8. ARISTOTE, *Éthique à Nicomaque*, Pocket.
9. MILGRAM S., *Soumission à l'autorité*, Calmann-Lévy, pour la traduction française, Paris, 1972.

Stanley Milgram avait été très frappé par le système de défense présenté par les officiers nazis qui, lors du procès de Nuremberg, alléguaient le sens du devoir et l'obéissance aux ordres, pour expliquer leur participation à la barbarie.
Il mena donc des expériences entre 1960 et 1963, à l'université de Yale, pour étudier les ressorts de l'obéissance.
Il recruta, par voie d'annonces, des étudiants pour participer à des expériences sur la mémoire. Chacun des sujets devenait, à la suite d'un tirage au sort truqué, un moniteur dont la mission consistait à apprendre à un élève (qui était en réalité un comparse des expérimentateurs, ce que le moniteur ignorait) une liste de couples de mots. L'élève complice s'asseyait sur une chaise électrique. Le moniteur, pour étudier les effets de la punition sur l'apprentissage, devait, à chaque erreur de l'élève, lui administrer une décharge électrique d'intensité croissante (de 15 à 450 volts). Les assistants ignoraient que l'élève – même s'il faisait mine de se tordre de douleur à partir d'un certain voltage – ne recevait en réalité aucune décharge.
Milgram s'attendait à ce que, devant la souffrance infligée, les moniteurs cessent assez rapidement cette « torture ». Cependant, 65 % d'entre eux allèrent jusqu'au bout de l'expérience et administrèrent des chocs du niveau le plus élevé.
Si, au lieu de se tenir dans les locaux de la prestigieuse université de Yale, l'expérimentation avait lieu dans un immeuble minable, l'obéissance tombait à 48 %.
Pour Milgram, cette extraordinaire propension à obéir inconditionnellement aux ordres de l'autorité commence par la nécessité, pour les petits enfants, d'obéir aux injonctions parentales, faute de ne pouvoir survivre ou d'être privés d'amour. Elle se poursuit à l'école et est ensuite sollicitée à chaque fois qu'un individu entre dans une structure d'autorité, et ce d'autant plus que les enjeux personnels sont plus importants.

Les cadres qui transmettent la perversité ne prennent pas plaisir à faire souffrir, parfois ils souffrent eux-mêmes de faire souffrir, mais, par peur ou par lâcheté, ils se taisent. C'est comme s'ils avaient un organe en moins, leur sens moral n'existe pas, ils sont coupés d'eux-mêmes, sans mémoire et sans émotion. Ils souffrent en silence de devoir commettre des actes qu'ils réprouvent. Ils érigent alors un « cynisme viril » en stratégie de défense [10]. Pour ne pas être exclus du groupe et tenus pour lâches par les collègues, ils collaborent à la souffrance et à l'injustice.

10. Dejours C., *Souffrance en France*, Seuil, Paris, 1998.

Mais, dans les groupes, ce sont très souvent les individus pervers, qui se proposent comme leaders. Quel que soit leur niveau hiérarchique, ils renforcent leur pouvoir en désignant un ennemi commun contre lequel il faut se battre. Les salariés indécis suivent et deviennent destructeurs par conformisme ou par peur de voir le groupe se retourner contre eux. Les pervers narcissiques éprouvent une grande jouissance à manipuler les autres pour les pousser eux-mêmes à manipuler. C'est ainsi qu'ils pratiquent très souvent le harcèlement moral par délégation : par leurs remarques, leurs suggestions, ils poussent les autres à agir et ensuite ils disparaissent de la situation.

Méfions-nous du prosélytisme des pervers. Ils savent très bien séduire, mettre sous emprise, et amener les autres à perdre leurs repères et à inverser leurs valeurs. Il suffit d'un individu pervers dans un groupe pour que le groupe entier perde ses repères moraux. Mais il suffit aussi d'une seule personne qui ne suit pas et qui dénonce les comportements inacceptables, pour que le groupe ouvre les yeux et réagisse. Cela nous donne des pistes pour la prévention.

Les personnalités narcissiques

Il est difficile de différencier les personnalités narcissiques de la catégorie précédente car, elles aussi, pour plaire, pour être conformes, peuvent être entraînées à suivre la perversité du groupe.

Ce sont des individus démesurément préoccupés par leur *ego*, qui doivent à tout prix réussir et être admirés car ils guettent en permanence leur image dans le regard de l'autre. À l'heure où les publicités nous disent d'« assurer », ils s'efforcent de masquer toutes leurs défaillances. En réalité, ce sont des êtres fragiles qui, dès qu'ils ne sont pas en pleine forme, brillants, performants, ont l'impression de ne pas correspondre à ce qu'on attend d'eux (ou plutôt à ce que leurs parents attendaient d'eux autrefois et à ce que leur hiérarchie attend d'eux maintenant), de ne pas être à la hauteur, car l'image idéale qu'ils ont d'eux-mêmes les aide à tenir debout. Il leur faut donc courir après le succès et la réussite, et ils envient (et haïssent) les individus sereins, qui n'ont rien à prouver, et qui peuvent accepter tranquillement leurs propres faiblesses et leurs éventuels échecs.

À les voir si à l'aise dans le monde du travail, on pourrait penser que ces personnes bénéficient d'une très haute idée d'elles-mêmes, mais ce ne sont que des apparences. Les psychanalystes parlent à leur sujet de *faux-self*, c'est-à-dire d'une personnalité fausse. Ce sont des personnalités très fragiles qui attendent tout du regard de l'autre. Ce qui importe pour elles, c'est de faire illusion. En réalité, elles ne s'aiment pas : « Je ne vaux rien sans mes performances, sans mes succès. » Pour bien fonctionner avec les autres, il faut s'aimer suffisamment. Quand on n'a pas confiance en soi, on est obligé d'être en permanence sur la défensive, car on pense que les autres vous jugent et qu'ils sont prêts à vous critiquer. Parce qu'on craint d'être agressé, on anticipe et on agresse.

Ces personnes sont dans une course au pouvoir sans fin, car, pour elles, ouvrir les yeux sur la vanité du monde, c'est courir le risque de la dépression. Afin d'éviter d'être confrontées à ces sentiments déstabilisants, elles s'agitent et se donnent de l'importance : elles ont une foule de rendez-vous, sont accrochées à leur téléphone portable, reçoivent des centaines de mails, ou surfent toute la nuit sur la toile... Pour tirer leur épingle du jeu dans un contexte de compétitivité, elles s'efforcent de gommer leurs faiblesses et laissent de côté ce qui, chez elles, est vivant et spontané. Notre société veut des êtres lisses et sans faille ? Elles seront ces êtres-là, insensibles, acceptant de cacher leur vulnérabilité et leur incapacité aux relations durables derrière une armure d'arrogance et d'hyperadaptabilité. Ayant laissé de côté l'affectif, elles ont un fonctionnement pratique, rationnel, opératoire, ce qui correspond tout à fait aux exigences actuelles du management.

Dans un fonctionnement narcissique, l'individu perd sa liberté. Il n'existe qu'à travers ses performances, sa réussite professionnelle ou sociale et ses attributs de pouvoir : le nombre de personnes qu'il a sous ses ordres, le fait d'avoir sa secrétaire personnelle, la voiture de fonction, le standing du fauteuil, etc. En cas de chômage ou de rejet, cette identité fabriquée s'écroule. Ces individus perdent leurs repères, ne sont plus rien, et ne tardent pas à sombrer dans la dépression.

Au départ, les individus narcissiques n'ont pas, de façon régulière, des comportements pervers, mais ils sont tellement envahis par leur *ego* qu'ils peuvent déraper, si le contexte s'y prête. S'ils se sentent en péril, ils peuvent devenir violents, mais, comme ils ne l'assument pas, il leur faut dissimuler leur violence sous des procédés pervers. C'est ainsi que se fait le passage à la perversion narcissique.

Parce qu'ils souffrent d'un sentiment d'insécurité concernant leur propre valeur, ils peuvent détruire l'autre pour se rehausser (ils prennent ainsi une revanche sur ce qu'ils ne sont pas), ou pour se défendre. N'étant pas satisfaits d'eux-mêmes et persuadés que les bonnes solutions ne se trouveront pas en eux, ils utilisent les autres comme faire-valoir, d'abord en prenant leurs idées, en les « utilisant », puis en les disqualifiant, afin de rester seuls en bonne position.

Étant donné leur fragilité, ils supportent mal les critiques et encore moins les échecs, il leur faut toujours avoir le dessus.

> Claudine, 50 ans, travaillait comme cadre commerciale dans une petite PME depuis quinze ans jusqu'au jour où son patron a décidé qu'il ne voulait plus travailler qu'avec des jeunes de l'âge de sa fille, frais émoulus d'une école de commerce. Très vite, il rend la vie impossible à Claudine qui finit par craquer. Il refuse de la licencier : « Si vous n'êtes pas contente, vous n'avez qu'à partir ! » Elle prend un avocat. Commence alors un bras de fer par avocats interposés qui durera plus d'un an. Pour l'entreprise, sur un plan économique, négocier serait plus sage, mais il s'agit seulement d'avoir le dernier mot, de montrer qu'on a le pouvoir, au prix d'un procès en cassation, il faut gagner.

Toujours pour préserver leur image, les individus narcissiques évitent d'affronter l'autre et de dire ce qui ne va pas, de crainte d'être mis en échec dans un conflit ouvert. Là encore, ils utilisent des procédés pervers pour empêcher l'autre de penser et de réagir. Pour masquer leur sentiment d'insécurité, ils projettent leur frustration sur un autre qu'ils contrôlent, dévalorisent ou rabaissent. Il suffit pour cela de trouver un subordonné qui n'a pas d'autre choix que d'accepter, un collègue fragilisé ou encore une personne trop scrupuleuse ou trop à l'écoute des autres.

C'est par le biais du narcissisme que les entreprises manipulatrices ont prise sur les personnes. Les individus narcissiques intègrent la logique du système sans aucun sens critique et deviennent ce que l'entreprise veut qu'ils deviennent. Ils sont prêts à tout, pour peu qu'on le leur demande. Cette « hyperplasticité » leur fait perdre tout regard critique, et désobéir à des ordres allant à l'encontre de leur morale personnelle, leur est impossible. Ils se laissent berner par une apparence de pouvoir et s'adaptent à outrance au fonctionnement de l'entreprise, même s'il est pervers.

Certes, pour survivre dans ce monde où les malversations sont de mise, il faut s'armer, s'endurcir. Il faut donc afficher des certitudes, donner l'illusion de l'assurance, à défaut d'avoir confiance en soi. Il existe certainement beaucoup de dirigeants ayant une personnalité narcissique et le risque est grand de les voir passer à un fonctionnement pervers.

Les agresseurs malveillants : les pervers narcissiques

Je ne reviendrai que très brièvement sur le profil psychologique du pervers narcissique que j'ai abondamment décrit dans mon précédent livre.

Les pervers narcissiques sont des individus qui établissent avec autrui des relations fondées sur les rapports de forces, la méfiance et la manipulation. Il leur est impossible de reconnaître l'autre en tant qu'être humain complémentaire qui viendrait les enrichir de leur différence. Au contraire, ils considèrent l'autre, *a priori*, comme un rival à combattre. Il leur faut donc dominer ou détruire tous ceux qui pourraient être une menace pour leur pouvoir. Ils projettent toute leur violence interne sur quiconque pourrait les démasquer ou faire apparaître leurs faiblesses. Cet autre devient mauvais, responsable de tout ce qui ne va pas, et doit donc être détruit. Il existe, incontestablement, chez les pervers narcissiques, une jouissance à pointer ce qui démolira le plus sûrement l'identité de la victime.

> Sylvie, 50 ans, est divorcée avec trois enfants à charge. Après une carrière dans l'industrie, elle est obligée de déménager pour raisons familiales et décide de se lancer dans le conseil et l'*outplacement*. Elle trouve une première mission en CDD qui lui donne le goût de la profession, puis, après une période de chômage, elle est recrutée par Xavier qu'elle a rencontré dans sa mission précédente. Il crée sa propre entreprise et a besoin d'une personne particulièrement disponible. Il promet que, dès que l'entreprise sera lancée et que Sylvie aura appris le métier, elle pourra devenir actionnaire. Dès les premiers jours de travail, elle entre en conflit avec lui en prenant la défense d'une assistante qu'ils partagent. Cela se retourne contre elle, car Xavier s'arrange pour la disqualifier auprès de cette femme.
>
> Sylvie travaille d'arrache-pied et ne ménage pas ses heures. Elle utilise les contacts qu'elle avait pu nouer dans son ancien métier et très vite apporte de nouveaux clients, mais jamais Xavier ne la félicite, et, comme elle est débutante, c'est lui qui signe les contrats en son nom. Elle se retrouve rapidement responsable de toute la prospection des clients et des entretiens d'évaluation et travaille tard le soir. Il n'est pas rare que, le week-end, Xavier lui téléphone, ou même qu'il lui demande de retourner au bureau pour régler un problème, car il est convenu qu'elle doit toujours être joignable.
>
> Quand elle se plaint d'être débordée, Xavier lui fait remarquer qu'elle apprend le métier et qu'elle devrait être contente, à son âge, d'avoir une

activité si gratifiante. Dès que Sylvie résiste un peu ou n'est pas d'accord avec lui, Xavier se met à crier et la traite d'ingrate. Elle finit par céder, pour avoir la paix, mais aussi parce qu'elle admire son intelligence et se dit qu'il doit avoir raison. Il surveille son courrier et ses coups de téléphone et veille à ce qu'elle ne réponde pas directement à un client important. Dans un colloque qu'elle avait organisé et où elle devait parler, au dernier moment, il prend la parole à sa place en reprenant ses idées.
Après huit mois de travail sans un seul jour de congé, quand elle demande à partir pendant les vacances scolaires, il refuse et lui dit que, si elle lâche une seule journée les dossiers sur lesquels elle travaille, il considérera cela comme un abandon de poste.
Quand elle vient me voir sur les conseils d'amis inquiets de son état, Sylvie a perdu neuf kilos. Elle ne dort plus, même avec des somnifères, et s'est remise à fumer et à prendre des apéritifs dans la journée quand elle se sent trop anxieuse. Elle est fatiguée, confuse, et n'a plus envie de rien.

Même s'il s'agit d'un mode de fonctionnement pathologique, la perversité n'est pas une maladie mentale qu'il suffirait de soigner pour régler le problème du harcèlement moral. Nous naissons tous avec un germe de perversité qui ne demandera qu'à se développer, si, d'une part, notre éducation ne nous apprend pas suffisamment de valeurs morales, et si, d'autre part, le contexte social ou professionnel le favorise. Un pervers narcissique est un perverti précoce du fait de son histoire infantile. Il se peut qu'il reproduise le système relationnel malsain dans lequel il a été éduqué, il se peut aussi qu'il reproduise la violence morale qu'il a lui-même subie, par défense contre sa propre souffrance, car la plupart des pervers narcissiques ont été eux-mêmes traités comme des objets dans leur enfance. Parfois, ils ont été le « mauvais objet » d'un parent et ont été rejetés, dévalorisés ou maltraités. Parfois, au contraire, ils ont été un objet de valorisation ou d'idolâtrie de la part d'un parent manipulateur. Pour se protéger de ces parents envahissants, il leur a fallu privilégier l'intellect aux dépens de l'affectif et devenir froids, insensibles, inaffectifs. Mais cela ne les excuse pas.

Sont-ils conscients du mal qu'ils font ? Lorsqu'on les interroge, ils sont toujours dans le déni. Ils justifient leur comportement par la nullité de l'autre qui ne mérite pas mieux. Jamais ils ne reconnaissent leurs fautes, jamais ils ne font d'excuses. Tout au plus peuvent-ils reconnaître leurs erreurs stratégiques. En effet, si leurs agissements ont été repérés, ils estiment que c'est parce qu'ils n'ont pas été assez habiles à les masquer. Il leur faudra donc améliorer leurs méthodes.

Quand un pervers narcissique est démasqué, il se met habilement en position de victime et crie au complot, il renverse la situation pour convaincre les autres qu'il est le jouet d'une campagne de persécution, ce qui oblige les éventuels intervenants à la vigilance.

Même s'ils connaissent très bien les limites à ne pas franchir pour ne pas avoir d'ennuis, il y a chez eux une malveillance inconsciente. Bien entendu, on ne les voit pas dans le cabinet du thérapeute puisque, pour eux, ce fonctionnement est « normal ». D'ailleurs, quand ils consultent un psychothérapeute, c'est parfois avec une demande à peine cachée d'améliorer leur perversité : « Puisque vous connaissez si bien la manipulation, dites-moi comment je peux faire pour soumettre telle ou telle personne ! »

À une époque où le monde du travail est devenu de plus en plus impitoyable, il s'opère une sorte de sélection naturelle qui place les pervers narcissiques à des postes stratégiques. Étant donné qu'ils sont froids, calculateurs, et sans états d'âme, ils sauront privilégier les éléments rationnels sans se laisser émouvoir par les aléas humains. D'une façon générale, ce sont des individus qui savent très bien faire leur chemin dans les entreprises et les administrations, car ils sont habiles et séducteurs. Ils savent utiliser, à leur profit exclusif, le lien de subordination pour asservir l'autre. L'entreprise, comme tous les lieux de pouvoir, a tendance à attirer les pervers narcissiques et à leur laisser une grande place. Leur dangerosité ne tient pas seulement à leurs agissements mais aussi à leur pouvoir de séduction : ils savent entraîner un groupe à la perversité.

V

Que faire ?

Les situations de harcèlement moral, ou celles qui y ressemblent et qu'il faudra apprendre à distinguer, sont multiples et variées. Nous aurons à les traiter de façons différentes. En effet, la difficulté qu'il y a à définir une stratégie de prise en charge vient du fait qu'il ne s'agit pas du tout de la même chose lorsqu'on parle de maltraitance managériale où les personnes peuvent se soutenir entre elles et lorsqu'il s'agit d'un harcèlement individuel beaucoup plus insidieux (même si parfois les deux procédés se recoupent). La prise en charge sera différente, ainsi que les intervenants.

À partir d'une demande subjective : « Je me sens harcelé ! », que faire ?

Il est clair qu'une personne ne peut pas s'en sortir toute seule. Elle a besoin de trouver rapidement un interlocuteur, car c'est l'absence de tiers qui conduit au judiciaire. Encore faut-il qu'elle sache vers qui se tourner.

Dans un premier temps, on doit lui proposer de choisir entre différents interlocuteurs afin de parler de sa souffrance. Quelqu'un l'écoutera puis analysera avec elle la situation, et enfin évaluera s'il s'agit bien de harcèlement moral.

Lorsqu'il s'agit de maltraitance managériale, c'est-à-dire de mauvais traitements infligés à tout un groupe par un dirigeant caractériel, comme cela a été le cas dans l'affaire Bouyer où lorsque l'entreprise a fait venir un « nettoyeur » de l'extérieur, afin de pousser les salariés excédentaires à donner leur démission, il n'y a de solution que collective. Les salariés doivent se regrouper pour faire cesser ce comportement pathologique et solliciter l'inspection du travail et les syndicats. Dans de tels cas, il est de la responsabilité des instances collectives de mener des actions, afin d'empêcher de tels individus de continuer à nuire.

Dans l'état actuel des choses, lorsqu'il s'agit de harcèlement moral, étant donné que la ou les personnes visées sont au préalable isolées, il leur faut chercher par elles-mêmes de l'aide auprès de différents spécialistes.

> À la suite d'un changement de direction et d'une réorganisation de son entreprise, Olivier se retrouve du jour au lendemain empêché de travailler. On ne l'avertit plus des réunions le concernant, son courrier est décacheté, son budget est rogné, on mute ses collaborateurs sans le prévenir, on fait courir le bruit qu'il est incompétent et qu'il a obtenu son poste par copinage avec l'ancien directeur.
> Lorsqu'il demande des explications, son supérieur hiérarchique lui dit qu'il se fait des idées et que tout le monde est content de lui.
> Mais la violence, petit à petit, devient plus franche, son supérieur ne prend même plus la peine de l'écouter et lui claque la porte au nez. Quand il finit par l'injurier grossièrement, Olivier se sent mal et est obligé de rentrer chez lui.
> Il se décide alors à réagir et contacte un avocat. Celui-ci lui conseille de déposer une main courante au commissariat et d'envoyer une lettre recommandée à son employeur afin de signaler les faits. À partir de là, Olivier note tout et conserve toutes les preuves écrites, y compris les e-mails qu'il imprime.
> En même temps, sa femme l'incite à consulter un psychiatre qui lui prescrit un traitement antidépresseur et lui propose un suivi psychothérapeutique afin de l'aider à « tenir ».
> Mais les procédés de harcèlement s'accentuent. Olivier ne peut plus se leurrer : il est évident que son supérieur hiérarchique ne le supporte plus et essaie de le pousser à la démission. Mais, même s'il constate que presque tous les membres de l'ancienne équipe sont mis à l'écart, cela ne l'empêche pas de se tourmenter : « Pourquoi moi ? », « Qu'est-ce que j'ai fait de mal ? » Il est épuisé, a des maux d'estomac et des douleurs musculaires et a la tentation de baisser les bras.
> Quand il parle de donner sa démission, son avocat lui conseille de tenir bon et de pointer par lettre recommandée toute erreur et toute agression. Il écrit alors à l'inspection du travail qui prend son cas au sérieux et, après l'avoir reçu longuement et avoir examiné son dossier, envoie une

lettre à la direction d'Olivier. Dans cette lettre, l'inspecteur du travail dénonce les insultes, les menaces, la discrimination et la non-réponse à des demandes professionnelles empêchant le salarié d'exécuter son contrat de travail dans de bonnes conditions, et rappelle l'employeur à ses obligations.

Le directeur général convoque alors Olivier avec le supérieur hiérarchique qui le harcèle. Olivier constate qu'il n'avait pas fait remonter les informations, et que le directeur général ignorait tout du dossier. Même si son « harceleur » nie les faits, Olivier a alors l'espoir que les choses s'arrangent et que cet homme sera sanctionné, mais il reçoit en retour une lettre pour un entretien préalable à son licenciement. Sa direction n'a pas voulu traiter le problème et a préféré se débarrasser de lui.

Néanmoins, Olivier est soulagé par ce licenciement. Il était épuisé psychologiquement et, se sentant incapable de continuer à travailler dans une telle atmosphère, ne voyait pas d'autre issue que de donner sa démission. Il a maintenant la possibilité de partir avec des indemnités.

Olivier reconnaît que, sans l'aide des spécialistes et le soutien de son épouse, il aurait pu faire une bêtise, comme injurier en retour son agresseur ou donner sa démission.

Quand il a pris conscience qu'il subissait du harcèlement moral de la part de son supérieur hiérarchique, Olivier a su se faire aider. Mais on peut dire qu'il a eu la chance d'avoir un avocat disponible qu'il pouvait appeler à chaque fois qu'il avait besoin d'un conseil, et un psychothérapeute qui comprenait le problème et lui a montré qu'il n'était pas responsable de ce qui lui arrivait. Celui-ci lui a aussi appris à ne pas réagir de façon excessive, risquant ainsi de se mettre en faute. Il a surtout eu la chance de rencontrer un inspecteur du travail qui a osé dénoncer à sa direction le traitement injuste subi par un de ses salariés.

Malheureusement, toutes les personnes harcelées ne trouvent pas actuellement de tels appuis.

13

LES INTERVENANTS

En interne

LORS DE L'ENQUÊTE QUE J'AI RÉALISÉE AUPRÈS DE PERSONNES S'ESTIMANT harcelées, une question portait sur les aides qu'elles avaient sollicitées et les aides qu'elles avaient effectivement reçues. Il est frappant de constater, à travers les résultats du questionnaire, que ces salariés ont rarement trouvé à l'intérieur de l'entreprise ce qu'elles cherchaient désespérément.

Voici auprès de qui les personnes ayant répondu au questionnaire ont cherché de l'aide (une personne peut avoir cherché de l'aide auprès de plusieurs personnes, ce qui explique que le total soit supérieur à 100 %) :

– dans 40 % des cas auprès des délégués syndicaux, mais elles n'en ont trouvé que dans 10 % des cas ;

– dans 39 % des cas auprès du médecin du travail, et en ont trouvé dans 13 % des cas ;

– dans 39 % des cas auprès de collègues et en ont trouvé dans 20 % des cas ;

– dans 37 % des cas auprès de la hiérarchie, mais elles n'en ont trouvé que dans 5 % des cas ;

– dans 19 % des cas auprès des DRH, mais seulement 1 % des personnes a trouvé de l'aide auprès d'eux.

Une solution à un problème de harcèlement moral ne peut être donnée que de façon multidisciplinaire et chaque intervenant doit être à sa place :

– les syndicats et l'inspection du travail doivent intervenir sur les abus manifestes et sur tout ce qui est collectif ;

– les médecins du travail, ou l'équipe médico-sociale doivent intervenir sur la santé et la protection des personnes.

L'interdisciplinarité est une bonne chose à condition que chacun écoute l'autre, soit prêt à se remettre en question et sache passer le relais. Pour le moment, la communication ne passe pas toujours très bien entre les DRH et les médecins du travail ou entre les DRH et les syndicats. Les médecins traitants, qu'ils soient généralistes ou psychiatres, hésitent trop souvent à appeler les médecins du travail.

Pour qu'il ose se confier, un salarié harcelé doit pouvoir choisir la personne de la société qui servira de médiateur en interne. Cette personne doit avoir sa confiance, mais elle doit être également acceptée par le supposé « harceleur ». Bien sûr, on peut légitimement s'interroger sur le rôle possible d'un médiateur choisi au sein même de l'entreprise et donc « dans le système », mais cela ne pose pas trop de problèmes si celui-ci est respectueux et connaît les limites de son intervention.

Les syndicats

Les partenaires sociaux ont été étonnamment absents dans le repérage de la problématique du harcèlement moral. Plus à l'aise dans les revendications collectives publiques, ils ont été gênés par la dimension psychologique du phénomène, et, encore maintenant, certains d'entre eux ne l'abordent que par un seul bout de la lorgnette, à savoir la dimension sociale. Pourtant, les syndicats commencent à prendre conscience de la réalité du harcèlement moral et essaient d'agir. C'est ainsi que la CFDT a organisé une journée sur ce thème le 30 mars 2000, et que la CGT a prévu pour 2001 un colloque sur ce sujet. Mais les syndicats ne sont présents que dans 65 % des entreprises, et n'ont pas toujours la confiance des salariés. Ceux-ci craignent parfois que la dimension individuelle de l'agression qu'ils subissent ne soit pas suffisamment prise en compte et que le collectif soit privilégié par rapport à l'individuel. Les jeunes salariés se méfient des syndicats, et optent souvent pour une individualisation de la relation. Les cadres, quant à eux, hésitent à demander l'aide des syndicats, car ils craignent que leur situation ne soit récupérée pour régler des comptes d'une façon plus générale avec le patronat. De toute façon, sauf si on a l'intention de partir, on craint d'être marqué au fer rouge si on fait appel à un syndicat. Pourtant, aucune solution à un contexte de harcèlement moral ne peut être trouvée sans une action collective et des réseaux de solidarité.

S'ils veulent réinvestir ce terrain, les délégués syndicaux devront accepter de se former sans nier les éléments psychologiques, car, même s'ils ne sont pas formés à la médiation, ils sont souvent sollicités au sein des organisations pour aider à la résolution de conflits individuels. Il leur faudra apprendre à ne pas nier l'individu au nom de l'intérêt supérieur du collectif. Or, certains syndicalistes, lorsqu'ils sont contactés pour un problème de harcèlement moral, en font d'emblée un conflit de structure.

C'est le rôle des syndicats de repérer les cas de management par le stress qui peuvent être un préalable à la mise en place de harcèlement. Ils peuvent discuter avec la direction des objectifs de productivité à travers des comités d'entreprise. Mais surtout, ils doivent réagir en premier dans les cas de maltraitance managériale et de management « barbare ». C'est alors à eux d'interpeller la direction et de l'obliger à changer ses méthodes.

Quand un délégué du personnel a connaissance de procédés qui sont une atteinte à la dignité et à la liberté d'un salarié, il a la possibilité d'interpeller l'employeur et de saisir en référé le conseil des prud'hommes.

À la demande d'une personne, ou d'un groupe de personnes qui s'estiment victimes, les organisations syndicales peuvent également participer à une médiation interne quand elle se formalise.

Lorsqu'elles interviennent, les sections syndicales doivent veiller à ne pas « officialiser » trop tôt une situation de harcèlement. Dans un premier temps, leur action doit se faire dans la confidentialité, afin de respecter la personne victime qui n'est peut-être pas prête à ce que sa situation soit exposée au regard des autres, et afin également de respecter la présomption d'innocence de l'agresseur. Ce n'est que dans un second temps, et si la direction ne prend pas des dispositions pour faire changer la situation, que des mesures publiques, telles qu'une grève ou l'appel aux médias, pourront être envisagées.

Le travail quotidien de délégués syndicaux vigilants et reconnus devrait permettre d'éviter l'installation de dérives. C'est à eux de *dire*.

Il ne faut pas oublier qu'ils disposent en principe d'un droit d'alerte, en cas d'atteinte aux droits des personnes ou aux libertés individuelles.

Les CHSCT (comités d'hygiène, de sécurité et des conditions de travail)

Les CHSCT, qui sont composés de membres de la direction et de représentants du personnel, ont pour mission de contribuer à la protection de la santé et de la sécurité des salariés de l'établissement. Ils doivent procéder à l'analyse des risques professionnels auxquels peuvent être exposés les salariés, veiller à l'amélioration des conditions de travail et faire observer les dispositions législatives et réglementaires en ce domaine.

Ils disposent d'un droit d'alerte en cas de danger grave et imminent pour la personne, et peuvent aussi inscrire un risque professionnel prioritaire, comme peut l'être un cas de harcèlement moral, à leur ordre du jour, afin d'obliger l'établissement à prendre des mesures.

Malheureusement, les CHSCT n'existent que dans les grands établissements (plus de cinquante salariés) et plus de 30 % des établissements, en principe assujettis, en sont dépourvus.

Les médecins du travail

Les médecins du travail, en plus de la visite annuelle qu'ils font passer aux salariés, ont aussi un rôle de prévention. Ils ont pour mission de prendre des mesures afin d'éviter l'altération de la santé des salariés par le travail. Ils peuvent alerter les employeurs sur les risques sanitaires professionnels. C'est ainsi que, depuis quelques années, les médecins du travail ont constaté une recrudescence de la souffrance psychologique liée au travail et qu'ils se sont mobilisés pour la dénoncer. À l'initiative de certains médecins inspecteurs régionaux (étude Harmor du Dr Loiret en région Poitou-Charente en 1999, et étude du Dr Chiaroni en région PACA [1]), des enquêtes ont récemment été lancées pour mieux connaître le harcèlement moral.

La médecine du travail est un des rares lieux où la parole est possible dans l'entreprise. Malheureusement, les médecins inter-entreprises (c'est-à-dire ceux qui interviennent dans plusieurs petites

1. Chiaroni J., *op. cit.*

entreprises) sont souvent démunis et impuissants, car ils ont peu de temps à consacrer à chaque salarié, ne connaissent pas toujours très bien les entreprises dont ils s'occupent, et subissent parfois des pressions énormes pour ne pas signaler les faits de harcèlement dans leur rapport annuel.

Ceux qui sont suffisamment intégrés dans l'entreprise ou l'institution et qui ont la confiance du personnel peuvent jouer un rôle de médiateur interne. Ils peuvent débloquer les choses de façon informelle, y compris en parlant au « harceleur ». Cela les amène parfois à régler des situations qui devraient normalement incomber à la direction, car, de par leur position, ils repèrent plus tôt que d'autres les petits signes de déstabilisation d'un salarié.

> Claudie travaille dans le même service depuis plusieurs années. C'est une femme solide qui ne cache pas son homosexualité. Depuis l'apparition des nouvelles technologies, le travail est devenu beaucoup plus complexe et une « spécialiste », qui est en fait une amie du chef de service, est appelée en renfort. Claudie se sent exclue et est marginalisée en quelques mois. Son homosexualité, qui jusque-là n'avait pas posé de difficultés, se retrouve au centre de tous les ragots. On se moque d'elle, de son allure, de sa façon de parler. Le chef de service refuse de reconnaître qu'il y a un problème. Claudie est déstabilisée. Elle dort mal, présente un eczéma géant et des troubles digestifs. C'est à ce titre qu'elle consulte le médecin du travail.
> Avec l'accord de Claudie, le médecin du travail va discuter de son cas avec le chef de service et les collègues. Il apprend que le vrai problème concernant Claudie tient dans ses difficultés au maniement de certains logiciels et à son faible niveau d'anglais. Son supérieur n'en a pas parlé à Claudie, car son propre niveau d'anglais est très bas. Le médecin du travail demande alors à ce supérieur d'expliquer clairement à Claudie où sont les difficultés, et de voir avec elle quelles formations peuvent pallier ces faiblesses. Claudie est soulagée que les reproches se recentrent sur des problèmes professionnels. Ses troubles psychosomatiques disparaissent en quelques mois. Elle préfère néanmoins demander un changement de poste.

Les médecins du travail peuvent aussi, s'ils acceptent de sortir du cadre strict de leur fonction, discuter avec la direction et faire entendre à un cadre que sa façon de malmener ses subordonnés est préjudiciable pour tout le monde. Ils peuvent parfois faire entendre à un responsable pervers que son comportement destructeur a été repéré. Il arrive parfois qu'un pervers narcissique, qui se voit ainsi démasqué, modère son comportement.

> Dans une grande entreprise parisienne, tout le monde sait bien que, dans le service dirigé par Robert, les employés ont du mal à résister. Il les surveille sans cesse, chronomètre leurs pauses, les houspille, les assaille de remarques méchantes et leur crie dessus pour la moindre peccadille. Il a ses favoris, mais aussi ses têtes de turc qu'il traite de façon odieuse. Malgré plusieurs plaintes, la hiérarchie n'intervient pas. Le médecin du travail, qui voit arriver régulièrement des employés en pleurs à son bureau et qui constate l'absentéisme, se décide à lui parler : « Dans votre service, étrangement, il y a beaucoup de malades et de déprimés. Qu'est-ce que vous en pensez ? Peut-être pourriez-vous prendre des mesures ? Si cela se poursuit, je serai obligé d'en parler à la direction. »
> Robert ne change pas réellement, mais son comportement se modère et les employés se déclarent soulagés.

- *L'aptitude ou l'inaptitude au travail*

La difficulté essentielle qui se pose aux médecins du travail, est la rédaction des avis d'aptitude. En effet, que faire lorsque la santé d'un salarié est mise en péril par une situation de harcèlement moral ? Le mettre en inaptitude pour le protéger, c'est en même temps le mettre hors circuit du monde professionnel et parfois le mettre dans de sérieuses difficultés économiques. En effet, en cas de licenciement pour inaptitude, la personne ne touche que les indemnités légales, son préavis ne lui est pas dû. Il est ensuite difficile d'aller expliquer au conseil des prud'hommes que cette inaptitude était liée à un contexte très spécifique. Pourtant, les médecins du travail sont parfois obligés de prononcer des avis d'inaptitude, afin de permettre à un salarié harcelé de se restructurer. Dans ce cas, ils peuvent déclarer le salarié *inapte au poste en raison du climat actuel de harcèlement,* en précisant que ce même salarié est apte à tout autre poste dans un autre service. Malgré tout, la mise en inaptitude d'un salarié, à la suite de pratiques de harcèlement moral, est toujours un aveu d'échec, car cela veut dire que personne dans l'entreprise n'a su intervenir suffisamment tôt.

Il arrive aussi que le médecin du travail soit lui-même utilisé et manipulé pour médicaliser ou psychiatriser un salarié dérangeant. Cela peut se faire directement par la direction qui lui rappelle qu'il est salarié de l'entreprise et que son avenir professionnel est en jeu. Pour les médecins interentreprises, cela se fait de façon indirecte. En effet, comme ils appartiennent à un cabinet qui emploie plusieurs médecins, si l'un d'entre eux dérange trop, un chef d'entreprise peut intervenir auprès du cabinet pour changer de médecin. Même si, en principe, l'indépendance du médecin du travail est garantie, on tente souvent de les intimider.

Les DRH (directeurs des ressources humaines)

Même s'ils sont conscients de la réalité du problème, les DRH oscillent entre son déni, sa banalisation et la perplexité. Il faut dire que leur position est ambiguë, entre le marteau et l'enclume.

En principe, les DRH devraient être les mieux placés pour remettre à sa place un « harceleur » puisqu'ils servent d'intermédiaires entre les salariés et la direction. Dans la réalité, ils ne font que répercuter de façon neutre les consignes de la direction et hésitent à intervenir.

Lorsqu'ils essaient de se poser en médiateurs, ils avouent leur impuissance à comprendre les enjeux du processus en cours. D'une part, les victimes hésitent à se confier (nous avons vu à travers l'enquête que seuls 19 % des salariés s'estimant harcelés s'étaient tournés vers eux), d'autre part, les agresseurs nient.

Souvent les DRH disent : « J'écoute, je prends des notes, mais, quand j'analyse la situation, il ne reste rien de concret. Si j'interroge l'entourage direct, soit il sait et ne dit rien, soit il ne sait rien ! »

Que faire quand on sent qu'une situation est anormale mais que personne ne parle ? Comment faire intrusion dans la vie de quelqu'un qui ne vous demande rien ? Jusqu'où une entreprise peut-elle aller pour aider un salarié dans ce qui est considéré comme sa vie privée ? Comment faire la part des choses entre les états de mal-être dus au travail et ceux liés à des difficultés personnelles ? Est-ce que toutes les difficultés ou les souffrances d'un salarié concernent l'entreprise ? Il est difficile de répondre à toutes ces questions, mais néanmoins les DRH ne peuvent pas ne rien faire.

Sur un plan pratique, que peuvent faire les DRH lorsqu'un salarié se plaint directement ou indirectement de harcèlement ?

– d'abord observer la situation et se garder de prendre parti trop tôt ;

– ensuite essayer de repérer quels sont les enjeux : est-ce que l'un des salariés dérange l'autre et pourquoi ? Est-ce que l'un est envieux de l'autre, et pourquoi ?

– il leur faut essayer de comprendre le ressenti de chacun des protagonistes, en veillant à ne pas y mêler des impressions subjectives ;

– dans cette analyse, ils doivent tenir compte des fragilités de chacun ;

– ensuite il leur faut chercher un moyen de faire bouger la situation en préservant la susceptibilité de chacun ;

– il ne faut pas qu'ils soient protecteurs de façon exagérée, mais ils doivent tenir compte de la vulnérabilité de la personne harcelée ;

– la question de la sanction se pose bien évidemment. Quand l'agression ou le manque de respect sont évidents, il ne faut pas hésiter à sanctionner. Le problème est qu'il y a rarement des preuves. Les DRH doivent donc lancer une enquête et chercher à établir les responsabilités. Même s'ils n'obtiennent pas de certitudes sur les origines de ce qui s'est passé, cela n'est pas une perte de temps, car c'est un moyen pour eux de regagner la confiance des salariés en leur montrant qu'ils sont vraiment à leur écoute ;

– de par leur position, il y a pour les DRH une réelle difficulté à apprécier les situations. Il leur faut donc passer le relais rapidement à un autre intervenant, dès lors que la situation ne se débloque pas ;

– pour protéger la personne victime, ils ne doivent pas hésiter à séparer les combattants, en mutant l'un des deux, même s'ils ont un doute sur l'origine du harcèlement moral.

D'une façon générale, il faut faire une analyse collective des incidents et accidents de management pouvant conduire à du harcèlement : il faut réunir la personne concernée, le chef d'entreprise, les collègues, et en parler.

Les DRH doivent apprendre à repérer les tensions, sentir quand une limite est franchie et qu'il y a quelqu'un à terre. Il leur faut apprendre à repérer différents indicateurs d'alerte :

– ce peut être un absentéisme spécifique :

> C'est ainsi qu'un cadre remarque que, dans une équipe de nuit, Pascal se met systématiquement en arrêt de travail quand il est en poste avec un même collègue. En l'interrogeant plus précisément sur les raisons de ses absences, il apprend que ce collègue rudoie toute l'équipe mais s'acharne plus particulièrement sur Pascal qu'il disqualifie et humilie régulièrement. Les autres, étant à peine mieux traités, avaient peur et se sont tus.

– ce peut être également un mauvais fonctionnement inexpliqué d'un service, une impression que le groupe entier va mal sans que rien ne soit nommé ;

– ce peut être un *turn-over* rapide à l'intérieur d'un même service, soit les salariés tombent malades et multiplient les arrêts maladie, soit plusieurs personnes demandent en même temps leur mutation.

Les consultants temporaires

C'est délibérément que je place les consultants temporaires parmi les intervenants internes, car ils viennent à la demande de l'employeur et sont rémunérés par lui. L'entreprise peut dire qu'il s'agit de *son* consultant, car c'est elle qui est à l'origine de la démarche.

Une entreprise peut, de l'intérieur, faire réaliser des audits sociaux concernant les plaintes de certains salariés, toutefois « ces audits sociaux, destinés à comprendre les comportements pour pouvoir agir, ne sont pas de la médiation mais, précisément, des outils de management au service du développement de l'entreprise, développement pour lequel l'entreprise a besoin de tenir compte du facteur humain[2] ». Certains dirigeants commencent à comprendre que les situations de harcèlement moral sont nuisibles à la bonne marche de l'entreprise et à son image, et préfèrent régler rapidement les situations de conflit qu'ils repèrent. Quand on fait appel à un cabinet privé, il faut bien s'assurer de sa compétence, en vérifiant son expérience dans ce domaine. En effet, la demande étant forte, de nombreux consultants ont actuellement la tentation de se déclarer experts en harcèlement moral afin de se placer dans un créneau qui rapporte. Pour qu'un consultant puisse jouer un rôle de médiateur, il faut qu'il soit autonome par rapport à l'entreprise ou qu'il ait une marge de manœuvre suffisante.

L'intervention d'un consultant temporaire peut aussi se faire à la demande du CHSCT qui fait alors une demande d'expertise externe.

Dans le secteur public

Dans le secteur public, en l'absence des moyens de prévention habituels, seuls les conflits ouverts permettent un certain changement. Pourtant, dans certaines administrations, un système de médiation est prévu en interne pour aider à résoudre les différends entre personnes et les difficultés quotidiennes dans l'établissement. L'expérience que j'ai pu en avoir, à travers les dires de mes patients, est qu'il est très difficile

2. Six J.-F., *Dynamique de la médiation*, Desclée de Brouwer, Paris, 1995.

de saisir ce médiateur. Quand il intervient, le salarié qui s'estime victime est déjà stigmatisé et souvent même en arrêt maladie.

Il serait souhaitable que, dans toutes les administrations, les recours informels puissent être facilités. À cet égard, des « personnes de confiance », volontaires et n'appartenant pas à la hiérarchie, pourraient être désignées afin de servir de relais aux plaintes des personnes. J'en parlerai un peu plus loin.

En externe

L'enquête que j'ai menée cherchait aussi à savoir auprès de qui, à l'extérieur, les victimes avaient cherché du secours et auprès de qui elles en avaient trouvé :

– dans 35 % des cas, les personnes ont demandé l'aide d'un avocat qui n'a pu être utile que dans 18 % des cas ;

– dans 32 % des cas, les personnes s'étaient tournées vers l'inspection du travail, qui ne les a aidées que dans 10 % des cas ;

– 65 % des personnes en ont parlé à leur généraliste qui les a aidées dans 42 % des cas ;

– enfin, 52 % des personnes qui ont répondu au questionnaire ont consulté un psychiatre, ce qui a été une aide pour elles dans 42 % des cas.

Le taux impressionnant de personnes qui ont consulté un psychiatre montre bien le retentissement du harcèlement moral sur le psychisme. Quand un problème concernant le travail n'est pas réglé par l'entreprise, il est reporté sur un salarié qui est lâché et « sacrifié ». Le problème alors se médicalise et est parfois même transféré au psychiatre. Il y a là une véritable psychiatrisation d'un problème social. Encore maintenant, tout comme Michel Foucault nous l'avait montré [3], la société se débarrasse des personnes qui posent problème en les psychiatrisant.

Quels qu'ils soient, les intervenants extérieurs doivent être très prudents et rester à la place qui leur est assignée, à savoir du côté de la victime. L'expérience m'a appris qu'une victime peut être victimisée secondairement par ceux-là mêmes qui sont supposés l'aider, avocats, médecins, associations.

3. Foucault M., *Histoire de la folie à l'âge classique*, Gallimard, Paris, 1976.

Lorsque Jean-Michel, qui a tellement souffert dans son travail qu'il ne se sent pas capable d'y retourner, consulte un avocat, il espère que celui-ci lui proposera une solution afin qu'il puisse partir en gardant ses droits au chômage. Non seulement l'avocat consulté ne lui propose rien, mais il se montre agacé devant l'angoisse de Jean-Michel et ses questionnements. Jean-Michel en consulte alors un autre qui dit d'emblée ne pas pouvoir l'aider. Un troisième dira qu'il ne peut rien, mais conseillera néanmoins à Jean-Michel de se présenter aux élections de délégués du personnel.

Lorsque Caroline, harcelée de façon ostensible par son supérieur hiérarchique, consulte le seul psychiatre de la petite ville où elle habite, celui-ci lui dit qu'elle se fait des idées et qu'elle est avant tout une hystérique qui cherche à régler ainsi une névrose infantile.

Il est essentiel que tous les intervenants respectent les personnes dans leur écoute, et ne leur imposent pas à tout prix une solution qu'elles ne sont pas prêtes à accepter.

Les médecins généralistes

Dans la situation actuelle, sans outils de prévention et sans protection juridique adaptée, les victimes de harcèlement moral sont souvent médicalisées et leur protection, qui devrait être du ressort de l'entreprise, est alors prise en charge par la société, par le biais des médecins et de la Sécurité sociale. Nous avons vu, dans un chapitre précédent, à quel point le harcèlement moral a des répercussions graves sur la santé de la personne visée. Devant l'inefficacité de leurs traitements symptomatiques, et par le biais des arrêts de travail, les médecins généralistes sont amenés à intervenir sur un plan social. Certes, lorsqu'ils mettent des salariés harcelés en arrêt de travail, leur état s'améliore notablement, mais ils rechutent dès qu'on parle de reprise. Il est impossible de ne pas voir alors le lien avec le travail.

Dans le rapport *Prescription et contrôle des arrêts de travail pour cause de maladie au regard de la déontologie médicale*, le conseil de l'Ordre des médecins rappelle que les médecins doivent limiter leurs prescriptions et leurs actes sans négliger leur devoir d'assistance morale. Selon le rapporteur de l'Ordre : « Il ne faut pas médicaliser ce qui ne l'est pas. » Aussi, « lorsqu'un(e) salarié(e), sans aucune pathologie, ne souhaite pas aller à son travail, pour des raisons autres que médicales (harcèlement moral ou sexuel, par exemple), le devoir d'assistance morale consiste d'une part à contacter le médecin du travail avec l'accord du patient, et d'autre part à expliquer à celui-ci qu'il doit s'ouvrir des difficultés rencontrées à d'autres personnes (organisation représentative du personnel, inspection du travail...)[4] ». Il faut donc renvoyer ce patient à des instances juridiques ou sociales.

Dans la réalité, les choses sont beaucoup plus compliquées, car les personnes harcelées qui demandent un arrêt de travail sont réellement au bout du rouleau. L'arrêt de travail leur permet de reprendre des forces, ce qui pourrait leur permettre de reprendre leur travail si celui-ci n'était pas justement à l'origine des troubles. Bien évidemment, dans un tel contexte, les reprises entraînent des rechutes et le médecin traitant est bien obligé de protéger la santé de la personne.

Cela peut parfois entraîner des désaccords avec les médecins-conseil car, tandis que les médecins traitants ou les médecins du travail décident de l'aptitude du salarié à reprendre *son* poste, pour les médecins-conseil, en principe seule compte l'aptitude à reprendre *un* travail, quel qu'il soit. Heureusement, beaucoup de médecins-conseil savent analyser les situations et décident de protéger les salariés victimes. Pour éviter les ennuis avec les caisses de Sécurité sociale, je conseille à mes confrères, puisqu'ils sont tenus désormais de justifier leurs prescriptions d'arrêts de travail, de préciser : état dépressif (ou état anxieux chronique, ou syndrome phobique...) secondaire à du harcèlement moral (ou sexuel). Cela pourrait conduire la CNAM à procéder à des études statistiques permettant de chiffrer, à une plus grande échelle, le coût du harcèlement moral, ce qui serait très utile pour obliger à une meilleure prévention.

Les psychiatres et psychothérapeutes

Alors que les avocats et les médecins généralistes ont tout de suite pris conscience de la gravité du problème du harcèlement moral, peu de psychiatres, psychanalystes ou psychothérapeutes ont réagi.

Ce sont nos patients qui nous obligent à réagir. Ils demandent qu'on les aide : 52 % des personnes qui se considèrent harcelées, et qui ont répondu à mon questionnaire, ont consulté un psychiatre. Ce sont des chiffres impressionnants, bien loin du pourcentage habituel

4. *Le Quotidien du Médecin*, n° 6730, mardi 20 juin 2000.

de consultation en psychiatrie pour la population générale. Dans l'état actuel des choses, tant que le harcèlement moral n'est pas encore reconnu sur un plan juridique et social, le recours à une psychothérapie est le seul moyen pour rompre le silence dans lequel le salarié harcelé est enfermé.

• *Que peuvent-ils faire ?*

• Ils doivent d'abord écouter. Entendre la souffrance, même s'ils ont l'impression qu'il ne s'agit pas de harcèlement à proprement parler mais d'une autre forme de souffrance au travail.

• Ils doivent inciter leurs patients à demander un avis juridique auprès de l'inspection du travail ou d'un avocat.

• Ils ne doivent pas hésiter à leur donner quelques recommandations pour qu'ils se protègent. Il faut leur apprendre à rester calmes devant les affronts, à ne rien dire mais à noter les remarques blessantes, les humiliations et les atteintes au droit du travail.

• Quand cela est nécessaire – par exemple si la personne est visiblement anxieuse ou déprimée –, un traitement antidépresseur ou anxiolytique peut s'avérer utile pour aider la personne à « tenir ». Les médicaments ne doivent pas servir à masquer les difficultés mais, au contraire, permettre d'avoir suffisamment d'énergie pour se battre lucidement.

• Lorsque la santé de la personne est trop visiblement en péril, un arrêt de travail est nécessaire. Nous avons vu la difficulté de cette prescription, à l'heure actuelle, à propos des médecins généralistes.

• *Du bon usage des certificats médicaux*

Les psychiatres qui reçoivent à leur cabinet un salarié qui s'estime victime de harcèlement moral ne sont pas là pour juger de la réalité du harcèlement. Ils sont là pour écouter la personne et travailler avec son ressenti. Certes, si le patient est d'accord, ils peuvent contacter le médecin du travail, mais, de toute façon, ils n'auront pas tous les éléments. (Je rappelle que tous les médecins sont soumis au secret professionnel.) Même si les psychiatres ne connaissent pas le contexte professionnel, ils en mesurent les effets sur la santé du salarié. Ils peuvent donc faire un certificat médical détaillé, précisant l'état psychique de la personne et les troubles qu'ils constatent. Ils peuvent également préciser sur leur certificat que, selon les dires du patient, ces troubles seraient à attribuer à sa situation professionnelle.

Ils ne doivent pas se contenter de prescrire des antidépresseurs et des anxiolytiques, ils doivent aussi prendre parti, car ils ont un rôle social à assumer. Ils ont le devoir de réagir lorsque des personnes leur font part de violences qu'elles subissent sur leur lieu de travail, comme ils ont le devoir de réagir lorsqu'ils ont connaissance de toute violence subie par une personne vulnérable. Ils peuvent le faire par une action commune avec les médecins du travail, mais ils peuvent aussi s'intéresser un peu plus au monde du travail en général. Pour le moment, les psychiatres connaissent peu le monde de l'entreprise et la souffrance au travail est le domaine exclusif de quelques spécialistes ; pourtant elle concerne chaque thérapeute par l'intermédiaire de ses patients.

Si les psychiatres ne se mobilisent pas, leur silence pourrait ressembler à un cautionnement des pratiques que je dénonce ici. Ne pas nommer les agressions extérieures revient à laisser ces personnes seules face à leur impuissance, ce qui renforce leur culpabilité. En effet, beaucoup de victimes se sentent coupables de ne pas savoir se défendre.

Bien sûr, cela pose des questions éthiques au thérapeute. Est-ce qu'un psychiatre doit permettre une meilleure adaptation de la personne à un contexte contraignant ou est-ce qu'il doit mobiliser la capacité de révolte de son patient ? Cela ne peut être jugé qu'au cas par cas.

> « Au début de ma pratique sur ce sujet, lorsque des patients en situation de harcèlement moral refusaient de se soumettre et voulaient se battre pour récupérer leur honneur et leur dignité, je les encourageais. Cependant, lorsque, plusieurs années après, ces mêmes personnes ayant obtenu gain de cause étaient réintégrées dans leur service mais qu'elles étaient "cassées" psychologiquement, j'en suis venu à douter. Est-ce que parfois il ne vaut pas mieux les encourager à se taire pour sauver leur équilibre psychologique ?
> D'une façon générale, il nous faut proposer des solutions à nos patients, les mettre en garde, et les laisser choisir. En tout cas, notre devoir est de les informer. »

Les psychothérapeutes ont un rôle essentiel d'aide et d'accompagnement individuel des victimes. Nous l'avons dit, elles sont dans une grande confusion et souvent se sentent responsables de l'agression qu'elles subissent. Le thérapeute doit donc les aider à se déculpabiliser. Il doit reconnaître l'agression extérieure et aider son patient à mettre au jour les stratégies perverses. Il voit certes un individu en souffrance, mais il ne doit pas oublier le contexte qui l'a déstabilisé. Trop de psychothérapeutes ou psychanalystes persistent encore à ne voir que l'intrapsychique et le sexuel et restent enfermés dans leurs références théoriques. Pourtant, les cas de harcèlement moral qu'ils rencontrent, sortant du cadre enseigné habituellement, devraient les obliger à remettre en question leurs systèmes de pensée habituels. Face à une problématique nouvelle, ils doivent se former et inventer des façons nouvelles de travailler.

L'inspection du travail

Depuis 1998, les plaintes pour harcèlement moral auprès de l'inspection du travail se sont multipliées. Il faut dire que, depuis la sortie de mon livre *Le harcèlement moral*, les médias ont dénoncé des situations de harcèlement moral qui jusqu'alors demeuraient inconnues. Malheureusement, en l'absence de texte juridique, les inspecteurs du travail étaient jusqu'à présent bien démunis. En effet, ils sont chargés de « veiller à l'application des dispositions du Code du travail et des lois et règlements relatifs au régime du travail, ainsi qu'à celle des conventions et accords collectifs de travail ».

Même si les faits de harcèlement sont la plupart du temps de nature subjective et difficiles à prouver, ils peuvent néanmoins se focaliser sur l'aspect conditions de travail, et analyser le contexte qui a pu permettre l'éclosion du harcèlement.

De plus en plus souvent, des inspecteurs du travail rappellent dans leurs courriers aux employeurs l'article L. 230-2 du Code du travail obligeant l'employeur à prendre toutes les mesures nécessaires pour assurer la sécurité et protéger la santé des salariés. Ces simples lettres d'avertissement peuvent encourager les employeurs, quand ils ne sont pas eux-mêmes à l'origine du harcèlement, à prendre des mesures.

Les conseillers des salariés

Les conseillers des salariés sont des personnes bénévoles, généralement des syndicalistes extérieurs à l'entreprise ou des militants retraités, dont on trouve la liste dans les mairies ou les préfectures. Leur rôle est de défendre les salariés dans les petites structures où il n'y a pas de représentant du personnel.

Pour le moment, ils ne peuvent intervenir que pour accompagner un salarié dans ses entretiens préalables à un licenciement. Mais, comme ils sont habituellement perçus comme des personnes disponibles et rassurantes, pourquoi ne pas les former et étendre leurs pouvoirs, afin de leur permettre d'accompagner, dans ses démarches, un salarié d'une petite structure qui a le sentiment d'être harcelé ?

Les avocats

Lorsque le concept de harcèlement moral est apparu, les avocats de droit social ont été les premiers à réagir. Ils avaient vu défiler pas mal de salariés qui se plaignaient d'être déconsidérés ou maltraités sur leur lieu de travail, mais, en l'absence de mots pour décrire leur souffrance, comment la qualifier pénalement ? Pour le moment très peu d'avocats s'intéressent encore à ce problème, toutefois on peut supposer que cela changera avec l'introduction du concept dans le droit du travail.

La plupart du temps, les avocats interviennent trop tard, après la rupture du contrat de travail, lorsque la personne harcelée essaie d'obtenir réparation du préjudice subi. Pourtant, ils pourraient avoir un rôle de prévention en guidant simplement les salariés dès leurs premières ripostes pour tenter de faire cesser le harcèlement moral. Il suffirait qu'ils accordent un peu de disponibilité à l'écoute et au conseil afin d'expliquer comment pointer, par un courrier, un comportement inadmissible ou une atteinte au contrat de travail, comment recueillir des preuves ou comment monter un dossier, afin d'inquiéter l'employeur pour qu'il prenne des mesures.

Tant qu'ils sont encore dans l'entreprise, les salariés hésitent à consulter un avocat, car ils craignent qu'une attaque directe n'accélère leur départ, et sont réticents à se lancer dans des procédures coûteuses et aléatoires.

Souvent, les salariés disent qu'ils ne trouvent pas auprès de leur avocat le conseil quotidien qui les aiderait à ne pas commettre de faux pas et les empêcherait de se discréditer encore plus. C'est pour cela que les associations ont un rôle primordial.

Les associations

Il existe deux sortes d'associations (une liste d'associations est donnée en annexe) :

– les associations de professionnels : médecins du travail, psychosociologues, psychothérapeutes, juristes, qui s'interrogent sur l'augmentation d'une forme de maltraitance particulière dans le monde du travail et qui reçoivent bénévolement les personnes en souffrance sur leur lieu de travail afin de les informer et de les soutenir ;

– les associations de victimes ou d'anciennes victimes, dont les membres connaissent, pour l'avoir vécue, la souffrance subie par les personnes harcelées et savent par expérience combien il est difficile d'en sortir. Elles s'efforcent de soutenir les victimes et de les guider dans leurs démarches.

Le rôle des associations est essentiel, car les personnes victimes de harcèlement moral ont besoin d'être aidées quotidiennement et les spécialistes de ce genre de processus, qu'ils soient psychiatres ou avocats, étant peu nombreux, sont vite débordés. Nous l'avons dit, le harcèlement moral est une pathologie de la solitude, les associations, en permettant aux victimes de s'exprimer et d'être entendues et en les guidant dans les procédures juridiques, leur sont d'un grand secours.

L'ARACT (Agence nationale pour l'amélioration des conditions de travail) et les ARACTs (agences régionales)

Elles réalisent des diagnostics et des interventions à la demande des différents acteurs des entreprises. Leur objectif est d'améliorer simultanément l'efficacité des organisations et les conditions de réalisation d'un travail. Les demandes qui leur sont formulées portent le plus souvent sur des aspects objectifs (aménagement des espaces de travail, organisation du temps de travail, prévention des risques, etc.), mais, de plus en plus, elles sont confrontées à des éléments plus subjectifs liés à la souffrance des salariés.

Pour qu'elles puissent intervenir, il faut une demande conjointe de la direction de l'entreprise et des représentants du personnel.

De par leur habitude des missions de prévention, les ARACTs sont bien placées pour pratiquer une analyse fonctionnelle d'un contexte de harcèlement moral. Elles peuvent aider à comprendre pourquoi, dans tel service, personne n'a rien vu de l'agression subie par un collègue. Elles peuvent analyser la spécificité d'une entreprise à réguler les défauts de chacun.

Leur analyse du contexte peut venir en complément d'une écoute individuelle – plus psychologique – des salariés concernés.

14

LA PRÉVENTION

La société a commencé à prendre conscience de la réalité du problème posé par le harcèlement moral et, depuis deux ans, des victimes ont osé porter ces affaires devant la justice. Maintenant, il faut aller plus loin. Même si une loi est nécessaire pour rappeler des interdits et responsabiliser chacun dans la façon de se comporter avec autrui, elle ne pourra pas tout régler, il y aura toujours des individus qui prendront un malin plaisir à détourner les lois ou qui sauront les utiliser à leur avantage. Il faut donc agir en amont, en obligeant les entreprises et les pouvoirs publics à mettre en place des politiques de prévention efficaces.

Il ne faut pas attendre un nombre important de victimes pour réagir. Lorsqu'on prend conscience d'un cas, c'est trop tard pour cette personne qui a besoin avant tout d'une prise en charge médicale et psychothérapeutique. Il faut intervenir avant tout signe, en partant du principe que de tels cas existent sans doute de façon cachée, ou peuvent exister.

Lorsqu'une personne est victime de harcèlement moral et que cela affecte durablement sa santé, les médecins n'ont souvent pas d'autre choix que de la soustraire à cette situation pathogène. Éloigner la victime est une façon de la protéger, mais c'est en même temps un échec, car cela montre qu'on n'a pas su agir à temps, et cela n'évite pas l'apparition de nouveaux cas de harcèlement moral dans le même contexte. La plupart du temps, la victime n'a pas d'autre choix que partir alors que son agresseur reste en place.

Nous avons vu à quel point les procédés de harcèlement moral sont destructeurs pour la santé physique et psychique des personnes. Afin d'éviter d'en arriver là, il faut intervenir de façon précoce, quand on parle simplement d'un *problème* et non d'une *agression*. Il s'agit alors de prévention et de management plus que de la résolution d'un problème.

Une prévention efficace ne peut se faire que si, comme nous l'avons vu, on reste très vigilant sur la définition du terme et sur sa distinction des autres formes de souffrance au travail.

Ce sont des situations difficiles à régler, car on y passe en permanence de l'individuel au collectif. Une prévention efficace devra agir sur les différents facteurs, tant au niveau des personnes que des méthodes de management et des contextes qui favorisent la mise en place de harcèlement. Il n'y a pas une seule solution ; il faut agir sur tous les éléments clefs du système.

La prévention du harcèlement moral doit s'inscrire d'une façon générale dans la prévention des risques professionnels, car la santé au travail, y compris la santé psychique, est un droit fondamental des salariés.

Au niveau de l'entreprise

Par des mesures de prévention, on ne pourra aucunement changer la volonté de nuire d'un pervers narcissique, mais on pourra au moins la contenir et mettre des limites à sa destructivité. Quant aux salariés qui ont tendance à suivre le groupe, ils auront moins de risque de déraper si le groupe fonctionne sainement.

Réfléchir à une prévention possible dans les entreprises ou les administrations implique de comprendre les significations psychosociales, institutionnelles voire sociétales du phénomène.

Quand on recherche les origines d'une conduite de harcèlement moral dans un contexte professionnel, on retrouve un ensemble de dysfonctionnements et de dérapages de personnes, mais l'organisation a toujours une part de responsabilité.

La responsabilité de l'entreprise

Désormais, les dirigeants ne peuvent plus faire l'impasse sur ce problème. C'est à eux de manifester leur volonté de mettre en place un programme de prévention à tous les échelons de l'entreprise car, lorsque l'on repère du harcèlement, qu'il soit horizontal (entre collègues), ou vertical (venant de la hiérarchie), ils en portent la responsabilité, puisqu'ils ont laissé faire ou qu'ils ne se sont pas donné les moyens de l'éviter. Ils doivent cesser de fermer les yeux sur les agissements destructeurs de certains cadres ou petits chefs sous prétexte que la bonne marche de l'entreprise en dépend. Ils doivent aussi se remettre en question et réviser leurs méthodes de management afin de les purger de leur violence visible ou cachée. Les dirigeants sont certes aux prises avec plusieurs logiques (administrative, managériale, comptable), mais ils doivent néanmoins lutter contre la violence sous toutes ses formes, en prenant des mesures pour la sanctionner.

Malheureusement, quand on alerte les directions sur un problème de harcèlement moral, elles sont d'abord dans le déni. Lors d'un colloque organisé par une grande école de commerce, les dirigeants interrogés publiquement m'avaient fait cette réponse évasive : « Oui, le harcèlement moral, ça existe, mais pas chez nous ! Vous comprenez, nous avons une politique sociale, nous respectons les salariés. » Ces mêmes dirigeants, en privé, venaient ensuite me demander des conseils pour des cas de harcèlement les concernant directement. Comment faire pour ne pas ternir son image en avouant son impuissance à régler les cas connus en interne ? Une attitude de déni semble la solution la plus facile, mais elle empêche de régler les problèmes rencontrés et de trouver des solutions de prévention.

De même que les personnes peuvent, par une analyse personnelle, chercher quels sont leurs moteurs inconscients, de même il serait bon que les chefs d'entreprise ou les responsables institutionnels analysent leur fonctionnement inconscient.

Il faudrait que les hiérarchies cessent de défendre systématiquement, par esprit de corps, les cadres supérieurs accusés de harcèlement moral. Il arrive en effet que, quelle que soit la gravité de l'agression, tous fassent bloc pour refuser d'admettre les injustices commises par l'un ou plusieurs d'entre eux, simplement parce qu'il croient que, s'ils les reconnaissaient, cela rejaillirait sur eux tous et *in fine* sur l'institution elle-même. Ce faisant, ils sont conduits à les perpétuer et à les aggraver.

Nous avons vu qu'un certain nombre d'éléments de la nouvelle organisation du travail peuvent encourager les procédés de harcèlement. Il faut donc veiller à y remédier. Les mesures de prévention consistent d'abord à donner aux salariés de bonnes conditions de travail, en veillant à la prévention du stress. On l'a vu dans un chapitre précédent, le stress crée des conditions favorables à l'émergence de situations de harcèlement. Par exemple, la pression du temps, qui risque de s'accentuer avec le passage aux 35 heures, constitue, un élément souvent cité par les victimes comme étant déstabilisant. Une étude suédoise [1] a montré que, si on améliore les conditions de travail, on diminue la frustration des salariés et on évite qu'ils ne la projettent sur un bouc émissaire. À partir de là, des programmes de prévention ont été mis en place en Allemagne et dans les pays nordiques [2].

Certes, les chefs d'entreprise commencent à s'intéresser à la prévention du stress et à la gestion des conflits, mais ils le font beaucoup trop souvent en faisant en sorte d'amener les salariés à supporter plus, et sans aucunement revoir leurs méthodes de management. Or, on ne peut faire une prévention efficace du harcèlement moral que si tout le monde se remet en question, y compris les dirigeants.

Pourtant, nul ne doute que les entreprises ont intérêt à avoir des salariés motivés et en bonne santé. Dans une organisation, le but du management est de faire en sorte que les salariés fonctionnent bien. Il s'agit, entre autres, de régler à temps les différends ou les difficultés de relation qui pourraient dégénérer. Ce rôle, en principe, incombe aux cadres, qui sont là pour aider leurs collaborateurs, mais nous avons vu à quel point eux-mêmes étaient pris dans l'emprise de l'organisation et luttaient pour leur propre survie.

Le harcèlement moral ne se met pas en place comme un conflit ordinaire, car il n'est, le plus souvent, pas perçu comme tel ni par l'agresseur ni par la personne visée, et rien n'est nommé. Il importe donc de repérer très tôt les processus d'isolement d'une personne, de veiller aux petits agissements anodins qui se multiplient, de mettre fin aux non-dits, de veiller à rétablir le dialogue, de donner du sens aux projets pour souder et motiver les équipes.

---

1. Marcelissen, Winnubst, Buunck, De Wolff, « Social support and occupational stress : a causal analysis », *Social science and medecine*, 26, 1988.
2. Einarsen S. et Skogstad A., *op. cit.*

La plupart des jeunes diplômés de grandes écoles n'apprendront réellement à mener des hommes que plus tard dans leur carrière, lors de séminaires de management ou de gestion des conflits. Entre-temps, ils se débrouillent comme ils peuvent avec ce qu'ils sont. Pour les aider, des méthodes de *coaching* ont été mises en place. Un *coach* est une sorte de guide individuel d'un cadre pour le faire réfléchir sur ses objectifs en le menant vers une approche plus personnalisée de la relation humaine. Mais cela n'est proposé qu'aux dirigeants et aux cadres supérieurs. Pour les échelons inférieurs, rien n'est prévu. Tout au plus peuvent-ils s'adresser, souvent trop tard, à l'assistante sociale ou au médecin du travail.

Diriger les salariés avec respect peut éviter pas mal de problèmes de mal-être dans l'entreprise, ce qui permet aussi d'améliorer la productivité. Plutôt que de rajouter une formation destinée à rendre les personnes plus performantes, pourquoi ne pas oser réintroduire de l'humain et tenir compte de chacun, avec ses traits de caractère et ses fragilités, sans oublier la composante affective ou émotive des personnes ? Il faut renforcer le dialogue et l'écoute dans les relations professionnelles. Cette écoute doit être empathique, quel que soit le niveau hiérarchique de l'autre. Celui-ci a toujours quelque chose à nous apprendre, si on sait l'écouter. Il faut être attentif aux attitudes de blocage ou de réticence des collaborateurs, deviner leurs difficultés à formuler une objection. Il faut identifier les personnes en difficulté ou en échec avant qu'elles ne soient emportées dans une spirale négative.

Contrairement à ce qu'essaient de faire croire certains dirigeants cyniques, les entreprises qui se préoccupent du bien-être de leurs salariés obtiennent de meilleurs résultats que celles qui mènent les hommes par le stress et la peur. Leur *turn-over* est plus bas, leurs salariés sont plus motivés et leur productivité augmente. Le bon fonctionnement d'une entreprise, ce n'est pas uniquement ses résultats économiques, c'est aussi son climat. Lorsque les entreprises ne considèrent que le profit qu'elles peuvent tirer des salariés, elles ne doivent pas s'étonner de rencontrer des difficultés et de voir disparaître la loyauté et le talent. Au contraire, les compagnies qui traitent leurs employés correctement reçoivent d'énormes dividendes : haut régime de productivité et faible *turn-over*.

Jack Welch, patron de General Electric, entreprise tenue à ce jour pour la plus profitable du monde, est connu pour ses méthodes novatrices de management qui ont permis la transformation d'une maison centenaire en un modèle d'organisation. Voici ce qu'il disait dans une interview parue dans le journal *Le Monde* du 20 juin 2000 : « Chez nous, chacun a une chance de s'exprimer. Nous donnons dignité et parole aux salariés. Ce sont nos valeurs. Nous pratiquons le *candid feedback*, la réaction franche : vous dites directement et clairement aux gens comment ils travaillent [...]. Je ne connais personne qui ne cherche pas la parole et la dignité. Je conseille aux managers de ne pas se prendre trop au sérieux, de ne pas se considérer comme des personnes de pouvoir. À tous les niveaux, l'entreprise doit rester informelle, l'information doit circuler librement. [...] Si votre supérieur ne vous traite pas bien, défiez-le ou démissionnez. » Pour lui, la bureaucratie reste l'ennemi principal de l'efficacité de l'entreprise et doit être combattue quotidiennement : « Pourquoi avons-nous tant de bureaucratie ? Chacun pense que ce qu'il demande est légitime et que ce que demande l'autre est une absurdité. »

General Electric cherche à optimiser la gestion des individualités. Les cadres sont soumis à une évaluation à « 360 degrés » : toutes les personnes qui travaillent avec eux (inférieurs et supérieurs hiérarchiques) sont interrogées pour évaluer leur travail. Chaque jeune cadre à haut potentiel est suivi par un tuteur plus âgé qui l'aide à cheminer dans le groupe. Lorsqu'un problème est identifié, toutes les personnes concernées se réunissent sous la conduite d'un animateur salarié – extérieur au problème – formé à cette tâche. Pour que la parole soit plus libre, le supérieur hiérarchique n'est pas présent à cette réunion.

Toutes les études de management le prouvent : chaque salarié est une richesse potentielle pour l'entreprise où il travaille, s'il est respecté dans sa singularité. Dans un groupe de travail, il n'y a pas seulement une juxtaposition de compétences, mais aussi une juxtaposition de différences et de spécificités. Pourquoi ne pas utiliser les différences des personnes ?

Dans un contexte sain et équitable, on ne devrait pas craindre les évaluations. Tout le monde est évalué d'une façon ou d'une autre, de façon explicite ou implicite, il vaut donc mieux que ce soit organisé. Cela peut être une occasion de définir son poste et de s'exprimer sur un certain nombre de problèmes.

Stratégies pour éviter le harcèlement

Au niveau du management, quelles sont les stratégies qui permettent d'éviter l'éclosion de harcèlement moral ?

Dans le chapitre concernant les contextes professionnels qui favorisent l'apparition du harcèlement moral, nous avons vu l'importance d'une bonne communication. Or, tout en proposant des stages de communication, l'entreprise ne laisse pas la parole circuler. Comment faire pour permettre aux salariés de s'exprimer vraiment ? Même pour des intervenants extérieurs, cette parole n'est pas facile. La plupart des consultants, qui interviennent pour rendre l'entreprise plus performante, ne font que conforter le système actuel dans ses certitudes. Une écoute respectueuse est particulièrement importante quand une personne est temporairement fragilisée.

Dire les choses, ce peut être tout simplement prononcer des paroles qui permettront aux salariés d'aller les uns vers les autres.

> Lors de son arrivée dans ce service composé en majorité de femmes, Stéphane est accueilli très froidement par Julie qui ne supporte pas qu'un homme empiète sur son territoire. Elle se montre très condescendante avec lui et garde pour elle tout le travail valorisant. Lui-même a peur d'elle et ne sait comment l'aborder. Son attitude de retrait énerve Julie qui le supporte de moins en moins et le lui fait sentir à chaque instant. Ils en viennent à s'empêcher mutuellement de travailler. Stéphane devient inhibé et ne prend plus d'initiatives. Julie se bloque et considère que tout ce qui ne va pas est de la faute de Stéphane.
>
> Le supérieur hiérarchique intervient auprès des deux protagonistes pour que le courant passe entre eux ; il a suffi de quelques mots pour que Stéphane aille vers Julie, qui, en réalité, est très peu sûre d'elle, il a fait l'effort de la rassurer, elle ne le vit plus comme un rival.
>
> Malheureusement, ces paroles très simples sont rarement dites parce que beaucoup de responsables considèrent que ce n'est pas important. C'est pourtant à eux de réintroduire le dialogue entre collègues et pas seulement autour de la machine à café.

Nommer les choses, c'est aussi ne pas craindre les conflits. C'est accepter la confrontation, l'affrontement éventuel et la contradiction. Quand une situation est bloquée, qu'aucun mouvement n'est possible, les conflits sont utiles pour apporter de la souplesse dans un univers trop statique. Bien sûr, il faut du courage pour affronter un problème et tenter de le résoudre, car, dans chaque décision, il existe des conséquences positives pour certaines personnes et négatives pour d'autres. Un dirigeant qui a le souci de l'humain prend en général ce rôle de médiateur au sérieux et œuvre ainsi pour le bien commun.

Le problème du harcèlement moral est avant tout celui des limites et de la règle. Les cadres responsables doivent s'affirmer et remettre de l'ordre en repérant puis sanctionnant, quand c'est nécessaire, les comportements irrespectueux. C'est à eux de dire ce qui est permis et ce qui est défendu, mais, pour cela, il leur faut le soutien de la direction. Celle-ci doit se préoccuper des personnes autant que des chiffres, ne pas laisser agir des responsables pathologiques, qu'ils soient caractériels ou paranoïaques, et prendre des mesures pour les obliger à contrôler leur comportement. Trop souvent les directions se gardent bien d'émettre un jugement sur le comportement d'un cadre, si celui-ci a de bons résultats.

Afin de mettre en place une politique de prévention, les chefs d'entreprise doivent faire des choix clairs. Ils doivent faire savoir dans leur règlement intérieur, qu'ils n'accepteront pas le harcèlement moral et qu'ils le sanctionneront. Ils doivent ensuite responsabiliser les hiérarchies afin que la pyramide suive. Ils devront ensuite éduquer les salariés afin que la prévention du harcèlement, sous toutes ses formes, ne constitue pas le domaine de quelques spécialistes ou ne se résume pas à quelques vœux pieux, mais soit de la responsabilité de chacun. Tout cela doit être clairement exposé dans le règlement intérieur.

Le premier geste de prévention est d'éduquer les gens à être corrects vis-à-vis de leurs partenaires de travail. Pour cela, l'entreprise doit inculquer des normes de bons comportements à son personnel et définir ce qu'elle accepte et ce qu'elle n'accepte pas. Elle ne doit pas imposer une morale à son personnel, mais simplement mettre des limites. Elle doit surtout amener chacun à anticiper les conséquences possibles de son comportement sur autrui.

Il faudra donc revisiter le concept de subordination afin de préciser ce qui est admissible dans les relations entre hiérarchiques et subordonnés et ce qui ne l'est pas. En effet, le pouvoir disciplinaire donne aux chefs d'entreprise la possibilité de sanctionner les salariés qui ne se soumettent pas à leur pouvoir de commandement. Dans la mesure où c'est l'employeur qui détermine lui-même les fautes et les sanctions, on peut toujours craindre une utilisation arbitraire de ce pouvoir disciplinaire.

L'éthique des entreprises

Bien sûr, il importe aussi que l'entreprise, par ses méthodes de management, donne l'exemple de modes de fonctionnement clairs qui permettent à chacun de fonctionner sainement. Dans des structures solides et saines, le harcèlement moral « ne prend pas ». Si une entreprise respecte réellement les personnes, cela a un effet positif sur le comportement des individus qui la composent. Or, même si de plus en plus de dirigeants parlent d'éthique, il y a, dans le monde du travail, de moins en moins de respect des personnes. Il ne faut pas se leurrer, même si certains dirigeants sont sincères lorsqu'ils parlent de leurs valeurs morales ou d'éthique, pour d'autres ce ne sont que des mots qui leur permettent de se donner bonne conscience ou de sauvegarder une bonne image. Quand on annonce en même temps des bénéfices et des licenciements, économiquement parlant, c'est, sans doute cohérent, mais, éthiquement parlant, ça l'est moins. Pourtant, l'entreprise a une responsabilité sociale déterminante.

Suffit-il de parler d'éthique pour amener les dirigeants à prendre des mesures de prévention, afin d'éviter la souffrance et la destruction de quelques salariés ? Je ne me fais pas trop d'illusions. Si le problème leur est présenté en termes de responsabilité sociale et éthique, il n'est pas sûr qu'ils entendent. Pour convaincre les chefs d'entreprise qui sont très pragmatiques, il faut privilégier les arguments chiffrés et rationnels plutôt que les éléments humains et éthiques. Il faut leur montrer que le harcèlement moral coûte cher et que les stratégies de prévention sont un bon investissement. Cela coûte cher pour une entreprise, de façon directe par l'absentéisme que cela entraîne et les indemnités qu'elle doit parfois payer au salarié licencié, mais cela coûte cher également de façon indirecte par la perte de confiance et la démotivation des salariés, ce qui entraîne un *turn-over* important. Une étude faite aux États-Unis a montré que 85 % des employés disent qu'ils ne chercheraient plus à quitter leur entreprise, si elle était citoyenne. Les entreprises qui respectent les personnes attirent et fidélisent les meilleurs employés. D'où une productivité accrue.

Une prévention efficace du harcèlement moral et de toutes formes de dérapages relationnels peut produire de la valeur ajoutée et du résultat. Quand on brime un salarié, on gâche du talent. D'une part, on détruit la santé d'une personne et d'autre part on fait chuter les résultats économiques. Pousser au départ un salarié, sous le prétexte qu'il n'est plus assez performant, peut être un bon calcul financier à court terme pour l'entreprise, mais est-ce aussi clair à plus long terme ?

Une autre motivation à mettre en avant, pour que les entreprises fassent de la prévention, est de se donner une bonne image ou simplement éviter une image négative dans les médias et, par conséquent, un retour négatif auprès des actionnaires. Il est vraisemblable que la pression des associations de victimes, des associations de professionnels, des syndicats amènera le gouvernement et les chefs d'entreprise à réagir. Il a fallu des réactions fortes à un livre nommant le problème pour permettre aux victimes de s'exprimer ; il a fallu aussi, malheureusement, des cas graves, comme des suicides sur le lieu de travail, pour que le phénomène soit pris en considération.

Au niveau de la société et des personnes

La multiplication des faits de harcèlement moral doit nous amener à nous interroger sur le fonctionnement de notre société. Rien ne sert de sanctionner les agresseurs si on ne change pas les mentalités qui leur ont permis d'agir de la sorte. C'est au niveau de la société tout entière qu'il faut agir, en ne se cachant pas derrière la responsabilité des entreprises.

Nous avons un comité national d'éthique qui fonctionne sous l'égide du gouvernement, mais il se focalise essentiellement sur la bioéthique et n'aborde pas les questions économiques et sociales ni les relations entre les personnes. Pourquoi ne pas le solliciter ?

Il est impossible d'agir seul contre la violence. Regroupons-nous pour agir ensemble. Ce ne sont pas les lois et les textes qui résolvent les problèmes, ce sont plutôt les hommes et les femmes.

Se regrouper, c'est ce que des personnes ont commencé à faire en créant des associations et des groupes de réflexion. Pour obliger les pouvoirs publics et les directions d'entreprise à bouger, il faut des groupes de pression : opinion publique, syndicats, services sociaux, etc. Les médias ont un rôle important à jouer. Ils peuvent, par des reportages décrivant les situations des victimes, éduquer les lecteurs ou téléspectateurs afin qu'ils repèrent mieux ce type de situations et qu'ils réagissent plus tôt. Ils peuvent aussi relayer les messages des spécialistes, en indiquant les conduites à tenir pour se défendre.

Mais, quel que soit le contexte, nous sommes tous responsables de nos comportements et de nos attitudes. On ne peut pas compter uniquement sur la responsabilité collective. Chacun doit se remettre en question à chaque instant et ne pas systématiquement suivre le système dominant. Nous devons progresser en prenant conscience de nos ambivalences, en acceptant nos différences et celles des autres et en résistant au formatage imposé par la société. Pour prévenir la violence perverse, nous devons commencer par nous interroger sur nous-mêmes et essayer de connaître l'autre : qui est-il ? comment fonctionne-t-il ? Toutes nos difficultés relationnelles ne sont pas imputables à la pathologie d'autrui. Mais, pour respecter l'autre dans son altérité, il faut commencer par se respecter soi-même et s'aimer suffisamment.

Le travail de prévention doit commencer dans les écoles. « Les enfants apprennent à partir de modèles. Quand nous les battons et quand nous les humilions, nous leur enseignons exactement ce que nous ne voulons pas leur enseigner. On leur apprend la violence, l'ignorance et l'hypocrisie. Nous prétendons leur apprendre à se défendre dans la vie, alors que nous ne faisons que leur construire une armure de protection. Lorsque, ensuite, à l'âge adulte, nous préférons contraindre l'autre plutôt que lui faire confiance et l'aider à changer, c'est que nous ne le voyons pas comme un adulte responsable, digne de respect, mais plutôt comme un petit enfant qu'il faut dresser. Or, il est impossible d'apprendre quoi que ce soit quand on a peur ou qu'on est contraint[3]. » Si on respecte autrui, il y a toutes les chances qu'il vous respecte en retour.

Les individus pervers ne se remettant jamais en question, il est important que les victimes et les témoins de leurs agissements dénoncent leur destructivité. Les victimes doivent témoigner et les professionnels doivent expliquer, afin que la société tout entière, et pas uniquement les entreprises, puisse changer.

Nous devons avant tout apprendre à dire non. Ne pas tout accepter, c'est aussi se respecter. Il est d'une importance capitale de repérer ce qui est bien pour soi, et de dire non à ce qui va à l'encontre de ses valeurs morales. La conscience est le bien le plus précieux de l'être humain, constitutif de sa santé morale. Les personnes qui ont une bonne santé morale réagiront aux situations jugées irrespectueuses pour autrui et oseront les dénoncer, permettant ainsi de réduire le seuil de tolérance à la violence.

3. MILLER A., *Lettre ouverte aux responsables politiques*, communiqué par l'auteur.

Plan de prévention

Même si actuellement de nombreux consultants se disent « spécialistes en harcèlement moral », dans la réalité il y a peu d'intervenants capables de proposer des mesures préventives concrètes. Plutôt que de les faire intervenir comme des pompiers de service, il me paraît plus judicieux de leur demander de former, à l'intérieur des entreprises, des spécialistes qui pourront faire de la prévention au quotidien et qui deviendront ensuite des formateurs d'autres personnes au sein de l'entreprise. L'appel au spécialiste extérieur serait réservé aux situations difficiles, impossibles à gérer de l'intérieur. Bien entendu, une médiation externe peut toujours être demandée à chaque instant par la personne qui s'estime victime. Former des personnes au sein de l'entreprise, c'est créer un système sur place pour éviter l'isolement des victimes. Cette méthode a été utilisée avec succès dans la prise en charge de la violence externe à La Poste (agressions par des clients ou attaques à main armée [4]). Des consultants extérieurs sont venus former les médecins du travail et les médecins de prévention qui ont eux-mêmes organisé ensuite des formations pour tous les salariés exposés.

Parler de prévention du harcèlement moral au sein d'une organisation peut être interprété par certains comme une remise en cause de la gestion du personnel, pourtant aucune prévention ne peut se mettre en place sans l'adhésion des différents partenaires. Le plus simple, quand l'entreprise en est pourvue, est de faire voter ces actions de prévention au CHSCT. De toute façon, il faut préparer le terrain en trouvant les bons ambassadeurs du projet. On peut créer, par exemple, un observatoire impliquant des membres de la direction, le personnel médico-social et des représentants du personnel. Il faut que la structure soit suffisamment solide pour supporter des retours et faire front aux attaques qui ne manqueront pas de survenir.

On a vu que le harcèlement entraîne chez les victimes confusion, doute et honte. Elles ne sont pas en état de se défendre seules, de faire les bonnes démarches, ni même d'oser en parler. Il leur faut donc un porte-parole, hors hiérarchie, à l'intérieur de l'entreprise. Afin d'être sûr que la révélation du problème ne se retourne pas contre la victime et ne vienne pas aggraver la situation, il est essentiel que les personnes qui recueilleront les confidences des victimes soient

---

4. Communication du docteur Brigitte Bancel-Cabiac, médecin de prévention à La Poste.

tenues à la confidentialité. Le personnel médico-social est tenu par le secret professionnel et, par là même, bien placé pour les aider. On pourrait leur adjoindre des « personnes de confiance », comme cela a été fait en Belgique pour l'écoute des victimes de harcèlement sexuel.

> Alors qu'elle était à la fois ministre du Travail et de l'Égalité des chances, en Belgique, madame Miet Smet a fait passer deux arrêtés royaux, un pour le secteur public et un pour le secteur privé, concernant le harcèlement sexuel. Par ces arrêtés, on mettait en place une voie plus facile que la justice pour aider en toute confidentialité les victimes de harcèlement sexuel. Dans toutes les entreprises et toutes les administrations belges une personne de confiance est désignée. Il s'agit de personnes indépendantes, hors hiérarchie, formées pour entendre et aider les personnes victimes de harcèlement sexuel. Dans le règlement intérieur de toute entreprise, le moyen de les joindre doit être mentionné. En cas de plainte, une procédure est prévue donnant toutes les garanties aux victimes.

Les personnes de confiance sont des volontaires, de tous niveaux, choisis en fonction de leur personnalité. Leur rôle est d'apporter leur soutien à ceux qui les sollicitent, de les informer sur les procédures à leur disposition et éventuellement de les accompagner dans leurs démarches.

Voici comment peut s'articuler une intervention dans une entreprise :

- *Première étape*

Information et sensibilisation de tous les salariés sur la réalité du harcèlement moral par une grande conférence débat. Lancer une campagne d'explications pour apprendre aux salariés à repérer comment on peut arriver à des situations de harcèlement moral, et pour les informer de leurs droits et des recours possibles. Un affichage obligatoire résumera les droits des personnes au sein de l'entreprise. Des brochures explicatives plus détaillées pourront être mises à la disposition des personnes qui le souhaitent.

- *Deuxième étape*

Formation de spécialistes en interne : équipe médico-sociale, délégués syndicaux ou personnes bénévoles qui veulent se constituer en « personnes de confiance ». Cette formation sur plusieurs jours devra être accompagnée d'un dossier pédagogique comportant les recherches faites à ce jour sur le harcèlement, afin d'inciter les participants à poursuivre, seuls ou en groupe, discussions et réflexions.

Créer avec eux un groupe permanent de discussion, avec ou sans l'intervenant. L'objectif pourrait être la mise en place de cellules d'écoute des salariés, hors hiérarchie, et tenues à la confidentialité.

- *Troisième étape*

Formation des DRH et de l'encadrement à prévenir le harcèlement moral, à le repérer ou à gérer les cas qui existent déjà. Cette formation peut se faire sur une journée avec un apport théorique, mais aussi des jeux de rôle, afin de leur permettre de réagir à bon escient si un collaborateur se plaint d'être harcelé. Il faut parvenir à améliorer le niveau d'écoute de l'entreprise face à des situations atypiques pour elle.

Cette formation sera affinée à intervalles réguliers par des entretiens avec le formateur extérieur qui analysera les situations rencontrées par les responsables.

- *Quatrième étape*

Rédaction d'une *charte sociale*. Certaines administrations et certaines entreprises internationales, sous l'influence des réglementations américaines, se sont déjà dotées d'une telle charte concernant le harcèlement sexuel et la discrimination (race, couleur, religion, sexe, âge, statut social, infirmité...). Il me paraît intéressant de fusionner en un seul texte les dispositions concernant le harcèlement moral, le harcèlement sexuel et les discriminations. Ce texte sera distribué nominativement à chaque salarié.

C'est une occasion pour l'entreprise de rappeler les valeurs essentielles auxquelles elle tient, et de préciser quelles sont les sanctions prévues pour les contrevenants.

Pour que les choses soient bien claires, une définition de ce qu'est le harcèlement moral (et sexuel, et la discrimination) doit être donnée.

Le texte doit également préciser quelles personnes peuvent être contactées lorsqu'on s'estime victime. Les démarches doivent être simples, confidentielles et offrir plusieurs alternatives.

Il paraît raisonnable de proposer des démarches en deux temps. D'abord des démarches informelles et confidentielles, avec l'aide du personnel médico-social ou d'une personne de confiance, puis, si le problème n'est pas résolu, des démarches plus formelles impliquant la hiérarchie.

Préciser bien sûr que les fausses allégations de harcèlement seront sévèrement punies.

Pour les petites entreprises, une formation similaire peut être organisée autour du médecin du travail et regrouper des salariés de différentes entreprises pour une journée d'information.

> À titre d'exemple, voici le modèle de procédure proposé par l'entreprise Schlumberger en cas de harcèlement sexuel.
>
> Tout employé qui s'estime harcelé sexuellement par un supérieur, directeur, collègue, client ou fournisseur, peut suivre les procédures suivantes :
>
> 1. Contactez poliment et fermement la personne qui pratique le harcèlement. Faites-lui connaître votre sentiment à propos de son attitude. Demandez-lui poliment de cesser ce comportement qui vous offense, vous met mal à l'aise, ou qui vous intimide. En cas de nécessité, faites-vous assister d'un témoin pour cette discussion.
> 2. Prenez des notes. Écrivez ce qui s'est passé, indiquez la date et faites un résumé de votre conversation avec la personne qui vous harcèle. Précisez ses réactions à votre conversation. Gardez ces notes.
> 3. Si le harcèlement continue, ou si vous avez peur d'une confrontation avec cette personne, contactez votre supérieur ou votre directeur. Expliquez-lui verbalement ou par écrit le problème.
> 4. S'il ne vous est pas possible de contacter ces personnes, ou si votre plainte les concerne, allez vous plaindre à un échelon supérieur ou auprès d'un autre responsable.
> 5. Si le problème n'est toujours pas résolu, ou si vous craignez des représailles, contactez le chef du personnel.
> 6. Toutes les plaintes doivent être traitées de façon confidentielle. Une enquête appropriée sera conduite et aucune information ne sera fournie par Schlumberger à un tiers ou à qui que ce soit ne faisant pas partie des enquêteurs.
> 7. Si l'enquête révèle que la plainte est fondée, des mesures disciplinaires seront prises pour faire cesser immédiatement ce harcèlement et éviter qu'il se reproduise.
> 8. Vous serez informé des résultats de cette enquête.

Cette entreprise admet qu'il est difficile de faire la part entre ce qui est harcèlement et ce qui est relations sans but discriminatoire, mais elle mise sur la responsabilité de son personnel, afin de maintenir un environnement professionnel agréable.

On voit qu'il suffit de changer l'intitulé de ce texte concernant le harcèlement sexuel pour qu'il s'applique aussi bien au harcèlement moral.

Une formation similaire a déjà été faite au Conseil de l'Europe et a été finalisée par une instruction relative à la protection de la dignité de la personne. Dans cette instruction, le secrétaire général expose d'abord une politique visant à éliminer le harcèlement moral et sexuel au sein de l'institution. Ensuite, après une définition du harcèlement moral et sexuel, un plan de prévention en trois points (information, sensibilisation, formation) est exposé. Après, on informe les salariés des procédures et des instances de recours possibles.

Comment traiter une situation de harcèlement moral ?

Avant de traiter une situation de harcèlement moral, il est important de faire la distinction entre ce qui est lié aux personnes et à leurs éventuelles pathologies ou défaillances, ce qui est lié à des difficultés relationnelles et ce qui est lié à l'organisation du travail. Tout ce qui est de l'ordre du management doit être analysé avec l'équipe de direction, et ce qui relève de la pathologie de l'un des protagonistes doit être vu par le médecin du travail, qui éventuellement dirigera la personne vers un spécialiste.

Bien évidemment, tous les cas ne sont pas à traiter individuellement et toutes les personnes ne doivent pas être envoyées chez le psychothérapeute.

Ensuite, il faut séparer l'écoute de la médiation. La personne qui souffre doit d'abord être reçue et entendue, puis, dans un second temps, s'il s'agit bien de harcèlement moral, il faut lui proposer un travail de médiation.

Il est essentiel de bien clarifier le travail de chacun des intervenants :

– les inspecteurs du travail peuvent agir sur les abus des organisations ;

– les médiateurs interviennent auprès des personnes.

Avant d'agir, il faut définir à quel stade en est le harcèlement. On ne peut pas traiter de la même façon des situations de harcèlement moral qui se sont mises en place récemment et celles qui existent depuis des années.

Lorsque le harcèlement est horizontal, il s'agit avant tout d'un travail d'écoute et de dialogue. Quand le harcèlement vient d'un supérieur hiérarchique, il faut voir dans quelle mesure ce supérieur est lui-même pris dans un système de pouvoir. Si c'est le cas, il faut intervenir au niveau de la hiérarchie. Si ce sont les procédés de management eux-mêmes qui sont manipulateurs et destructeurs, une action collective est plus adaptée.

Ensuite il faut essayer de comprendre le problème, en le prenant très en amont. Il me paraît important de ne pas mettre une étiquette trop tôt sur la situation. Il est beaucoup plus sage de présenter, au moins au début, les choses sous un angle relationnel, en tenant compte de la souffrance exprimée par les protagonistes.

Il faut également tenir compte des interactions au niveau de toute l'entreprise. Si on ne s'intéresse qu'à la victime, sans remettre les choses en place dans le groupe, l'équilibre de tout le groupe peut se trouver bouleversé. Afin de ne pas inverser les rôles, il faut faire attention à ne pas enfermer l'agresseur dans un rôle de victime d'un complot organisé.

Que peuvent faire les salariés harcelés ?

Il n'est pas facile pour une personne isolée de se défendre, car nous avons vu qu'une situation d'emprise empêche de comprendre et donc de se défendre. Lorsqu'une personne prend conscience de la malveillance des attaques portées contre elle, elle réagit en fonction du contexte et surtout en fonction de son caractère, ce qui veut dire qu'elle ne choisit pas nécessairement la réponse la plus adaptée. C'est en cela qu'une aide extérieure est très importante.

Dans un premier temps, elle doit être vigilante, afin d'éviter de se mettre en faute, ce qui ne pourrait que ravir le « harceleur ».

Il lui faut d'abord, autant que possible, chercher dans l'entreprise un interlocuteur qui, de par sa position, aurait la possibilité de changer quelque chose à sa situation. Ce peut être quelqu'un de la direction ou le DRH. Généralement les personnes harcelées n'osent pas parler de ce qu'elles subissent, car elles redoutent d'aggraver la situation ou de subir des actes de rétorsion. Il arrive pourtant, et on peut souhaiter que cela se produise de plus en plus souvent, que les DRH comprennent et débloquent la situation lorsqu'on leur explique les choses clairement en prenant soin de distinguer les éléments objectifs du ressenti.

Un salarié harcelé moralement doit avant tout s'efforcer de garder une bonne estime de soi. Afin de ne pas retourner contre lui le mépris et la disqualification, il lui faut parler de ce qu'il vit à ses collègues afin d'augmenter la solidarité, et essayer d'établir des liens d'entraide et de complicité. S'il a l'impression qu'il perd pied et déprime, il ne doit pas hésiter à consulter un médecin ou un psychothérapeute. S'il ne réussit pas à se faire entendre du DRH ou de la hiérarchie, il doit passer à une phase de défense ou de riposte. Pour cela il lui faut réunir des preuves.

Comme il n'est pas facile d'obtenir des preuves de harcèlement moral, on peut guetter les atteintes au droit du travail qu'il est plus facile de sanctionner. À défaut de preuves tangibles, il est bon de tenir un carnet de bord, si possible avec des pages numérotées, et de noter jour par jour et heure par heure les faits, les paroles, les actes de harcèlement ainsi que les noms des témoins. Dans l'hypothèse d'un procès, cela peut permettre à un tribunal d'établir un faisceau d'indices. Ces notes permettent aussi à la victime de prendre conscience de la réalité ou de la gravité de l'agression.

Ce n'est que lorsque Léa prépare son dossier de prud'hommes qu'elle prend conscience de l'hostilité à laquelle elle avait été en butte. Elle relit alors les notes qu'elle prenait au fur et à mesure pour essayer de comprendre ce qu'elle vivait et tenter de lui donner un sens. C'est à ce moment-là que la souffrance apparaît vraiment : « Ce n'est pas possible que tu aies pu supporter tout cela ! » Elle se rend compte à quel point elle allait mal. Malgré sa forte personnalité, elle ne réagissait plus. Elle en était venue à guetter la façon dont on la regardait, dont on lui disait bonjour. Elle tendait le dos dans l'attente d'une nouvelle méchanceté ou humiliation.

Mais, avant d'aller en justice, il faut tenter la médiation.

15

LES MÉDIATIONS

À quel moment faut-il passer le relais à l'extérieur ?

NOUS AVONS VU QUE, DANS LES SITUATIONS DE HARCÈLEMENT MORAL, plus le temps passe et plus les personnes harcelées sont stigmatisées, mises à mal, et plus leurs plaintes s'amplifient. Quand une solution tarde trop, la situation se fige et les personnes se rigidifient. Passé un certain stade, elles sont en guerre ouverte avec l'employeur, et se sont parfois retranchées dans une position de victime. L'employeur, quant à lui, ne veut plus lâcher, car il veut sauver son image et espère avoir le dernier mot. Après une longue procédure, l'inégalité des négociations s'accentue, le salarié est de plus en plus blessé et éventuellement déprimé, tandis que, pour l'entreprise, ce conflit n'est qu'un détail et une perte de temps.

Pour éviter cela, il faut que des spécialistes extérieurs à l'entreprise viennent dire les choses qui ne seraient pas audibles à l'intérieur.

Dans un contentieux, il existe toujours un risque, et cela peut se terminer par de la rancœur et de la frustration. Il ne faut pas oublier également qu'un procès représente une dépense considérable en frais de justice, souci supplémentaire pour un salarié déjà mis à mal par sa situation. En ce qui concerne les entreprises, un procès est toujours une mauvaise publicité et peut entraîner une perte de confiance des clients et même des actionnaires.

On doit donc envisager la médiation en se disant que, si la victime est reconnue et respectée, une solution négociée est préférable à une solution judiciaire.

La médiation est un mode alternatif de règlement des conflits qui permet de réintroduire du dialogue et de voir plus clair quand on est dans un problème subjectif ou affectif. C'est une aide au déroulement d'une négociation par la présence d'un tiers neutre, indépendant, sans aucun autre pouvoir que l'autorité que lui reconnaissent les protagonistes. Bien sûr, ce ne peut être qu'une démarche volontaire qui doit être acceptée de plein gré par les personnes concernées.

Dans l'esprit du public il existe une certaine confusion entre médiation, conciliation, négociation, transaction et arbitrage.

• Une négociation est une recherche transactionnelle d'une solution sans l'intervention nécessaire d'un tiers neutre. Elle peut se faire directement entre le salarié et son employeur, ou par l'intermédiaire d'avocats ou de tout autre représentant.

• Une transaction est un document écrit qui expose le litige et les termes de l'accord y répondant. Cet accord doit nécessairement impliquer que chaque partie fasse une concession.

• Dans l'arbitrage, les deux parties s'en remettent à un tiers qui tranche le litige en décidant qui a tort et qui a raison.

• Une conciliation est proposée systématiquement au conseil des prud'hommes, mais ce n'est nullement une médiation, car les deux parties s'y affrontent et doivent expédier cette formalité en moins de dix minutes.

Depuis quelques années, on parle beaucoup de médiation, mais il s'agit essentiellement de médiation familiale dans les cas de divorce ou de médiation sociale pour régler des conflits qui semblent bloqués.

La médiation judiciaire dans les conflits individuels du travail est encore peu répandue. Selon Béatrice Blohorn-Brenneur, présidente de la cour d'appel de Grenoble, qui a une longue expérience de la médiation : « La médiation trouve sa place essentiellement lorsqu'il existe un problème passionnel à résoudre [1]. » Selon elle, 12 % du contentieux prud'homal se prêtent à cette mesure, une proposition sur deux est acceptée et le taux de réussite est de deux sur trois.

1. BLOHORN-BENNEUR B., *La médiation judiciaire dans les conflits individuels du travail*, *in* Actes du colloque, cour d'appel de Grenoble, 5 février 1999.

La médiation judiciaire peut être ordonnée à tout moment de la procédure. Il peut même y avoir des médiations préjudiciaires à la demande des parties ou de leurs conseils. Les médiations externes peuvent être confiées à une association agréée de médiation, formée de médiateurs professionnels, qu'elle soit publique (la commission des droits de l'homme) ou privée, à un service ou à une personne ayant la confiance des deux parties.

La médiation fait appel au compromis plutôt qu'à la force et oblige à sortir d'un processus pervers où l'un impose à l'autre sa volonté. C'est en cela que, dans les situations qui ressemblent à du harcèlement moral, mais qui ne sont que des maladresses ou des erreurs de comportement venant de personnes anxieuses ou de personnes qui se sont laissé entraîner par le groupe, la médiation donne à l'agresseur une possibilité de s'expliquer sur son attitude et même de s'en excuser. Il s'agit pour chacun des deux protagonistes de mettre son vécu sur la table, de lever les incompréhensions, de reconnaître éventuellement ses erreurs. Bien que la démarche ne soit en aucune façon une psychothérapie, elle oblige les deux parties à sortir de leurs positions rigides. Une médiation permet de nommer ce que l'on ressent et ce qu'on reproche à l'autre, elle est le contraire même des procédés de harcèlement moral où on ne dit pas à la personne visée ce qu'on lui reproche.

Les victimes de harcèlement moral demandent avant tout à être écoutées et reconnues et veulent comprendre ce qui leur est arrivé. Si l'autre protagoniste est prêt à se remettre en question, une médiation peut leur éviter le long parcours déstabilisant des procédures judiciaires. Quand elles réclament des indemnités, le montant est important mais pas essentiel, elles veulent surtout par ce geste symbolique que l'on reconnaisse qu'elles ont été maltraitées. L'indemnisation dans une transaction à l'amiable est une reconnaissance implicite de l'agression.

L'intervenant extérieur, quel qu'il soit, doit rester humble. Il ne doit pas paraître trop intrusif et vouloir à tout prix avoir raison. Il ne connaîtra pas tous les dessous du problème et en particulier les causalités psychiques. On ne peut travailler à résoudre des conflits que si on reconnaît les différentes légitimités.

L'intervenant doit simplement donner aux personnes les moyens de changer elles-mêmes, leur donner du mouvement et de la souplesse. Pour cela il faut rétablir la confiance par une amélioration de l'écoute et un partage de la parole.

La médiation est particulièrement précieuse lorsque l'employeur n'est pas l'auteur de l'agression perverse. Dans ce cas, il ne connaît du problème que la version officielle. L'agresseur a probablement essayé de se disculper en rejetant la responsabilité sur le dos de la personne ciblée et la victime a probablement « chargé » celui qu'elle juge responsable de sa souffrance. Il est bon que l'employeur puisse se faire une opinion dans un contexte neutre qui permette une moins grande réactivité des personnes et où la confidentialité puisse être préservée. Cela pourra l'amener éventuellement à mettre en place des mesures de prévention par la suite.

Les médiations sont indiquées également lorsqu'il existe un lien personnel, en plus de la relation de subordination, entre le salarié et son employeur. C'est ce qui se passe lorsque le salarié est le conjoint ou un membre de la famille de l'employeur ou qu'ils se connaissent depuis plusieurs années. Dans ce cas, histoire privée et histoire professionnelle se mêlent et chacun peut se sentir trahi par l'autre.

Mais une médiation n'est absolument pas envisageable si celui qui est considéré comme l'agresseur n'admet pas que son comportement a pu poser problème à l'autre protagoniste, ce qui est le cas avec les pervers narcissiques qui ne reconnaissent jamais les faits. Ils n'ont aucune envie de se remettre en question. Ils refusent habituellement toute médiation ou, s'ils l'acceptent, ils tentent de l'utiliser à leur profit en séduisant et en manipulant le médiateur. D'une façon générale, s'il pense être face à un pervers narcissique, le médiateur doit être très prudent. Il doit se garder de prendre parti et éviter de se laisser entraîner dans des alliances avec un des protagonistes, ce qui pourrait donner à l'autre personne l'impression qu'elle est à nouveau isolée et manipulée.

Il arrive qu'une médiation soit refusée par une victime qui a été au préalable trop déstabilisée et qui craint de rencontrer son agresseur. Il faut respecter sa décision.

Si la médiation est une démarche intéressante par sa simplicité et sa confidentialité, elle n'est possible que si les personnes acceptent de se rencontrer et de sortir de leur rôle et de leurs positions hiérarchiques respectives. Il faut aussi que les deux protagonistes soient de bonne foi et prêts à accepter un compromis, ce qui exclut tout arrangement amiable avec un pervers. D'une façon générale, à moins que l'agresseur n'apparaisse comme un pervers narcissique, même si la démarche échoue, une médiation est utile, car il y aura au moins eu une tentative de dialogue et on sera sûr qu'on ne sera pas passé à côté d'une solution amiable, qui est toujours préférable.

Problèmes posés par la réintégration

Il ne faut pas croire que, parce qu'on a trouvé une solution amiable ou juridique, tous les problèmes sont réglés.

Après trois ans de procédure devant le tribunal administratif, la justice tranche en faveur de Célia, pointant que ce qu'elle avait vécu était anormal et vexatoire. On lui propose alors une réintégration dans le même service. Elle est désemparée car elle n'a pas travaillé depuis trois ans et a perdu de vue ses collègues, dont certains avaient témoigné contre elle.

Pendant son absence, de nouvelles alliances entre collègues se sont créées et de nouvelles procédures de travail ont été mises en place. Par ailleurs, Célia a gardé quelques séquelles de sa mise à l'écart dont des troubles phobiques très invalidants.

Elle préfère refuser, même si cela l'oblige à attendre une mutation aléatoire.

Cette lettre reçue d'Annie montre bien les difficultés rencontrées lors des réintégrations :

« Le harcèlement moral que je subis depuis ma réintégration est pire que celui que je subissais avant. J'ai fait appel, dès le premier jour, à une collègue pour constater que je n'avais pas de bureau. Il a fallu que je patiente trois jours avant de récupérer (sur ordre du DRH) un bureau occupé par une collègue en vacances et qui, bien entendu, m'en a voulu dès son retour de congés.

Cette collègue a été également témoin d'une phrase assassine que le DRH a dite devant l'équipe que je dirige : "Mme X repassera en conseil de discipline !" Un nouveau conseil de discipline implique que cette équipe, qui a témoigné contre moi à la demande de la direction, doive confirmer ses écrits.

Depuis cette phrase assassine, je suis en arrêt maladie. Je suis en morceaux. J'ai peur de tout en permanence, je ne sors plus, je fuis le monde extérieur. Je ne suis qu'angoisse. J'ai l'impression d'être une boule de souffrance.

Mon dossier de demande de longue maladie est passé en commission. L'expert psychiatre que j'ai vu a donné un avis défavorable : "Demande injustifiée." Il estime que je suis inapte et que je dois donc être mise en disponibilité sans salaire. Le médecin de médecine préventive a dit qu'il soutiendrait mon dossier. Je ne sais pas comment je vais vivre financièrement si mon dossier est refusé car je suis veuve et j'assume la charge de mes deux enfants.

Je ne veux plus retourner travailler dans un tel milieu de violence. »

16

POURQUOI FAUT-IL UNE LOI ?

DEPUIS DEUX ANS, ON A BEAUCOUP PARLÉ DE HARCÈLEMENT moral dans l'opinion publique et dans les médias, et beaucoup de professionnels (avocats, inspecteurs du travail, etc.) se sont plaints que le terme ne soit défini dans aucun article du Nouveau Code pénal ni du Code du travail. Les choses ont changé depuis le 11 janvier 2001, car un amendement du projet de loi de modernisation sociale introduisant la notion de harcèlement moral dans le Code du travail a été adopté en première lecture. La disposition pourrait être complétée en seconde lecture après la remise d'un rapport sur ce sujet qui a été demandé par le Premier ministre au Conseil économique et social.

Même si de nombreux hommes et femmes politiques s'accordaient sur la nécessité d'introduire la notion de harcèlement moral dans le Code du travail, nous avons vu qu'il n'était pas aisé de trouver une définition qui soit pertinente sans être trop vaste, sans risquer de générer des abus.

Nous avons vu que, pour le moment, dans sa définition du harcèlement moral, l'Assemblée nationale a insisté sur la notion de dignité et de conditions de travail humiliantes et dégradantes, marquant, comme j'ai essayé de le démontrer tout au long de ce livre, la différence entre le harcèlement moral et le stress.

Si on se place du côté de la souffrance du salarié victime, c'est-à-dire des conséquences de l'acte, pour que les agissements aient une signification juridique, ils doivent être repérables par un juge par rapport à une norme. Béatrice Lapérou propose de les définir comme suit : « Les pressions dénoncées, pour recevoir le qualificatif de harcèlement moral, doivent être ressenties par un individu normalement sensible comme insupportables ou tout du moins pénibles [1]. » Il s'agit alors d'exclure les sensibilités pathologiques et les syndromes de persécution. Dans ce cas, la sanction ne peut se faire qu'à l'appréciation des juges.

Si on définit le harcèlement moral par la méthode utilisée et les effets recherchés, que ceux-ci soient atteints ou non, on laisse de côté le ressenti du salarié victime et les contextes qui ne peuvent être appréciés que subjectivement.

D'autres pays européens ont récemment légiféré sur ce sujet, comme le Portugal où une loi a été votée en janvier 2001. D'autres envisagent de le faire. En Belgique, une proposition de loi déposée récemment retenait la définition suivante du harcèlement moral : *« tout comportement intentionnellement destructif de personnes étrangères à l'entreprise ou faisant partie du personnel, comportement orienté vers un ou plusieurs travailleurs »*. À terme, on peut penser que des dispositions communes pour tous les pays européens réprimeront le harcèlement moral.

Pour certains juristes, la précision d'une définition n'est pas nécessaire en droit du travail. Selon Paul Bouaziz, avocat au barreau de Paris et spécialiste en droit social, si les définitions sont indispensables en droit pénal, aucune peine n'étant concevable sans une incrimination strictement définie, dans les autres domaines du droit, la définition est peut-être utile mais pas nécessaire car le droit est par nature flexible [2]. De la même façon, la notion de faute grave n'est pas définie, sans que cela pose de problème juridique. Il suggère d'ailleurs un parallélisme avec la faute grave du salarié : la faute de l'employeur serait celle qui rend impossible pour le salarié le maintien du contrat de travail. Cela équivaudrait à un licenciement imputable à l'employeur sans cause réelle et sérieuse ou à une requalification de la démission en licenciement sans cause réelle et sérieuse.

1. Lapérou B., *La notion de harcèlement moral dans les relations de travail.* RJS 6/00, Francis Lefebvre.

2. Bouaziz P., « Harcèlement moral dans les relations de travail », *Le Droit ouvrier*, n° 621, mai 2000.

La plupart des juristes avancent qu'il existe, d'ores et déjà, dans le système juridique français, un certain nombre d'instruments susceptibles d'appréhender ce type de comportements. N'étant pas juriste, je me contenterai d'énumérer ces normes protectrices :

– en premier vient l'obligation d'exécuter le contrat de travail de bonne foi : « *Dans l'exercice de son autorité, l'employeur est tenu d'une obligation de loyauté et de correction [...]. Il doit respecter la moralité et la dignité des travailleurs*[3] » ;

– l'obligation pour un employeur de préserver la santé du salarié. Précisons que la santé est définie par l'OMS comme un état complet de bien-être physique, mental et social, et ne consiste pas seulement en une absence de maladie ;

– le respect de la dignité de la personne, principe fondamental de caractère constitutionnel et universel. Étant donné que la dignité est inhérente à la personne humaine, sa protection doit être assurée en toutes circonstances et notamment dans le cadre de la relation de travail. La dignité des personnes est une préoccupation majeure de toutes les instances, depuis la Déclaration universelle des droits de l'homme du 10 décembre 1948, jusqu'à la charte sociale européenne adoptée le 3 mai 1996 à Strasbourg qui parle de : « *promouvoir la sensibilisation, l'information et la prévention en matière d'actes condamnables ou explicitement hostiles ou offensifs dirigés de façon répétée contre tout salarié sur le lieu de travail ou en relation avec le travail et à prendre toute mesure appropriée pour protéger les travailleurs contre de tels comportements* ».

Le harcèlement moral, qui provoque chez la victime une grave déstabilisation ou même une destruction psychique, constitue indéniablement une faute de nature à engager la responsabilité du « harceleur ». Selon l'article 1382 du Code civil, toute faute, même non intentionnelle, engage la responsabilité de son auteur. Encore faut-il prouver l'existence du harcèlement et le préjudice qui en découle !

Par ailleurs, le juge peut requalifier des faits. Par exemple, une démission peut être requalifiée en licenciement dépourvu de cause réelle et sérieuse, s'il est prouvé que le salarié a été amené à donner sa démission en raison du harcèlement moral qu'il a subi de son employeur.

3. Art. 1134 alinéa 3 du Code civil, cité par Paul Bouaziz, *Le Droit ouvrier*, n° 621.

Les jurisprudences

Par ailleurs, avant même qu'il y ait une législation, la justice avait commencé à prendre en compte les actes hostiles ou offensants dirigés de façon répétée contre un salarié sur son lieu de travail. Béatrice Lapérou, dans un article analysant la jurisprudence française des comportements proches du harcèlement moral en milieu professionnel [4], a examiné les décisions récentes qui utilisent le vocabulaire de « harcèlement moral », mais également celles, plus anciennes, permettant de détecter les premiers pas des juridictions vers un accueil favorable de ce nouveau vocabulaire.

Si le harcèlement moral peut être retrouvé à différents niveaux, entre clients et usagers, entre collègues, par un subordonné envers son supérieur hiérarchique, les pressions les plus fréquentes ayant fait l'objet d'études juridiques ont émané d'un employeur envers un subalterne. Il est clair que le rapport d'autorité offre un terrain où des pressions peuvent être facilement exercées. « Les enjeux des litiges étudiés se traduisent le plus fréquemment en termes indemnitaires. En effet, les juridictions sont la plupart du temps saisies d'une situation de harcèlement moral une fois que ce comportement est arrivé à son terme, c'est-à-dire une fois que le harcelé a démissionné, a été licencié ou encore qu'il a déprimé ou qu'il s'est suicidé. »

Actuellement, la plupart des jurisprudences concernent des affaires opposant des salariés victimes à des employeurs agresseurs. (Il est à noter que les juridictions utilisent parfois le terme de *harcèlement moral*, mais parlent plus souvent de comportement *fautif* ou *abusif* de l'employeur.)

Le harcèlement moral reconnu comme accident de travail

Des décisions de justice ont reconnu des suicides ou des tentatives de suicide comme résultant d'une situation de harcèlement moral en accident de travail. Lorsqu'un salarié a un accident sur les lieux de son travail, cet accident est d'emblée présumé être un accident de travail, sauf s'il est démontré qu'il s'agissait d'un acte volontaire, donc d'une faute intentionnelle de la victime. En principe, un suicide, ou une tentative de suicide, sur les lieux de travail n'est pas

4. Lapérou B., RJS 6/00, Francis Lefebvre.

un accident de travail, sauf s'il est établi que l'acte de désespoir est la conséquence du comportement fautif de l'entreprise.

> En août 1996, Chantal Rousseau, femme de ménage dans un établissement scolaire d'Épinal dans les Vosges tente de se suicider, s'estimant victime de harcèlement moral de la part de sa chef de service, et reste paraplégique.
> Disposant de nombreux témoignages de collègues de travail, du médecin du travail intervenant auprès de l'établissement scolaire et d'un médecin traitant qui a signalé le harcèlement moral à l'encontre de la victime, la Fédération nationale des accidentés du travail et handicapés (FNATH) obtient, en février 2000, du tribunal des affaires de la Sécurité sociale (TASS) d'Épinal la reconnaissance de la tentative de suicide de Chantal Rousseau comme accident du travail, ce qui permet à la victime d'être prise en charge par la Sécurité sociale.
> Maintenant la FNATH veut obtenir du TASS d'Épinal la condamnation de l'employeur pour faute inexcusable, considérant, preuve à l'appui, que « la directrice de l'institution était au courant de cette situation de harcèlement et connaissait les agissements de la chef de service, mais qu'elle n'a rien fait pour y mettre fin ». Habituellement, la faute inexcusable correspond, par exemple, à un accident avec une machine qui fonctionnait mal, car elle n'était pas aux normes de sécurité.

Le harcèlement horizontal

Lorsque les faits de harcèlement moral proviennent d'un collègue ou d'autres personnes dans la hiérarchie, il serait nécessaire, lorsque les faits sont graves, de poursuivre l'auteur directement, tout autant que l'employeur.

Pour le moment, même si le pouvoir disciplinaire de l'employeur lui permet de sanctionner l'auteur du harcèlement, aucune disposition ne lui impose d'intervenir. Il faudrait donc impliquer les employeurs pour qu'ils aient l'obligation de faire cesser le comportement nuisible d'un membre de leur personnel et qu'ils prennent des mesures pour empêcher que de pareils agissements se reproduisent. La responsabilité de l'employeur doit être engagée à partir du moment où il est au courant ou aurait dû l'être et n'a pas pris les mesures nécessaires pour faire cesser de tels agissements. Les entreprises sont responsables de leurs salariés, il est donc tout à fait normal qu'elles soient condamnées juridiquement lorsqu'un de leurs salariés a un comportement inacceptable.

Utilité d'une sanction pénale

Faut-il une législation au pénal ? Il faut noter avant tout que l'article adopté par les députés ne concerne que le Code du travail et, par conséquent, ne concerne pas les fonctionnaires. Il est donc indispensable de prévoir un cadre réglementaire différent pour la fonction publique.

Si on parle d'une législation pénale, doit-elle concerner uniquement le monde du travail ou doit-elle être élargie, puisque le harcèlement moral ne concerne pas que le monde de l'entreprise ?

Sur un plan psychologique, un jugement positif reconnaissant la réalité de l'agression est une étape essentielle dans le processus de guérison d'une victime. Ce qui importe sur le plan symbolique, c'est qu'il y ait une reconnaissance avec une indemnité, même minime, qui signe qu'il y a eu préjudice, même si aucune indemnisation matérielle ne vient effacer le préjudice. Les victimes disent souvent : « J'ai obtenu de l'argent, mais pas d'excuses ! »

Nous avons vu que le caractère intentionnel d'une agression en aggrave l'impact. Pour les victimes, le fait de porter plainte et de voir l'auteur de l'agression sanctionné est un soulagement.

D'une façon générale, une loi est indispensable pour montrer que notre société se préoccupe de ne pas laisser maltraiter l'un de ses citoyens et afin de responsabiliser les employeurs. Selon Sandy Licari : « La création de nouvelles infractions pénales n'est pas la panacée et la répression n'est pas toujours la meilleure solution pour éradiquer certains comportements. [...] Néanmoins, la sanction pénale conserve encore indiscutablement un effet dissuasif et le fait d'ériger un certain comportement en infraction pénale démontre définitivement qu'il s'agit là d'agissements intolérables aux yeux de la société [5]. »

S'il n'existe, pour le moment, dans le droit pénal français, aucun texte spécifique pour prévenir et protéger du harcèlement moral, d'autres infractions proches sont prises en compte : le bizutage, le harcèlement sexuel, le chantage, le harcèlement téléphonique ou par voie postale, le délit de provocation au suicide, qui sont des infractions. Pour le bizutage, les parlementaires ont retenu *le fait pour une personne d'amener autrui, contre son gré ou non, à subir ou à commettre des actes humiliants ou dégradants* [6].

---

5. LICARI S., «De la nécessité d'une législation spécifique au harcèlement moral au travail », *Revue de droit social*, n° 5, mai 2000.

6. Loi n° 98-468 du 17 juin 1998 relative à la prévention et à la répression des infractions sexuelles ainsi qu'à la protection des mineurs, *JO* du 18 juin 1998.

En ce qui concerne le harcèlement sexuel, le législateur en a adopté une conception restrictive, ne le considérant que dans le cas du lien de subordination et du chantage au licenciement. Une même conception restrictive du harcèlement moral diminuerait gravement l'intérêt de l'infraction.

Au Royaume-Uni, une loi datant du 21 mars 1997 (*Protection from Harassment Act*, n° 40) a érigé en délit tout comportement assimilable à du harcèlement. Bien que cette loi ne vise pas spécialement le harcèlement moral sur le lieu de travail, elle est d'application suffisamment large pour couvrir le harcèlement perpétré au travail comme dans bien d'autres lieux[7].

Problème de la preuve

Les faits de harcèlement moral étant par nature très subtils et occultes, il n'est pas facile d'en apporter la preuve. Très souvent le salarié ne prend conscience de sa situation que tardivement, lorsqu'il est déjà très affecté et en arrêt de travail. Il faut alors reconstituer le processus et rechercher des preuves *a posteriori*. C'est pour cela qu'il est essentiel de se faire aider très tôt sur un plan juridique afin de préparer son dossier, et d'avoir au moins des échanges de courrier avec l'employeur.

Protéger les témoins

Bien entendu, si on veut obtenir des preuves, il faut que les témoins puissent parler sans risque. Les députés l'ont prévu, puisqu'ils ont précisé qu'aucun salarié ne pourra être sanctionné ni licencié (ils auraient pu rajouter : ni harcelé !) pour avoir témoigné.

Une loi ne règle pas tout

Pourtant, il peut y avoir un danger à définir trop précisément ce qui est autorisé et ce qui est défendu, car cela peut donner à des individus pervers une autorisation de faire tout ce qui n'est pas strictement interdit, et à des entreprises manipulatrices des clefs pour contourner la législation. Un excès de législation peut être faussement

---

7. Chappel D., Di Martino V., *La violence au travail*, *op. cit.*

rassurant, car, quelles que soient les lois, il y aura toujours des gens pour les détourner. Même si une loi est votée, chacun devra être quand même vigilant et garder un jugement moral personnel. De plus, si des mesures juridiques sont nécessaires, il ne faut pas oublier qu'elles pourront mener à des excès et à de fausses accusations. Par exemple, un individu pervers pourra accuser d'actes qu'il n'aura pas commis celui qu'il voudra disqualifier. Même si la personne est réhabilitée ensuite, elle pourra y perdre sa réputation et peut-être même son emploi. Il sera essentiel de respecter la présomption d'innocence pour ne pas arriver au point où la simple accusation d'une personne puisse en détruire une autre.

Il n'en reste pas moins qu'une loi est un garde-fou, elle informe les gens que ces attitudes existent et qu'elles sont inacceptables. Elle permet de faire un double deuil, du côté de l'agresseur, deuil de l'impunité, du côté de la victime, deuil de la vengeance. Sanctionner l'auteur de l'agression est une façon de dire que ce que les personnes ont vécu est foncièrement injuste, même s'il n'est jamais possible de réparer complètement ni de compenser totalement une injustice. En aucun cas, il ne s'agit d'un pardon à bon marché.

Malgré tout, la justice ne pourra jamais combler la peine des victimes. Il est donc important de ne pas se limiter aux règles et aux lois, au risque de tomber dans le juridisme, et de mettre l'accent sur la prévention.

CONCLUSION

En résumé

• L'accent doit être mis sur la prévention, ce qui inclut :

– l'organisation du travail qui doit être responsabilisée. Des directives gouvernementales doivent permettre l'élaboration d'une réglementation spécifique au harcèlement moral ;

– l'encadrement qui doit être formé ;

– les salariés qui doivent participer par l'intermédiaire de leurs représentants.

• Il faut tenir compte des caractéristiques individuelles des personnes, le harcèlement moral étant une notion subjective.

• Lorsque le processus de harcèlement moral est pris suffisamment tôt, il faut préférer des solutions de médiation.

• Lorsque les conséquences sur la santé sont suffisamment graves, le harcèlement moral doit être reconnu comme accident de travail. Dans ce cas, des solutions d'écoute et de prise en charge médicale doivent être mises en place.

• Une législation doit rappeler à chacun qu'il s'agit là d'une violence inacceptable.

Pour faire cesser le harcèlement moral, il faut une vraie volonté de changement de la part des entreprises, mais aussi de chacun des salariés, quelle que soit sa position dans l'entreprise. Il nous faut ouvrir les yeux et dénoncer les abus de pouvoir, la discrimination et le harcèlement sous toutes leurs formes. C'est une chance pour une entreprise que ses salariés réagissent, car cela lui donne l'opportunité de changer ses méthodes de management, d'améliorer en son sein la communication entre les personnes.

Il faut surtout une vraie prise en compte du problème par les instances gouvernementales afin de dépasser l'approche individuelle médicale, voire psychiatrisée, inévitable lorsqu'on laisse le harcèlement moral s'installer, et de mettre en place des solutions collectives de prévention. La mise en place d'une prévention efficace doit être imposée par le gouvernement, mais elle est aussi de la responsabilité de tous. Nous sommes tous à la fois des « harceleurs » potentiels, d'éventuelles futures victimes des supérieurs hiérarchiques ou des subordonnés de quelqu'un.

Je conclurai sur une note d'espoir avec la lettre d'Annie :

> « Je peux simplement vous dire qu'aujourd'hui je suis parfaitement remise sur le plan moral, parce que rien ne compte davantage que la dignité humaine, cela au-delà de l'aspect financier ou de la reconnaissance publique des faits. Je me rends compte que, très rapidement, hors de l'environnement de travail, qui était malsain, j'ai retrouvé mon équilibre, ma personnalité et un certain bien-être. Ce qui compte, ce n'est pas la position que l'on occupe vis-à-vis de l'employeur, mais bien ce que nous sommes. Aussi, j'ai saisi cette issue comme un moyen de m'épanouir dans un autre domaine. J'ai repris récemment mes études. »

ANNEXE

Adresses des associations

Mots pour Maux au travail
16, rue des Cailles
67100 Strasbourg
Tél. : 03 88 65 93 88
www.multimania.com/xaumtom
e-mail : MOMO67@netcourrier.com

ANVHPT
Association nationale des victimes de harcèlement psychologique au travail
Maison des Associations
3, boulevard des Lices
13200 Arles
Tél. : 04 90 93 42 75
Fax : 04 90 49 54 29

HARS
Harcèlement association de réflexion et de soutien
22, rue de Velotte
25000 Besançon
www.mapage.cybercable.fr/hars
e-mail : hars@noos.fr

HMS
Harcèlement Moral Stop
11, rue des Laboureurs
94150 Rungis
Tél. : 06 07 24 35 93
www.chez.com/hms/
e-mail : courrierhms@aol.com
Association solidarité souffrances au travail
Maison des associations
Rue du Petit-puits
13210 Saint-Rémy-de-Provence
www.association-sst.com

ACHP
Association contre le harcèlement professionnel
17, rue Albert-Bayet
75013 Paris
Tél. : 01 45 83 07 20
www.ifrance.com/achp
e-mail : achp@ifrance.com

Contre le harcèlement
BP 52
76302 Sotteville-les-Rouen
Tél. : 02 35 72 15 15
Fax : 02 35 72 24 24
e-mail : contre-le-harcelement@wanadoo.fr

En Italie :
PRIMA
Associazione italiana contro mobbing e stress psicosociale
Via Tolmino, 14
40134 Bologna
Italia
e-mail : harld.ege@iol.it

En Allemagne :
Mobbing-Zentrale e.V.
Fersenweg 553
21037 Hamburg
Tél. : 040/ 793 19 627
Fax : 040/ 793 19 693
www.mobbing-zentrale.de

Au Québec :
Au bas de l'échelle
Groupe populaire pour la défense des droits des travailleuses et des travailleurs non syndiqués
6839 A, rue Drolet
Bureau 305
H2S 2TI Montréal
Québec
Tél. : (514) 270-7878

TABLE DES MATIÈRES

V. QUE FAIRE ?

ANNEXE

Composition : D.V. Arts Graphiques à Chartres
Achevé d'imprimer en février 2001
par la Société Nouvelle Firmin-Didot à Mesnil-sur l'Estrée
Dépôt légal : mars 2001 - N° d'impression : 54791
Imprimé en France